Historia

Esta obra ha sido publicada con la
ayuda de la Dirección General del Libro, Archivos
y Bibliotecas del Ministerio de Educación, Cultura y Deporte

LA QUIMERA DE AL-ANDALUS

por

SERAFÍN FANJUL

Siglo XXI de España Editores, S.A.

Siglo XXI de Argentina Editores

Todos los derechos reservados. Prohibida la reproducción total o parcial de esta obra por cualquier procedimiento (ya sea gráfico, electrónico, óptico, químico, mecánico, fotocopia, etc.) y el almacenamiento o transmisión de sus contenidos en soportes magnéticos, sonoros, visuales o de cualquier otro tipo sin permiso expreso del editor.

Primera edición, enero de 2004
Tercera reimpresión, febrero de 2005
© SIGLO XXI DE ESPAÑA EDITORES, S. A.
 Príncipe de Vergara, 78. 28006 Madrid
 www.sigloxxieditores.com
© Serafín Fanjul García
DERECHOS RESERVADOS CONFORME A LA LEY
Impreso y hecho en España
Printed and made in Spain
Diseño de la colección: Sebastián y Alejandro García Schnetzer
Ilustración de la cubierta: Asselineau, *Alhambra, patio de la Mezquita* (s. XIX),
Museo Hispanomusulmán de Granada (detalle).
© Oronoz fotógrafos
ISBN: 84-323-1150-2
Depósito legal: M. 4.457-2005
Fotocomposición e impresión: EFCA, S.A.
Parque Industrial «Las Monjas»
28850 Torrejón de Ardoz (Madrid)

ÍNDICE

PRELIMINAR IX

1. LA IDEALIZACIÓN DE AL-ANDALUS 1
2. EL MITO DE LAS TRES CULTURAS 21
3. ¿ERAN ESPAÑOLES LOS MORISCOS? 54
4. GITANOS Y MORISCOS 94
5. AL-ANDALUS Y LA NOVELA HISTÓRICA 117
6. LOS MORISCOS Y AMÉRICA 132
7. EL SUEÑO DE AL-ANDALUS 194
   Estampas del paraíso 194
   ¿Vuelve al-Andalus? 215
   Descansemos del Buen Salvaje 247

BIBLIOGRAFÍA DE REFERENCIA 253
ÍNDICE DE ABREVIATURAS 270

"...Nos los latinos dezimos en el lenguaje de Castilla..."

(ALFONSO X EL SABIO, *General Estoria*)

PRELIMINAR

Nuestra anterior obra, *Al-Andalus contra España* (Madrid, Siglo XXI, 2000), cosechó un cierto éxito —cuatro ediciones en dos años y medio— entre un público de nivel cultural alto y nada proclive a los superventas. La acogida en los medios especializados, universitarios o académicos fue desigual, como era de esperar. Vaya nuestro agradecimiento a las personalidades de nuestra Cultura, con mayúscula, que lo acogieron de modo tan favorable como generoso: sin enfeudamientos ni deudas de ninguna especie con el autor pudieron opinar sin más criterios que la búsqueda de la verdad histórica o la visión global de los intereses de nuestra comunidad humana en el tiempo y en su conjunto presente. Y casi también deberíamos agradecer las críticas furibundas, por haberse centrado en la descalificación personal, mostrando su incapacidad de desmontar los argumentos de fondo: como no se puede demostrar la falsedad de los datos ofrecidos o lo errado de las valoraciones, se acude al ataque *ad hominem*, al juicio de intenciones y a una adscripción ideológica ajena a la biografía del autor. Para tales cerebros no hay duda: sólo un ultraderechista puede propugnar el reequilibrio en el recuerdo e interpretación de nuestra historia, la exigencia de respeto para nosotros mismos y nuestros antepasados que —en líneas generales— fueron muy buenas personas y el reparto de responsabilidades históricas, desnudándonos de una vez del sambenito autoflagelador y masoquista, sin divisiones en buenos y malos. Y si en Andalucía, o en otras regiones, las pervivencias árabes son poquitas, qué le vamos a hacer: así es la cosa.

Tampoco han faltado negativas alusiones entre líneas o menciones airadas del autor omitiendo hasta la referencia general de la obra..., un pequeño muestrario de insuficiencias, sobre todo para discutir y aducir pruebas. Pero si el flamenco, la chumbera o las mujeres sevillanas no tienen nada de árabe en su origen (no digamos en su vida cotidiana real) no es culpa de quien lo dice en voz alta sino de los hechos mismos. Una realidad incómoda para los instalados en la explotación y fomento de la ficción de que el rey está vestido con deslumbrantes galas, cuando —de verdad, de verdad— está requetedesnudo. En fin, gracias a todos. También a los mudos, que tan elocuentes han sido.

Sin embargo, el interés de los lectores, la conveniencia de aportarles nuevos elementos de juicio y argumentación para defenderse de la marea de tópicos y falsedades, junto a la necesidad de profundizar en otras áreas, nos han inducido a componer el libro presente. No es una segunda parte ni una continuación de *Al-Andalus contra España*, sino un complemento útil para redondear en otros campos los temas allí presentados, el abordaje de facetas ya anunciadas pero que no pudimos completar en aquellas páginas.

En la transcripción seguimos el mismo criterio de *Al-Andalus contra España*: nos ajustamos al sistema de la Escuela de Estudios Árabes española omitiendo los signos diacríticos.

Y, como es habitual en nuestros escritos, nos sometemos al veredicto del lector: él juzgará.

S. F.

Níjar, agosto de 2003

1. LA IDEALIZACIÓN DE AL-ANDALUS

Tal vez los historiadores estimen inadecuado descubrir a estas alturas el péndulo como artilugio para interpretar o, al menos, describir la Historia, para enumerar las fases de crisis colectivas de conciencia de una comunidad humana; sin embargo, en el caso español los hechos muestran una estructura psicológica ciclotímica que se transporta rápida e inexorablemente desde las grandes euforias y grandilocuencias triunfalistas a la asunción irreflexiva de complejos de inferioridad, de culpa y autohumillación. Quizás unas irracionalidades arrastren y entronicen sin remisión a las contrarias, fenómeno que en el plano clínico no nos interesa, pero sí por cuanto afecta a la sociedad en que —*velis nolis*— vivimos. Los españoles que, en tiempos ya muy lejanos, se distinguieron en los cuatro puntos cardinales por su arrogancia —cuando no por su soberbia—, sentido de la dignidad y convicción, sin duda excesiva, en su propia valía, sentaron plaza de orgullosos, hasta el punto de que cerebros lúcidos dejaron constancia de tales demasías y de sus perniciosos efectos: "...que eres español y por nuestra soberbia siendo malquistos, en toda parte somos aborrecidos", apunta Mateo Alemán en su *Guzmán de Alfarache*[1]. Y no es el único[2]. Tal vez hayamos carecido de un sentido generalizado de distanciamiento e ironía amable y afectuosa hacia nosotros mismos, en la línea con que J. Saramago se burla suave y cariñosamente no sólo de los fierabrás españoles sino de sus mismos compatriotas por el modo en que desconfían del vecino peninsular:

---

[1] M. Alemán, *Guzmán de Alfarache*, Barcelona, Bruguera, 1982, p. 333.
[2] "Entre todas las naciones del mundo somos los españoles los más malquistos de todos y con grandísima razón, por la soberbia, que en dos días que servimos queremos luego ser amos, y si nos convidan una vez a comer, alzámosnos con la posada" (C. de Villalón, *Viaje de Turquía*, Madrid, Espasa-Calpe, 1965, p. 42); y aun: "pero nuestra nación, en lo bueno y en lo malo, es aventajada más que las otras naciones" ("Vida y trabajos de J. de Pasamonte", en *Autobiografías de soldados. Siglo XVII*, Madrid, BAE, 1956, p. 51).

...os espanhois sâo assim, querem logo tomar conta de tudo, é preciso estar sempre de olho neles[3].

En opuesto sentido, en los años finales del siglo XX y con aceleración vertiginosa desde la muerte del general Franco, hemos asistido a un reverdecimiento del pesimismo hispano, a la aceptación de nuestra incapacidad histórica (real o irreal) como pueblo, entreverado ahora con un pragmatismo zafio dispuesto a sacrificar cualquier cosa a cambio de conservar una modernidad mal digerida y que, de hecho, nadie pone en discusión ni nadie amenaza. Y oculta durante unos pocos años esa falta de autoestima por el carnaval y las luces de colores de la democracia formal. Los españoles han pasado sin solución de continuidad de la nación imperial de cartón piedra que proclamaba la dictadura a otra donde las tendencias centrífugas y disgregadoras ocupan todo el escenario, inconscientes ante el riesgo suicida que conlleva la fragmentación de un país ya débil. Y una de las ideas-fuerza más recurrente y aceptada de manera por completo acrítica es la negación continua de nosotros mismos, en gran medida por la incultura media dominante. No faltan quienes se regodean en la autoflagelación eterna y mientras el nacionalismo de campanario se inventa milenarios y héroes míticos para encubrir la especulación local, de forma simultánea se ataca a la identidad colectiva de todos los que admitan con naturalidad desacomplejada que son lo que son: españoles. ¿Debemos avergonzarnos? ¿Pedir perdón sin tregua por acontecimientos en los cuales no intervinimos y que si antes se tiñeron de rosa ahora se tiñen de negro? ¿Qué nación hace otro tanto?

Por supuesto, la Historia —o más bien sus interpretaciones— es el campo donde se libra la batalla principal. Autotitulados filósofos repiten como loros que en España nunca hubo pensadores ni científicos, convierten su ignorancia en virtud autocrítica y reflejan bien la mediocridad del momento presente, en cuyo libreto son actores destacados. No es ésta la ocasión para reivindicar nombres, que estos hiperautocríticos quizás ni conozcan, no por su escaso peso científico o por no haber despertado sus trabajos interés en su tiempo, sino lisa y llanamente por ignorancia. Dejemos la cuestión para otros instantes en que, al fin, nuestro país se haga justicia a sí mismo haciéndosela a Mu-

---

[3] J. Saramago, *O ano da morte de Ricardo Reis*, Lisboa, 1984, p. 393.

tis, Malaspina, Ulloa, Balmis, Jorge Juan, Fausto de Elhúyar, Andrés del Río, Azara, Domingo de Soto, Vitoria, etc. y ciñámonos a los más notorios terrenos de autodestrucción ideológica: la contraposición hostil, agresiva y victimista de algunas comunidades regionales frente a la noción genérica de España; la condena ciega y en bloque de la colonización americana [4]; y la resurrección de un al-Andalus legendario que, en Andalucía, se pretende sustituto de la varita mágica que acuda a resolver los graves problemas socio-económicos de la región. Por razones obvias, es en este último apartado donde concentraremos nuestra atención.

Pese a ser un tópico mil veces repetido, la denominada *singularidad* de al-Andalus en la realidad no lo fue tanto. Sólo una visión localista —en la cual han incurrido tanto detractores como fervorosos partidarios— que olvide el islam medieval y moderno en su conjunto puede utilizar de manera continua expresiones como esa supuesta *singularidad* arriba mencionada. La Península Ibérica no fue la única tierra de confrontación, de avance y afianzamiento primero y retroceso después del islam desde su aparición: Sicilia, Bulgaria, Grecia, Yugoslavia, la India... también son países en los cuales esa religión entró por la fuerza de las armas y acabó reculando por la reacción a largo plazo de las poblaciones respectivas o por la aparición de conquistadores nuevos. Por añadidura a buena parte del centro de Asia y del África Negra donde se mantiene en coexistencia no hegemónica pero sí conflictiva con otras cosmovisiones y otros modos de organizar la sociedad. La Península Ibérica no constituyó una excepción, ni siquiera en Europa, como lugar de afincamiento y retroceso de la religión musulmana y, sin embargo, tal idea está presente de modo subliminal e implícito, cuando no declarado, en discursos políticos, ensayos, confe-

---

[4] El V Centenario y el modo de presentarlo nos depararon, entre otras calamidades, el rebrote de las peores hachas cainitas a la española que, ya por afán protagonista, ya por mala fe disfrazada de tinte ético, se regodearon redescubriendo el Mediterráneo por enésima vez, es decir, los inagotables textos del P. Las Casas, aunque, por cierto, podamos preguntarnos dónde están los equivalentes a Las Casas franceses, ingleses, holandeses. So pena que admitamos que esas otras naciones en su expansión ultramarina no cometieron tropelía alguna. Buenos ejemplos de esta peregrina verbena, aunque no únicos, fueron los escritos de R. Sánchez Ferlosio (*Esas Yndias equivocadas y malditas*, Madrid, Destino, 1994) y E. Subirats (*El Independiente*, 3 de agosto de 1991, 16 de septiembre de 1991, 23 de septiembre de 1991, etc.).

rencias... Claudio Sánchez Albornoz, cuya obra ha sido mal entendida y peor utilizada —en su contra—, denuncia la falsificación edulcorada de al-Andalus, aunque él mismo termine cayendo en idéntica deformación, no por tratarse de *árabes*, sino del elemento hispano que reivindica, en buena medida con razón [5]:

> Sigue viva la imagen romántica y brillante de los árabes hispanos que, desde hace muchos años, seduce a gran número de lectores de uno y otro lado del Atlántico. Hundidos en el prosaísmo de sus vidas tratan de escapar a él refugiándose en irisadas Alhambras de ensueño. Desconocedores de la auténtica silueta de la morería española, se la imaginan aureolada por luces extrañas, fantasmagóricas, en un escenario cuyo exotismo, frente a la pobre morada de su existir diario, aumenta la magia de su símbolo.
>
> La tradicional hostilidad de grandes masas de occidentales contra la falsa idea de la España hegemónica de los siglos XVI y XVII acuñada por nuestros rivales y enemigos, había contribuido a crear un vago sentimiento de simpatía hacia los musulmanes hispanos. [...] Una España culta, industriosa, de exquisita sensibilidad y de vivacísima tolerancia; de la España aplastada por la ignara brutalidad de los cristianos españoles. "Si los moros hubiesen ganado la partida" [...]. No podemos conocer integralmente nuestro ayer sin estudiar la vida de la España musulmana. Los moradores en ella fueron, además, en su inmensa mayoría hispanos de raza, despaciosamente islamizados que acabaron viviendo bajo la misma cúpula cultural de los otros pueblos islámicos y contribuyendo espléndidamente al desarrollo de esa civilización. Partícipes de la herencia temperamental de los peninsulares de quienes descendían —fue muy prolongada la acción de lo premuslim en la España musulmana— padecieron y gozaron de una estructura vital no demasiado disímil de la que gozaron o padecieron los cristianos. Muchas de las grandes figuras de la muslimería hispana son no menos nuestras que las nacidas en el solar de la cristiandad peninsular. Algunos de tales ingenios se sintieron, además, occidentales e incluso españoles.

A la postre, las galas con que Sánchez Albornoz adorna a al-Andalus, sea por su componente árabe-islámico (como pretenden los propagandistas de esta fe), o por su base de celtiberismo eterno (como afirma el historiador), convierten aquel período de la historia de la Península en un fenómeno sin parejo posible. Es menester comenzar reconociendo el valor documental y el esfuerzo erudito de Sánchez Albornoz, así

---

[5] C. Sánchez Albornoz, *La España musulmana*, I, p. 16, prólogo a la segunda edición.

como su intento de conferir un sentido y un hilo conductor de interpretación a los sucesos habidos sobre esta porción de la geografía europea. También debemos señalar otro aspecto no desdeñable y fácil de volver en contra del autor desvalorizando por la forma el fondo y sus razones: el tono vehemente, apasionado y ardoroso con que por lo general se produce resta poder de convicción a sus palabras, tornándolas en exceso personales, demasiado susceptibles de adscribir a posturas arbitrarias, a complejos chovinistas. El bagaje de información que exhibe —pese a reconocer lo mucho perdido y en donde se podrían hallar nuevas y mejores claves[6]— suele despacharse con unas pocas frases despectivas de quienes prefieren eludir terrenos para ellos tan escabrosos[7], o sortear las cuestiones de fondo con meras vaguedades[8], o —incluso— descalificar como *racista* y *nazi*[9] al pobre —y honesto— don Claudio. En un campo cuya documentación es irremisiblemente fragmentaria no podemos sino aventurar hipótesis, sin afirmaciones categóricas (*ser* de España inmutable y eterno, o *semitización* psicológica de los *españoles*), tal como hace P. Guichard, hasta en el lenguaje que emplea (y dejando aparte su inagotable búsqueda de pintoresquismo a la francesa, estilo *Carmen* de Mérimée[10]), mezclando el voluntarismo desiderativo con las

---

[6] "Es enorme —y no hay hipérbole en el calificativo— el caudal de fuentes arábigas perdidas. El continuo avance de la Reconquista hacia el sur, la expulsión final del Islam del solar peninsular, y la posterior persecución de los últimos vestigios étnicos y culturales de los islamitas hispanos, devoraron inmensos tesoros bibliográficos. Me atrevo a afirmar que poseemos mínima parte de la producción histórica, literaria, filosófica o científica de los musulmanes de España, y nos faltan, por tanto, muchedumbre de noticias sobre muchedumbre de temas diversos del pasado de al-Andalus" (C. Sánchez Albornoz, *La España musulmana*, I, p. 27).

[7] Así lo reconoce el propio Guichard (*Estudios*, p. 42), que no es precisamente un entusiasta de Sánchez Albornoz.

[8] M. Watt (*Historia de la España islámica*, p. 187) no encuentra mejor argumento para rebatir a Sánchez Albornoz que señalar el carácter periférico de Asturias —núcleo inicial de la Reconquista— en la España visigoda; y a continuación, con fervor inquebrantable, concluye: "Más próxima a la verdad parece la opinión de A. Castro en *España en su historia*".

[9] Guichard, *Estudios*, p. 33, citando a P. E. Russell.

[10] "Ciertas continuidades son, en efecto, asombrosas, por ejemplo, la de la canción y la danza andaluzas desde la época romana hasta nuestros días" (*Estudios*, p. 42): ¿de verdad cree Guichard que las bailarinas de Gades bailaban rumbas, zapateados y sevillanas, o algo muy parecido? Al parecer, los guías turísticos del Sacromonte —y asimilados— hacen estragos por doquier.

meras conjeturas: "lo que hay que procurar" [11], "es posible pensar" [12], "parece probable" [13], "no nos es imposible hacernos una idea" [14], "puede ocurrir que" [15], "parece pues evidente" [16], "¿sería aventurado suponer?" [17], etc. El problema reside en que de puras propuestas y preguntas retóricas extrae conclusiones afirmativas y explícitas, dañando así la solidez de sus hipótesis, que en modo alguno son despreciables. De hecho, incurre en notable contradicción con el aserto de Watt, su aliado objetivo ("Debemos cuidar de no atribuir al pasado lo que pertenece en realidad a siglos posteriores" [18]), v. g. al aplicar con plantilla mecánica la sociedad beduina actual (la poca que queda) y ¡beréber! a la de la España musulmana de los siglos VIII a XI, aunque de tal guisa venga a coincidir con A. Castro en su impresentable cinismo al afirmar que cuanto lega el pasado no tiene otro sentido sino el que le insufla la presente vida de una comunidad, es decir la forma en que se utiliza el pasado [19], y con el mismo don Carlos Marx ("Toda historia es inevitablemente contemporánea"). Por tanto, habremos de prescindir de cualquier intento de aproximación lo más honrada y cercana posible a la realidad de los sucesos y limitarnos a una instrumentalización de los mismos, del modo habitual en las innumerables mixtificaciones históricas que la Humanidad ha creado y padecido. Respecto a las pretensiones de Guichard sobre un fantástico y fantasioso matriarcado, tomándolo de Sánchez Albornoz, sobreviviente en Cantabria, o en cualquier otro lugar, sólo podemos sugerirle que lea un poco a M. Harris [20]; tal vez así, al menos, deje de confundir matrilineal y matriarcal.

---

[11] Ibíd., p. 53.
[12] Ibíd., p. 55.
[13] Ibíd., p. 55.
[14] Ibíd., p. 56.
[15] Ibíd., p. 58.
[16] Ibíd., p. 61.
[17] Ibíd., p. 63.
[18] Watt, ob. cit., p. 188.
[19] "Todo lo que el pasado lega, recibe el sentido que le presta la estructura presente de la vida de un pueblo, la forma en que el pasado y sus usos son usados" (*La realidad histórica de España*, México, 1971, p. 163); Castro no se contenta con interpretar a su antojo los acontecimientos, también se siente imbuido de una misión profética: "Gracias a esta visión iluminadora se aclara y entiende..." (*La realidad*, p. XII).
[20] M. Harris, *El desarrollo de la teoría antropológica*, Madrid, Siglo XXI, 1978, pp. 162 y ss.; también S. Goldberg, *La inevitabilidad del patriarcado*, Madrid, 1976,

Lejos de nosotros, los españoles actuales, deben quedar los dos enfoques antagónicos, de nuestro Medievo, descritos por Lévi-Provençal[21]: nadie sostiene en serio que esterilización, despoblación, desertización africana, etc. fueran el corolario inevitable de la conquista musulmana, aunque dentro de España —como más abajo veremos y por razones muy del momento— por el contrario sí subsiste una tendencia que no se contenta con embellecer en su magín los surtidores del Generalife con bancos o jardines de hace cuatro días, inconsciente ante el daño que a la propia comprensión han perpetrado los malos poetas, sino que va mucho más lejos —contrariamente a la ingenua opinión de Lévi-Provençal[22]— y sigue sosteniendo tan tranquila que un al-Andalus superior sucumbió ante unos cristianos bárbaros. La idealización maurófila no se para en barras. Y hasta especialistas cuyos conocimientos están fuera de toda sospecha como el ya mentado Lévi-Provençal[23] incurren en desenfoques voluntaristas, víctimas tal vez sin saberlo del Romanticismo literario francés del siglo XIX. Emilio García Gómez viene a poner una nota de sensatez entre tanto dislate:

¿Cómo poblar estos frágiles palacios de estuco? He aquí la Alhambra casi intacta: ¿cómo se vivía en estos salones? En realidad, no lo sabemos. La gente los llena de sombras de romance fronterizo, fantasmas de novela morisca, espectros de oriental romántica, figurines de zarzuela. Hay quien los puebla de moros actuales, tomando demasiado al pie de la letra la inmovilidad y persistencia de la vida musulmana [...] ¡Retratos moriscos sobre un caballo de cartón que piafa siempre en un estudio fotográfico, al lado de la Mezquita o del Alcázar![24].

---

pp. 49, 50, 53, 70 y la nota 25 (p. 246) donde se recoge la postura de Kathleen Gough, taxativa al respecto; sobre la inexistencia de matriarcado primigenio árabe, *vid.* J. Chelhod, "Le mariage avec la cousine parallèle dans le système arabe", *L'Homme*, V, 1975, pp. 113-173.

[21] *La civilización árabe en España*, p. 126.

[22] Ibíd., p. 127.

[23] Hablando de las mujeres "andalusíes" de Rabat, se descuelga (*La civilización árabe en España*, p. 44): "Si en las calles de la ciudad nada los diferencia, en su aspecto exterior, de los marroquíes de origen, su género de vida en el interior de sus casas continúa siendo específicamente andaluz (*sic*). Sus mujeres son mejor tratadas, son admitidas en las discusiones familiares *casi* [la cursiva es mía, S. F.] constantemente, y no tienen que sufrir a su lado la presencia de una co-esposa": nos asalta la duda de en qué momento irrumpirá en escena Tartarín de Tarascón.

[24] *Cinco poetas musulmanes*, p. 144.

Y, sin embargo, el mismo García Gómez, que no cede, lógicamente, a los chafarrinones de *Oriental* zorrillesca, pasea en algún instante de la mano de Sánchez Albornoz, compelido tanto por su vena literaria como por las *esencias* de España:

> La convivencia de todas las razas y de todas las religiones había creado una atmósfera moral diáfana, exquisita. Era la misma civilización de la Bagdad de las Mil y Una Noches, pero desprovista de todo lo oscuramente monstruoso que para nosotros tiene siempre el Oriente: occidentalizada por el aire sutil y campero de Sierra Morena[25].

De este modo, don Emilio incide de manera explícita en los datos de ambientación ya reseñados por Sánchez Albornoz en cuanto se refiere a la arquitectura hispano-romana e hispano-goda tomados de Torres Balbás, Terrasse, Gómez Moreno, etc.: el arco de herradura, modelos de plantas, puentes, tumbas, arcos, pórticos, muros, termas, acueductos, etc. heredados por la casta árabe dominante y por sus alarifes muladíes o mozárabes de los primeros siglos. No sólo se aprovecharon capiteles y columnas para las nuevas edificaciones por la incapacidad técnica de los recién llegados (como se hizo en Oriente: ejemplo paradigmático es la mezquita de 'Amr b. al-'As, en El Cairo). También subsistieron las líneas de comunicaciones, las vías romanas, documentadas por ar-Razi, Ibn Baskuwal o al-Idrisi en los siglos X, XI y XII respectivamente. La vida comercial y la vida a secas habrían seguido discurriendo por esos caminos trazados durante el Imperio. Y de forma correlativa los hispanoárabes habrían disfrutado de unas relaciones humanas más abiertas, distendidas y *europeas* que las de otros países árabes medievales. En este punto no podemos evitar la sonrisa al leer las galopantes alegrías que don Claudio[26] consiente a su entusiasta imaginación y, aunque con todo respeto, es ineludible citar esos exaltados párrafos, para que su rigurosa medicina disipe la veleidad de ser indulgentes con semejante enfoque (y pese a que en conjunto admiremos su trabajo):

> Otorgaban a la mujer una singular libertad callejera de difícil vinculación con los usos islámicos; lo comprueban algunas noticias de *El collar de la paloma*

---

[25] E. García Gómez, *Poemas arábigoandaluces*, Madrid, Espasa-Calpe, 1959, p. 28.
[26] C. Sánchez Albornoz, *El Islam de España y el Occidente*, pp. 65, 66, 80, 83, etc.

de Ibn Hazm y varias conocidas anécdotas históricas. Y le concedían una consideración y un respeto de pura estirpe hispánica. Pérès ha señalado la situación dispar de las mujeres hispanas frente a las orientales[27].

¿De dónde sino de la herencia temperamental preislámica podía proceder *esa gracia, esa súbita vibración psicológica, esa espontaneidad* de Ibn Quzman cuyo nombre —Gutmann— y cuya estampa física —era rubio y de ojos azules— acreditan *a las claras* su estirpe hispano-goda[28]?

Parece ocioso empantanarse en cuestiones tan poco aclaratorias como el fenotipo de *un* personaje, o recordando los cruces y mezclas que en *todo* el Mediterráneo han producido pobladores para todos los gustos (por ejemplo, en Siria; o los mismos Omeyas de Córdoba, cuyo caso se explica sólo por las madres hispanas norteñas[29]). Tampoco la *gracia, vibración, espontaneidad...* merecen mucha más atención, en cambio sí lo exige la reiterada alusión al trato *distinto* a las mujeres que supuestamente recibían las andalusíes. Éste constituye uno de los tópicos más repetidos tanto por los partidarios de las esencias hispanas eternas como por los de un al-Andalus idílico, útil para discursos políticos, conmemoraciones y otros saraos. La realidad, sin embargo, debió ser bien diferente. Admitiendo de nuevo lo fragmentario de los informes (en ambos sentidos) que proporcionan los textos, es preciso recordar la atinada observación de Guichard acerca de las verdaderas condiciones de vida que las mujeres sobrellevaban, muy similar a la de las orientales, en cuanto a encierro, prohibiciones, dificultades de relación, etc. Así nos lo corrobora el mismo *Collar de la paloma* y *a fortiori* la misoginia de su autor. Pero hay más, como en el Mundo Antiguo, los varones cultos y de alta clase social dividían su tiempo en una dualidad de convivencias con mujeres de muy distinta índole: esposas, libres de origen, preservadas en el seno de la casa y la familia de cualquier género de libertinaje o atrevimiento; y otras, con frecuencia esclavas o concubinas, de mejores prendas intelectuales y artísticas (bailarinas, cantoras, poetisas) que servían para compensar a los hombres

---

[27] Ibíd., p. 93.
[28] Ibíd., p. 110.
[29] La subsistencia de comunidades cristianas, de dialectos neolatinos, el consumo de vino o huellas arquitectónicas romanas también aparecen en otros lugares del Mediterráneo, por ejemplo en Túnez, y no serían pues características específicamente hispanas.

del tedio familiar. Estas últimas, en al-Andalus y en Oriente, disponían de mejores perspectivas de movimiento y conducta y eran estimadas por su inteligencia, belleza o cualquier otra dote natural. Así nos lo refiere al-Yahiz (siglo IX): "Igualmente, no se veía nada malo en que una mujer tuviera muchos maridos [...]. Pero ahora, se reprueban estas costumbres y las estiman malas para ciertas mujeres, lo censuran en las mujeres libres que han dejado a un solo marido, cubren de vergüenza al hombre que la pide en matrimonio, le estiman indigno y lo deshonran, mientras que no dan importancia a tomar por concubina a una esclava que haya pasado por un número incalculable de dueños. Piensan que está bien con esclavas, pero mal si se trata de mujeres libres. ¿Por qué no son celosos con las esclavas, que llegan a ser madres de sus hijos y concubinas de reyes, en tanto que lo sienten cuando son mujeres libres?"[30].

En igual sentido apunta, al glosar y comentar a Platón, otro espíritu racional y reflexivo —Averroes— y por ello vilipendiado y perseguido, en ese al-Andalus en que, supuestamente, las mujeres disfrutaban de un trato independiente y libre[31]:

Nuestro estado social no deja ver lo que de sí pueden dar las mujeres. Parecen destinadas exclusivamente a dar a luz y amamantar a los hijos, y ese estado de servidumbre ha destruido en ellas la facultad de las grandes cosas. He aquí por qué no se ve entre nosotros mujer alguna dotada de virtudes morales: su vida transcurre como la de las plantas, al cuidado de sus propios maridos. De aquí proviene la miseria que devora nuestras ciudades porque el número de mujeres es doble que el de hombres.

No parece muy distinto el juicio del filósofo de cuanto sobre la materia opinara al-Yahiz tres siglos antes[32] en el otro extremo del mundo árabe: situación subsidiaria, enclaustramiento, minoría legal de por vida. Las suspicacias que en torno al sexo —y la mujer, claro— se suscitan en los círculos rigoristas (es decir, los predominantes), adquiriendo a veces tintes de esperpento, las vemos reproducirse en ambos polos

---

[30] Ch. Pellat, "Les esclaves-chanteuses", *Arabica*, IX, 1962, p. 133.
[31] J. Ribera, *Disertaciones y opúsculos*, I, p. 348.
[32] *Vid.* pp. 51-53 de nuestro prólogo al *Libro de los avaros* de al-Yahiz (Madrid, Editora Nacional, 1984).

con simetría perfecta. Ibn al-Muyawir[33], viajero por el Yemen en el siglo XIII, nos refiere, por ejemplo: "En Sanaa se vende el rábano troceado en cuatro porque se encontró a una mujer que lo empleaba en su vulva. Sabedor de esta historia, el gobernador de la ciudad ordenó que los rábanos sólo se vendiesen partidos. Y así se hizo costumbre". Lo cual no anda muy lejos de la pacatería que refleja, de modo cómico, Asín[34] y con no pequeñas dosis de ingenuo pudor por su parte, al referir la autocastración del místico 'Abd Allah al-Mugawiri, de Niebla, quien antes de *pecar* acudió a tan drástico expediente. Asín Palacios sortea la escabrosidad del pasaje más divertido vertiéndolo al latín. Veamos cómo: "Mas tan pronto como se vieron solos en el camino, él, que era hombre de pasiones violentas y depravadas, y ella, por otra parte, mujer de belleza no común, el instinto sexual le incitó a cohabitar allí con ella. Pero refrenándose, dijo para sí: '¡Oh, alma mía! ¡Ella se ha puesto con toda confianza en tus manos! ¡No quiero cometer tamaña deslealtad! ¡Sería una perfidia para con su marido o su dueño!'. Rehusaba, sin embargo, su concupiscencia, incitándole a pecar. Y cuando ya la fuerza de la tentación hízole temer por su alma, *lapidem accepit atque super illum penem suum, qui quidem erectus erat, imponens, alium accepit lapidem, atque penem inter duos contudit lapides confregitque, clamans*: '¡El fuego antes que el oprobio, alma mía!'. Y desde aquel punto vino a ser el santo sin igual de su época".

Un caso semejante nos documenta Ibn Battuta[35] en La Meca a cargo de un granadino afincado en la ciudad. No parece, pues, que los excesos de pudibundez masoquista fueran o sean exclusiva de los clérigos cristianos. Ni de árabes orientales u occidentales. Bien es cierto que algunas contadísimas excepciones (como la tan jaleada Wallada bint al-Mustakfi) han servido para elevar a categoría generalizada lo que muy posiblemente no pasó de rarezas excéntricas: si realmente fueron así, que ésa es otra. En punto a mujeres el *Tratado* de Ibn 'Abdun nos muestra una monótona letanía de prohibiciones en todos los ámbitos de la vida cotidiana, de los cementerios a los baños, pasando por las orillas del Guadalquivir, los mercados y cualquier actividad o

---

[33] Sobre esto puede verse nuestro artículo "Mujer y sociedad en el *Ta rij al-mustabsir* de Ibn al-Muyawir", *al-Qantara*, VIII, 1987, p. 180.
[34] M. Asín, *Vidas de Santones andaluces*, Madrid, 1933, pp. 175-176.
[35] *A través del Islam*, p. 214.

lugar donde las mujeres pudieran concurrir: "el recaudador del baño no debe sentarse en el vestíbulo cuando éste se abre para mujeres, por ser ocasión de libertinaje y fornicación. La recaudación de las alhóndigas para comerciantes y forasteros no estará a cargo de una mujer, porque eso sería la fornicación misma" (p. 150), "es fuerza suprimir los paseos en barca por el río de mujeres e individuos libertinos" (p. 172), "prohíbase a las mujeres que laven ropa en los huertos, porque se convierten en lupanares. No se sienten las mujeres a la orilla del río en el verano, cuando lo hacen los hombres" (p. 142), "deberá prohibirse que las mujeres de las casas llanas se descubran las cabezas fuera de la alhóndiga, así como que las mujeres honradas usen los mismos adornos que ellas. Prohíbaseles también que usen de coquetería cuando estén entre ellas, y que hagan fiestas, aunque se les hubiese autorizado. A las bailarinas se les prohibirá que se destapen el rostro" (p. 156). Admoniciones de ese jaez abundan en el texto [36], incluida la que podría ser traca final: "sobre todo las mujeres, porque entre ellas es más común la ignorancia y el error..." (p. 146). Con todo, es preciso y equilibrado resaltar que tal cúmulo de prohibiciones, normativas, esbozo de reglamentos, etc. —tan acordes con el formalismo legalista del islam— debía tomarse a beneficio de inventario en muchos casos. Y de ahí su reiteración, la insistencia en pretender imponer normas restrictivas por parte de los pietistas más cerrados. Como en el caso de la música, que enseguida veremos, otras actividades, conductas, inclinaciones estaban por igual mal vistas o perseguidas a las claras, según ilustra Ibn 'Abdun: la homosexualidad [37], el ajedrez (p. 161), el juego de las damas, el pelo largo (p. 167)... Es decir, todas aquellas que implicaran sentido lúdico, diversión, liberación de rasgos del carácter reprimidos, ruptura de las convenciones vigentes o transgresión en general. Sin que faltase la oportuna y sabrosa distinción entre pobres y ricos: "A nadie absolverá el zalmedina por una falta contra la ley religiosa, más que si se trata de personas de elevada condición, a quienes se les absolverá según el hadiz: 'Perdonad a las gentes de condición elevada', pues para ellas la reprimenda es más dolorosa que el castigo corporal" [38].

---

[36] *Sevilla en el siglo XII. El tratado de Ibn 'Abdun*, trad. de E. García Gómez, Madrid, 1948, *vid.* pp. 96, 97, 98, 145, etc.
[37] Ibíd., p. 157.
[38] Ibíd., p. 71.

De forma paralela a lo reseñado acerca de la mujer o de diversos actos o circunstancias de la vida diaria puede afirmarse que la música y el canto vivieron una situación dual y contradictoria: de un lado, la floración de buenos intérpretes que deleitaban a ricos y pobres —de ahí la tópica frase de *Música en Sevilla y libros en Córdoba* que tanto han esgrimido los entusiastas idealizadores de al-Andalus— mostrando una parte de la realidad social y probando una vez más cómo los hechos son testarudos; y de otro, el rigorismo ambiental de la cultura dominante que, si no conseguía impedir del todo la existencia de música y cante, al menos sí lograría amargar más de una alegría ("Deben suprimirse los músicos, y, si no puede hacerse, por lo menos que no salgan al campo sin permiso del cadí", Ibn 'Abdun, p. 164), porque el islam no prohíbe la creación o audición musicales, pero siempre se estimó como signo de poca piedad. Aun hoy día la ortodoxia y ciertos grupos ascéticos proscriben su utilización en ceremonias religiosas. En general, la música que se oye en las mezquitas no va más allá del uso de panderos sin címbalos, instrumentos que no permiten muchas florituras, y siempre por separado de los oficios religiosos. Por añadidura, una de las virtudes piadosas apreciadas entre místicos y ascetas es su enemiga por la música, como nos informa cualquier biografía de cualquier santo musulmán, en consonancia con la *Risala* malikí de al-Qayrawani y con las enseñanzas del imán Malik b. Anas[39]. La postura oficial en la sociedad islámica y en los círculos pietistas oscila entre la reticencia y el rechazo frontal, pasando por toda una gama de grados de reprobación matizada[40]. Pero la carencia de una jerarquía eclesiástica en el islam sunní (el mayoritario) que regule los problemas de fe, moral o buenas costumbres, ha propiciado un amplio arco de opiniones, legítimas y discutibles a un tiempo, sin que los musulmanes puedan acudir a una autoridad única que dijera la última palabra al respecto. Los juristas islámicos consideran que para un fiel oír música es *indigno* o *inconveniente*, aunque no *ilegal*, mesturándose la condena al canto, la poesía y la música en general con censuras, justas o injustas, a otras actividades concomitantes, próximas o derivadas de la música,

---

[39] Fundador de la *vía* jurídico-religiosa malikí, una de las más intransigentes y a la cual pertenecía mayoritariamente al-Andalus.
[40] Sobre todo ello, *vid.* por extenso nuestro artículo "Música y canción en la tradición islámica", *Anaquel de Estudios Árabes*, IV, 1993, pp. 53-76.

por ejemplo ciertas danzas. Y en ese revoltijo de baile, flauta, verso, mujeres (u hombres) y vino era fácil que la música atrajera desde muy pronto la condena del pietismo o de cualquier pacato, de cualquier hipócrita. La música es compañera permanente de deshonestidades, así al-Bagdadi[41] al relatar las iniquidades de la secta *mazyari* dice: "los *mazyaríes* eran los secuaces de Mazyar, que tenían instituida una noche para juntarse a beber vino y oír música, tanto hombres como mujeres y al apagarse las candelas los hombres se lanzaban a desflorar a las mujeres", apareciendo clara la asociación de música con transgresión, con pecado patente, como insiste en recordar al-Ibsihi[42], en cuyos tiempos el gobierno mameluco egipcio (en 1449) llegó a prohibir la flauta y el tambor en el interior de las mezquitas.

Sin embargo, tal vez sea en la obra de Ibn 'Arabi de Murcia donde encontramos una actitud más decididamente contraria a los deleites sensibles y a la inducción a la sensualidad que la música produce, comenzando por sus propias experiencias anteriores a su *conversión* al sufismo[43], en las cuales reduce a músicos y cantores a meros instrumentos de Satán, en tanto gusta de referir las alharacas de santones que hasta se tapaban las orejas por no oír modulación musical alguna[44]. Ibn 'Arabi, sin llegar a la prohibición tajante para quienes no se dedican a la vida contemplativa, sí declara con virulencia lo inadecuado y desmerecedor de su condición que música y canción son para los iniciados en el sufismo, e incluso censura la salmodia del Corán[45]. Y es que, de hecho, no van muy descaminados los ultraortodoxos musulmanes cuando —desde su punto de vista— se manifiestan contrarios a música y canción como factores que pueden distraer de la concentración religiosa por constituir elementos liberadores del psiquismo humano, a través de la exaltación, la euforia, el aturdimiento, la excitación sensorial, negativo todo ello para casi todas las religiones y muy en especial para una tan totalizadora y condicionadora de las conduc-

---

[41] al-Bagdadi, *Mujtasar kitab al-farq bayna al-firaq*, El Cairo, Rev. P. Hitti, 1924.
[42] "Quienes condenan el canto aducen que pone el corazón en un estado de sobreexcitación, que conturba el espíritu, que lleva a las diversiones frívolas e incita a los placeres" (*Mustatraf*, II, p. 379).
[43] M. Asín, *Santones*, pp. 35-36.
[44] Ibíd., pp. 102-103.
[45] Ibíd., pp. 44-45.

tas mediante la presión abusiva de la colectividad sobre el individuo, algo felizmente superado en Europa hace siglos y que, en el extremo opuesto, induce a Sánchez Albornoz a declarar, no sin algo de razón en el fondo:

> No vacilo, empero, en felicitarme de que en la gran lucha civil entre las dos Españas, la cristiana y la islamita, triunfase la primera. Cualquiera que hubiese sido el brillo de la cultura hispanoarábiga y su superioridad sobre la hispano-occidental, faltaba a la primera la concepción de la libertad del pensar y del querer como base esencial de la vida toda del hombre [...]. Los pueblos fieles al islam han rodado por la pendiente del quietismo y de la histórica paralización espiritual. Ni uno solo de ellos ha logrado a la hora de hoy superar esa crisis[46].

Aunque su vehemente hispanismo militante le lleve a decantarse de manera en exceso unilateral, en blanco y negro, en su publicística de divulgación[47], que no en sus estudios y ensayos, en todo caso suele moverse en el terreno firme de hechos históricos verificados o a los cuales accede con bastante aproximación. Muy otro es el caso de sus contrarios que en páginas o medios equiparables dan rienda suelta a la fantasía o al ajuste de cuentas con *España*, la culpable. A partir de nociones y conflictos estrictamente contemporáneos nuestros, de ahora mismo, se largan condenas y acusaciones genéricas hacia el pasado. Así, por ejemplo, en el programa *Cavilaciones* de Canal Sur[48] pudimos oír y recoger afirmaciones como las siguientes: "La raza árabe, llamémosla raza musulmana"(*sic*), "los moriscos consiguen escapar haciéndose pasar por gitanos [...]. Gracias a los gitanos, los moriscos consiguen sobrevivir y quedarse en su tierra. Y en su tierra están", "Ya conquistada Andalucía, se la coloniza y destruye", "el Cristianismo trae para Andalucía unas consecuencias terribles, sobre todo para lo que Andalucía es en sí misma...", "con el Cristianismo llega el llanto,

---

[46] C. Sánchez Albornoz, *La España musulmana*, I, p. 17.
[47] *Vid.* el artículo "Veleidades islamizantes en Andalucía" (*El Correo Español-El pueblo vasco*, 15 de marzo de 1981).
[48] Emisión del sábado 22 de julio de 1995, a las 18:40. Serie sobre flamenco coproducida por Canal Sur TV y la Consejería de Cultura de la Junta de Andalucía. Una muestra musical documental de Andalucía a través del cante, el baile y el toque. "La voz de un pueblo" (I). Dirección y realización: Pilar Távora.

la muerte, la destrucción a nuestra historia andaluza", "la expulsión de los moriscos: la ley más criminal de la legislación española", "la civilización árabe llega a ser la auténtica civilización árabe en Andalucía..."(*sic*). Quizás sea injusto el cotejo del ardor combativo de don Claudio con las majaderías de indocumentados, ni siquiera argumentando aquello tan manido de que los extremos se tocan, pero sí podemos extraer varias conclusiones de las perlas que anteceden: 1/ Exaltación de una vagarosa Andalucía, no menos eterna en sus esencias que la España de don Claudio, hasta el punto de que ella confiere a la civilización árabe su verdadero ser (la oriental y norteafricana resultan irrelevantes); 2/ Un tono victimista dirigido a reivindicaciones políticas inmediatas (si éstas son sinceras o no, o si se quedan en el plano verbal, no lo sabemos); 3/ Una contraposición metafísica España/Andalucía, como si de modo irremediable la parte *debiera* chocar con el todo; 4/ La negación, fruto de la ignorancia o la simple mala fe, de una realidad histórica incontrovertible (los andaluces actuales descienden casi en su totalidad de los repobladores cristianos llegados tras la Reconquista).

Es preocupante que los aparatos de comunicación de masas difundan disparates que con facilidad germinan y prosperan so color de *justicia histórica* y sin más resultado real que enturbiar la convivencia entre españoles. Pero no sólo en Andalucía se prefabrican interpretaciones falaces del pasado: Pere Bonnín ("La otra limpieza étnica", *Diario 16*, 13 de septiembre de 1995) empieza por declarar que "por pura chiripa" (*sic*) cayó en sus manos el *Cantar de Mio Cid* y, a partir de tan feliz confluencia de los astros, enlaza una serie de observaciones dignas de resaltar: "*Mio Cid* constituye la encarnación de la política serbia actual, que nos escandaliza con su limpieza étnica [...]. El pillaje de los caballeros respondía a la política de combatir la diferencia, someterla y disolverla en una uniformidad que es siempre la del que ataca. Los musulmanes de Valencia fueron sometidos y cristianizados con la espada y la cruz de la intolerancia [...]. Conviene tener presente que los musulmanes eran tan españoles como los cristianos. A sus ojos, aquellos caballeros de rapiña no eran sino vulgares salteadores que les destrozaban la cosecha". Fuerza es aclarar el objetivo de fondo del artículo a fin de comprenderlo: destacar por enésima vez los presuntos caracteres contrapuestos de *Castilla* y *Cataluña*, intolerante y rígida la una y dúctil y civilizada la otra. Como tal vez la *chiripa* no haya permitido que en manos del periodista cayeran muchos libros de Historia, nos vemos obligados a traer a colación algunas obviedades cuya mención para un lector medianamente culto pueden parecer ofensivas: la táctica de talar cosechas, saquear viviendas, robar ganado o secuestrar personas para exigir rescate —amén de matar a quienes intentasen impedirlo— fue practicada con idéntico entusiasmo por cristianos y musulmanes siempre que estuvo en su mano, incluso en el Mar Mediterráneo tras la finalización de la Reconquista (a este respecto puede verse, v. g., la obra de Anna Unali, *Marinai, pirati e corsari catalani nel Basso Medioevo*, Bolonia, Capelli, 1983) y carece de seriedad presentar este género de tropelías como exclusivo de uno de los implicados, privando a los hechos de su contexto histórico; de otro lado, este lector *por chiripa* ignora —benévolamente suponemos que adrede— algo evidente como es lo efímero del dominio de Valencia por el Cid, ya que la ciudad y su alfoz fueron reconquistados definitivamente por Jaime I *el Conquistador* en 1238 y por tanto si hay responsabilidades éticas que exigir cumple mirar hacia los catalanes y aragoneses de la época, no mezclando sucesos, personajes, siglos y *limpiezas étnicas* con tamaña frivolidad; por último, acusar al Cid de expulsar a musulmanes no sólo es ajeno a la realidad histórica, sino que el mismo uso de la jerga periodística actual —esos términos acuñados en un santiamén por las agencias de prensa y tantas veces mal traducidos al español— marca muy bien la dirección del ataque ("*Mio Cid* constituye la encarnación de la política serbia actual") al simplificar con imágenes del instante presente la condena del pasado que, a su vez, se reinstrumentaliza para poner en solfa por vía nada indirecta a la *Castilla* de ahora. En la misma incongruencia sin base incurre J. Jiménez Lozano ("Perplejidades castellanas", *ABC,* 21 de julio de 1995) al afirmar "se realizó aquella inmensa inmersión cultural y lingüística que llevó a imponer por la fuerza inquisitorial el modelo de antropología, lengua, fe y cultura que era el de la mayoría cristiana vieja": como está de moda —por lamentables motivos concretos del momento: el intento de erradicación del español en Cataluña— hablar de *inmersión lingüística*, el periodista proyecta hacia atrás el concepto y endosa a la España del XVI intenciones que le eran por completo extrañas, mezclando problemas tan diferentes como lengua y fe, con lo cual aplica criterios culturales de nuestros días, porque los poderes de la época estaban más preocupados por la unificación religiosa que por prurito culturalista ninguno y buena prueba de ello es la laxitud con que abordaron la extensión del idioma en la colonización americana: no sólo no se forzaba a aprender español a los indígenas sino que se fomentaba el empleo de lenguas locales (náhuatl, quechua, guaraní) fuera de sus áreas originales para que sirvieran como *linguas francas* en la evangelización[49].

Pero volviendo a al-Andalus debemos, para concluir, recapitular las distintas visiones y —quizás— asumir que nunca sabremos cuál fue la verdadera naturaleza de esa porción de nuestra historia: tan inaceptable se nos hace la generalización de Guichard a partir de *una* estructura social (que él uniformiza caprichosamente entre árabes y beréberes) y que habría producido la arabización cultural de la Península, como las vaguedades voluntaristas de A. Castro suponiendo que el descubrimiento del presunto sepulcro del apóstol Santiago respondía a su concepción como un anti-Mahoma y de la ciudad como una anti-Kaaba, por no insistir acerca de la supuesta semitización[50] de nuestro pensamiento y carácter, sobre todo si ésta se fundamenta en el fanatismo y la intolerancia religiosa, que nos llevaría a la insostenible afirmación del profundo carácter semítico (por añadidura al propio judeo-cristianismo) de toda Europa, ya que las guerras de religión de los siglos XVI-XVII así lo probarían. Por no ir más lejos, o más cerca.

---

[49] El Inca Garcilaso escribe a principios del siglo XVII en sus *Comentarios Reales*: "había tan poca curiosidad en aprender la lengua española y en los españoles tanto descuido en enseñarla que nunca jamás se pensó en enseñarla ni aprenderla". En respuesta al Consejo de Indias, en 1596, Felipe II emite una resolución que, de conocerla, dejaría perplejos a los entusiastas de las comisiones contra el V Centenario ("No parece conveniente apremiarlos a que dejen su lengua natural, mas se podrán poner maestros para los que voluntariamente quisieran aprender la castellana. Y se dé orden cómo se haga guardar lo que está mandado en no proveer los curatos, sino a quien sepa la de los indios"); en este sentido abundan las reales cédulas (1603, 1609, etc.) y sobre todo ello puede verse F. de Solano, *Documentos sobre política lingüística en Hispanoamérica, 1492-1800*, Madrid, CSIC, 1991.

[50] Es peligroso jugar con las palabras porque el gentilicio "semítico" es demasiado vago e inconcreto: sobre una remota comunidad lingüística (que no racial) que se remonta a varios milenios antes de Cristo se pretende construir una identidad de objetivos, reacciones, sentimientos, etc. en la Península Ibérica medieval. O, dicho de otro modo: ¿los musulmanes de origen árabe cierto —en los siglos XI, XII, XIII— se sentían partícipes de una comunidad espiritual y de identidad con los judíos sus coetáneos? ¿Cómo meter a todos en el mismo saco, con tanta frivolidad?

Sin embargo, pese a ser la más sólida en el terreno material y concreto, tampoco es convincente la postura de Sánchez Albornoz de adjudicar un carácter inmutable a los españoles —cuando la realidad cotidiana nos confirma lo contrario—, enlazando a Séneca con Unamuno, a través de los dudosos eslabones de Ibn Hazm o Averroes, sin más fundamento que la coincidencia sobre la misma tierra e ignorando las decisivas y durísimas aculturaciones que en nuestro suelo se han producido entre el inicio y el fin de la cadena. No basta con argüir el escaso peso demográfico de los conquistadores o la indiscutible pervivencia de numerosos elementos preislámicos en la Península para negar la posible adscripción de al-Andalus, de hoz y coz, desde el siglo X, al mundo árabe-musulmán medieval, en el cual habría desempeñado un papel subsidiario y periférico (impuesto incluso por la Geografía), pero sin que ello implicase la arabización total que pretenden Castro y Guichard. Con seguridad sabemos que el norte de África (la Berbería) a mediados del siglo XI presentaba una arabización muy superficial y sólo las sucesivas oleadas de invasores hilalíes, con su movimiento ininterrumpido durante dos siglos, llegaron a establecer un predominio cultural y lingüístico de lo árabe sobre lo beréber, factor éste que todavía subsiste. No parece razonable magnificar la presencia de las jarchas, o los atisbos de bilingüismo para alcanzar conclusiones como que la Revuelta del Arrabal respondió al siempre indómito espíritu de los españoles (si Sánchez Albornoz pudiese contemplar cómo anda ese espíritu en los momentos actuales, enmudecería abochornado [51]), o que la Córdoba del siglo X es equiparable a la Granada del XIV en cuanto a lengua, unidad religiosa y actitudes de la población. Adjudicar a valores genéticos, o al vigor en sí misma, la supervivencia de una cultura es esfuerzo arriesgado por cuanto comporta desconocer las

---

[51] Sin embargo, Sánchez Albornoz también matiza sus entusiasmos sobre las *esencias* de los pueblos: "No; los pueblos han llegado a ser como son tras un proceso más o menos lento, más o menos rápido pero continuo. Jamás un pueblo ha permanecido estático; jamás ha llegado a ser algo concluso. Después de haber cristalizado como unidad histórica ha seguido cambiando con mayor lentitud o rapidez pero sin interrupción. Y el historiador debe intentar captar ese proceso que viene de muy lejos, que ha llevado a la lenta diferenciación de cada comunidad humana, que se ha prolongado ininterrumpidamente hasta nuestro tiempo, que continúa delante de nosotros y que proseguirá más allá de nuestros días" (C. Sánchez-Albornoz, *Españoles ante la historia*, p. 234).

variables que inexorablemente la modifican: contactos, evolución interna, cambios técnicos, imposición de otras (más fuertes por disponer de más eficientes tecnologías), con un correlato inevitable en gustos, creencias, objetivos, expectativas, convicciones... Los mundos se desmoronan y son suplantados por otros y así nos lo muestra el presente proceso de alienación colectiva que sufre España a manos de los anglosajones; no sólo se pierden letrillas y refranes, exquisiteces culinarias o el nombre de los aperos de labranza, también vuela y se desvanece el sentido del puesto que el hombre debe ocupar en la creación o en su microuniverso, las ambiciones a largo plazo y hasta las reacciones más primarias. Los pueblos también envejecen y las culturas mueren; y al-Andalus, la Hispania musulmana, sigue esperando una aproximación sin cadenetas ni colorines, pero también sin complejos de culpabilidad que nos vuelvan estrábicos y oscurezcan la mirada.

2. EL MITO DE LAS TRES CULTURAS *

"Com diferença de séculos, os câes ladravam, o mundo era portanto o mesmo."

(J. SARAMAGO, *História do cerco de Lisboa*)

¿Cuál es la *verdadera* identidad de España? La pregunta casi aburre, máxime tras la conversión en categorías de alcance cósmico de otras identidades mucho más chicas en algunas regiones del país. Durante los años del nacionalcatolicismo se perfiló una imagen pseudoimperial que, por necesidad, debía nutrirse de la tradición heredada y del hecho, innegable, de que la Península desde el siglo XI comenzó de manera inexorable su vuelta a la gran área cultural y religiosa de la Latinidad. Si ello fue bueno o malo queda a la libre estimación del opinante, pertrechado cada quien con su infalible catecismo bajo el brazo [1].

Sin embargo, una vez desaparecidos en los últimos años los factores de coerción ideológica, la reacción hacia el otro extremo no se hizo esperar y si antes se siguió como modelo y patrón histórico la pretensión de "lo eterno español" simbolizada en "reclamarse de los godos" [2] —como en la Francia del Antiguo Régimen legistas e historiadores si no de los godos sí "se hacían de los francos" [3]— a partir de finales de los setenta la moda vino a dar en el rechazo de todo cuanto no implique la prefabricación de exóticos hechos diferenciales que legitimen la política local de ésta o aquella región española, al menos en el plano re-

---

* Parcialmente aparecido en *Revista de Occidente*, n.º 224, enero de 2000, pp. 5-30.
[1] "Y como creo que decidir sobre estas cuestiones depende en definitiva de nuestras preferencias, entiendo que otros pueden tener distintas opiniones —que desde luego no comparto— sobre 'la idea de España', y que exista quien siga afirmando la continuidad entre la *Hispania* visigoda y España, aunque esto corre el riesgo de legitimar la historia de España sin al-Andalus". M. J. Viguera, "Arabismo y valoración de al-Andalus", *Actas I Simposio de la Sociedad Española de Estudios Árabes (Salamanca, 1994)*, Madrid, 1995.
[2] *Vid.* J. Caro Baroja, *Los judíos en la España Moderna y Contemporánea*, I, p. 165, sobre la remota presencia ya en la legislación visigótica de usos y abusos achacados muy posteriormente a la Inquisición.
[3] J. Caro Baroja, *Las formas complejas de la vida religiosa (ss. XVI y XVII)*, p. 533.

tórico. En Andalucía, por lo que hace al factor árabe. Para tal efecto se acudió a obviedades como traer a colación que los españoles actuales somos resultado de las distintas aportaciones de pueblos diversos, de las aculturaciones, influencias o pérdidas a que se vio sometido el país entero. Del saldo general de la Historia, en suma. Nadie niega tal postulado, pero el conflicto empieza apenas intentamos delimitar cuáles son los elementos dominantes, o mayoritarios, en nuestros gustos, comportamientos, sentires, adscripción a una u otra manera de ver el mundo, con qué y con quiénes nos identificamos o cuál es nuestro concepto sobre el grupo humano a que pertenecemos. A partir de los viajeros-escritores del Romanticismo europeo y de la corriente historiográfica cuyo principal exponente es Américo Castro se ha ensamblado, con piezas muy heterogéneas, otra imagen que, como mínimo, requiere una revisión y crítica, sin ensañamiento pero sin complacencias. Del sepulcro del Apóstol, la espada del Cid y las joyas de la Reina Católica se ha pasado en un cierraojos y eliminando por pecaminoso todo lo anterior a los surtidores del Generalife, el alma de nardo y la exquisita convivencia de las tres culturas en una España medieval no menos imaginaria que la manejada por la apologética contraria. De unos mitos fundacionales se ha pasado a otros, sin solución de continuidad, idénticos los mecanismos acríticos utilizados y con la diferencia a favor de la primera, tal vez, de la mayor solidez de los hechos en que se basa, pues a fuer de evidentes y sabidos, se olvidan y marginan. Nos guste o no, la Península Ibérica es un territorio europeo, con una larga trayectoria de afirmación de tal identidad (desde ese siglo XI antes mencionado), unas abrumadoras raíces culturales y lingüísticas adscritas al mundo neolatino y un predominio secular del cristianismo. Características nunca borradas en su totalidad y predominantes en proporción absoluta desde la misma Edad Media. No se trata de la Hispania Eterna que —según dicen— propugnaba Sánchez Albornoz, sino de procurar el esbozo del problema en unos términos menos grandiosos y excepcionales, entendiendo que los fenómenos sociales aquí acaecidos en el fondo y en las formas no difieren mucho de los habidos en otras latitudes europeas, africanas o asiáticas, pese al cúmulo de matices que, sin duda, conforman a nuestra cultura y nuestra sociedad.

De modo nada paradójico, Castro y Sánchez Albornoz vienen a coincidir por vías opuestas en el carácter especialísimo de nuestra historia y nuestro país. La simbiosis del uno o la antibiosis del otro se dan de bruces con las evidencias de fenómenos parejos en distintos lugares y momentos en regiones del Globo apartadas o próximas. El esfuerzo investigador de Albornoz se ve contrapesado por las estupendas aseveraciones de Castro: "En España (en la verdadera España, no en la fraguada por los cronistas)"[4]; "todo lo cual refuerza la sospecha de que la vida de los españoles ha sido única; para mí, espléndidamente única"[5]. Naturalmente, *la verdadera* España es la que él propone, unívoca en su realidad y sus interpretaciones correspondientes: fuera de él, sólo existe el error. Así medra la idea, repetida hasta la saciedad, del carácter singularísimo y paradisíaco —agregan con frecuencia— de aquel lugar sin parangón posible, cuyas tolerancia, exquisitez literaria y convivencia sin máculas sirven para reivindicar pretensiones descabelladas o, so color de abrirse a todas las etnias, lenguas y religiones (principio irrebatible, en abstracto), ignorar la realidad cotidiana y presente, mucho más roma y menos sugestiva. La idea de que la Hispania musulmana primero y, en parte la cristiana después, fue un *paraíso* prolifera. Obras como *La España árabe. Legado de un paraíso* [6] menudean entre periodistas, ensayistas, escritores varios ("Andalucía, el paraíso perdido", dice A. Gala[7]). Y que los hechos históricos sabidos y comprobados por los estudiosos, con no menor asiduidad, se den de patadas con tal enfoque edulcorado no arredra a sus propagandistas. Pocos son los españoles que se toman el trabajo de leer en directo las crónicas antiguas, los cancioneros poéticos, las colecciones de refranes, por no hablar de las actas notariales o los libros de repartimientos, la información de primera mano de que disponemos, tan aficionada como es nuestra gente a *leer de oídas*. De tal suerte, las aproximaciones más serias y objetivas quedan circunscritas al ámbito, de peso menguante sin tregua, de los especialistas, cuya mera mención provoca ronchas en los divulgadores de *la Nueva*, por lo general bien situados en los medios de comunicación.

De lo pequeño y cercano podemos pasar a lo grande y distante, Portugal o el continente africano arrastran similares tópicos, iguales

---

[4] P. [18] de la Introducción a *La realidad histórica de España*.
[5] *La realidad*, p. 24.
[6] Obra de I. von der Ropp, A. von der Ropp, M. Casamar y Ch. Kugel, Madrid, Casariego, 1990.
[7] A. Gala, *El manuscrito carmesí*, p. 204.

distorsiones buscadas y reiteradas durante siglos por viajeros y editores europeos [8]. Y, por supuesto, España. Misterio, embrujo, tipismo, duende, exotismo pintoresco... se hallan si se buscan, e inducen, v. g., a P. Mérimée a desdeñar la mayor parte de la arquitectura española por ser "demasiado parecida a la suya". En otras ocasiones el origen de la distorsión procede de equivocadas ideas científicas del pasado que proporcionan, desde la cómoda perspectiva actual, sabrosas mofas a críticos superficiales, tal la vieja creencia —a la sazón extendida por toda Europa— de que la leche materna transmitía caracteres, señas culturales y hasta fe religiosa, razón de que se evitaran como nodrizas las moriscas y judías conversas, con gran éxito, por el contrario, de santanderinas, asturianas y gallegas, nada sospechosas de tal riesgo [9]. La proyección hacia tiempos pretéritos de los conceptos, conflictos y enfoques del nuestro ha generado graves errores de apreciación, tanto en investigadores serios [10] como en meros publicistas. Unos y otros rivali-

---

[8] "No geral, os viajantes entravam em Espanha já com ideias preconcebidas. Vinham, por assim dizer, colher exemplos que confirmassem e ilustrassem as suas teses, todas elas anteriores à observação e à análise. Compunham assim o quadro de duas nações supersticiosas, fanáticas, atrasadas, bárbaras e ridiculamente ignorantes, onde imperavam o clero e dois reis absolutos. Fiados em Voltaire, em Montesquieu, em D'Argens, em La Harpe, que nunca haviam passado os Pirinéus, confirmavam que para acá desses montes governava a Inquisição e um clero ignaro dominava os reis e mantinha o fanatismo dos povos", Castello Branco Chaves, *Os livros de viagens em Portugal no século XVIII e a sua projecção europeia*, Amadora, 1977, p. 11.

Y en la misma línea: "África se caracteriza por la presencia de humanos monstruosos, aunque no tenga tal exclusiva, que también afecta a la India, y pese a situar en diferentes lugares a estos pueblos malformados, si bien Etiopía suele concitar la mayor atención en tal sentido" (O. Zhiri, *L'Afrique au miroir de l'Europe: Fortunes de Léon l'Africain à la Renaissance*, Ginebra, 1991, p. 22).

[9] "Lo que en la leche se mama, en la mortaja se derrama" (Refranes y proverbios glosados de Hernán Núñez, en *Refranero español*, recop. de F. C. Sáinz de Robles, Madrid, 1944); el padre Juan de Pineda afirmaba: "que mujer morisca ni de sangre de judíos críase a hijo de cristianos viejos, porque aun les sabe la sangre a la pega de las creencias de sus antepasados, y sin culpa suya podrían los niños cobrar algún resabio que para después, de hombres, les supiese mal" (cit. por Caro Baroja, *Las formas complejas*, Madrid, 1985, p. 508).

[10] Diego Catalán adjudica a los guerreros benimerines del siglo XIV *orgullo de hidalguía, lealtad a su rey y señor natural, vínculo feudal de vasallaje*, etc., aunque por otro lado intenta despojarse de fantasías y acude a la lógica y la prudencia: "Nos planteamos una pregunta que puede extenderse a todo lo anterior: este espíritu caballeresco que el cronista, preludiando al romancero morisco, supone en el musulmán, tanto gra-

zan en la idealización de un pasado que demuestran conocer bastante mal. La principal fuente nutricia de este dogmático revisionismo suele ser Américo Castro y, muy en especial, su obra *La realidad histórica de España*, tomada más como nueva Biblia que como materia de discusión y contraste, confundiéndose el rechazo del trasfondo ideológico y deformador del nacionalcatolicismo con la condena en bloque de cuantas apoyaturas históricas éste utilizó. Una postmodernidad gozosa en su alienación ha rematado el resto. Así pasan por artículo de fe afirmaciones difíciles de mantener, debiendo ser historiadores extranjeros nada sospechosos de imperialistas *filipinos* (F. Braudel, H. Kamen, Joseph Perez, Elliott, Lapeyre) quienes desde la objetividad que les confiere el distanciamiento y el no hallarse implicados en nuestros complejos de inferioridad y autohumillación como vía para la *purificación* —en no pocas ocasiones exigida por el mismo Castro— ofrezcan datos, ideas y llamadas al sosiego. No es nuestro objetivo presentar un inventario de las exageraciones de don Américo, ni siquiera resumido, por resultar su enunciación y réplica pormenorizada de una farragosidad imperdonable, pero los historiadores antedichos y otros, españoles, han aportado documentación más que suficiente que rebate por sí sola, y sin dirigirla contra él, la más reiterada e insostenible de las pretensiones de Castro, condensada en una retahíla de noes: no comercio, no trabajo manual, no artesanía, no agricultura, no pensamiento, no cultura, no curiosidad intelectual..., a no ser que sus cultivadores fuesen judíos o marranos. De forma campanuda concluye: "no se produjo ninguna actividad científica original y por sí sola válida"[11]. Cuando un ejemplo no encaja en su pretensión ("la creencia de que trabajar con la mente y con el ingenio y las manos era asunto de perversos y deicidas judíos", *La realidad...*, p. 24), como es el caso de P. Madoz por él mismo citado, despacha la contradicción calificándola de "sorprendente". Y andando. Los hechos probados, sin embargo, corren por otros rumbos: hasta en Valencia (donde más moriscos había) la agricultura de regadío, las industrias urbanas y el comercio a gran escala estaban mayoritariamen-

---

nadino como africano, ¿responde a la realidad de la época o es un trasplante absurdo del ideario cristiano del siglo XIV al mundo musulmán?" ("Ideales moriscos en una crónica de 1344", en *Nueva Revista de Filología Hispánica*, VII, 1953, p. 575).

[11] *La realidad*, p. [16] de la Introducción. *Vid.* también pp. [8], [24], [25], [30], XXII, 42, 169, 206, 264.

te en manos de cristianos viejos, como demostró Lapeyre, las aportaciones españolas en Cosmografía y Geografía, por mor de los descubrimientos, fueron decisivas para el conocimiento y noción de conjunto del planeta (el mapa de Juan de la Cosa es de 1500...); la enumeración exhaustiva de científicos que J. Juderías detalló en las más diversas disciplinas (Filosofía, Medicina, Botánica, Lingüística, Mecánica) es desdeñada olímpicamente. Nuestra perplejidad es grande: ¿quién construyó todo nuestro legado arquitectónico desde la Edad Media? ¿Fueron sólo alarifes moriscos o mudéjares? ¿Qué porcentaje de mudéjares verdaderos participó, de hecho, hasta en las construcciones de orden mudéjar? ¿Los inexistentes pintores y escultores criptomusulmanes pintaron y esculpieron lienzos y estatuas? ¿La inmensa literatura del Siglo de Oro fue en su totalidad obra de conversos? ¿Santa Teresa, M. Alemán o Rojas Zorrilla, de orígenes judíos ciertos, no fueron buenos cristianos? ¿De dónde se sacan los epígonos de don Américo que Cervantes era pro-árabe, qué motivos de simpatía podía abrigar hacia esa sociedad tras su durísimo cautiverio en Argel? ¿No se están mezclando los vacíos, incapacidades, anquilosamientos posteriores a la mitad del XVII con las décadas y siglos anteriores en que la pujanza y vigor del país entero propició empresas del volumen de la exploración, conquista y colonización llevadas a cabo en América y el Pacífico? ¿No fue este gigantesco esfuerzo posterior a la expulsión de los judíos? ¿No corrió en su mayor parte el peso de tal movimiento sobre los hombros de Castilla (es decir, desde Estaca de Bares a Cartagena y de Fuenterrabía a Gibraltar)? ¿Cómo se puede olvidar que la decadencia cultural, militar y científica vino más de factores económicos que por el destierro de minoría ninguna? ¿El despoblamiento por pestes, emigración, guerras y la política de hegemonía en Europa, con su consiguiente sangría impositiva, no fueron más responsables del hundimiento económico que la salida de los muy minoritarios moriscos en 1609-1614? ¿Por qué debemos seguir aceptando, silentes y humillados, que manifestar una sola palabra favorable o respetuosa, o de mera matización, hacia otros españoles pretéritos, de actos buenos y malos, sea sinónimo de fascismo? ¿Cuándo la izquierda española, heredera de los complejos y tabúes de la Guerra Civil, será capaz de asumir nuestra Historia o, al menos, de leerla? ¿No estaremos ante el caso más notorio y flagrante de lo que Julián Marías denomina la "fragilidad de la evidencia" ("El hombre prefiere lo que *se dice*, sobre todo si se le repite con énfasis y autoridad, o con la reiteración y eficacia de los medios de comunicación, a lo que entra por los ojos o debería penetrar en la mente"[12])?

A. Castro proclama, contra las evidencias pasadas y presentes, "la básica estructura cristiana-moruna-hebraica de la sociedad española"[13], adjudicando un carácter semítico a los españoles, de donde vendría, por ejemplo, *nuestra* intransigencia religiosa, con lo cual incurre en una peligrosa simplificación que abocaría al ineludible carácter semítico de todo el continente por la intolerancia, persecuciones y degollinas perpetradas con igual entusiasmo por protestantes y católicos durante las guerras de religión, hasta la Paz de Westfalia. Por ende —como hemos señalado en otro lugar— es peligroso jugar con las palabras, porque difícilmente puede sostenerse que judíos y mudéjares (o marranos y moriscos) constituyeran un todo homogéneo[14], con idénticos objetivos, reacciones y sentimientos, si hasta diferían en el modo de relacionarse con la comunidad cristiana mayoritaria (acomodación de los unos y choque frontal de los otros). Sin embargo, Castro multiplica las afirmaciones de ese jaez: "Tan españoles los unos como los otros todavía en aquella época"[15]; "las tres religiones, en 1300, ya españolas, conviven *pacífica y humanamente*"[16]; "imposibilidad de separar lo español y lo sefardí"[17]... Orillaremos la catalogación como *españoles* de los habitantes de la Península hacia 1300, aunque en nuestra opinión hasta los cristianos habrían de recibir tal denominación con reservas

---

[12] *ABC*, 10 de junio de 1999.
[13] *La realidad*, p. 169. Como ya hemos anticipado, no podemos pormenorizar los dislates de Castro en su totalidad, pero consigue alcanzar el don de la ubicuidad, multiplicando las parcelas en que exhibe —no por ignorancia sino por cerrazón— un desconocimiento patético: "No encuentro, en cambio, que nadie industrializara los productos o explotara las riquezas de las tierras ultramarinas" (*La realidad*, p. [32]). Olvida el primordial interés por los metales preciosos de los inicios de la Conquista, del cual participaban los europeos en su totalidad (v. g. los Fugger y Welser en sus concesiones de Venezuela) y sobre todo que, desde muy pronto, sí hubo tráfico comercial significativo (cochinilla, cueros, madera) y desde el XVIII se hicieron muy serios intentos de traer salazón de carnes pese a las dificultades enormes de conservación, dadas las técnicas poco desarrolladas de que se disponía. A tales extremosidades puede conducir el iluminismo fanatizado de una persona cuya erudición está fuera de dudas, llevándole a marginar adrede hechos históricos elementales.
[14] *Vid. supra*, cap. anterior.
[15] *La realidad*, p. [14].
[16] Ibídem, p. [15].
[17] Ibídem, p. [17].

por no responder todavía a un conjunto de valores, conciencia colectiva consolidada y proyecto común algo posterior (el siglo XV). Si bien, como probó J. M. Maravall, entre los reinos cristianos existía una noción de pertenencia geográfica a la Península y de diferenciación respecto a los demás europeos en aspectos jurídicos, consuetudinarios y genéricos.

El procedimiento de exhibir —y usar, por parte de la mitología conservadora—, para forjar un pasado *nacional* lo más antiguo posible, como españoles a personajes de la historia romana (Séneca, Trajano, Columela, etc.) e incluso prerromana (Viriato, "lusitano"), tan del gusto de Sánchez Albornoz, es adoptado con igual fervor por su adversario, si bien éste rechaza, con buena lógica, a "pastores lusitanos", romanos y visigodos como partícipes de las connotaciones del ser español. Pero tan insostenible es considerar tal a San Isidoro como a Ibn Hazm o Maimónides, pertenecientes a culturas netamente diferenciadas de la nuestra —y conscientes de serlo— y enfrentadas incluso al germen (la Hispania medieval cristiana) de lo que tras un proceso de unificación y desarrollo terminaría cristalizando en una identidad común.

No obstante, para nuestro interés en estas páginas debemos hacer hincapié en una de las pretensiones de Castro y los castristas más aireadas y utilizadas cada vez que se acude al florilegio retórico de *las tres culturas*. Nos referimos a la supuesta *convivencia pacífica y humana* de las tres lenguas, las tres culturas y las tres religiones. En los últimos años este monótono ritornelo viene siendo manejado de manera rutinaria y tópica hasta el hastío por gentes cuyo conocimiento de la Edad Media y de las sociedades árabe y judía es, al menos, dudoso. La "fragilidad de la evidencia" de J. Marías resurge tan campante y no basta, al parecer, que experiencias muy próximas, de ahora mismo, en Líbano, Turquía o Yugoslavia nos alerten acerca de la realidad de esa imaginaria convivencia fraternal y amistosa de etnias, religiones y culturas: con satanizar y culpabilizar de todos los males a una de las partes implicadas suele resolverse la contradicción patente entre los hechos y los buenos deseos.

Ese panorama de exquisita tolerancia (la misma palabra ya subsume que uno *tolera* a otro, o sea, está por encima), cooperación y amistad jubilosa entre comunidades se quiebra apenas iniciamos la lectura de los textos originales y se va configurando ante nuestros ojos un sistema de aislamiento entre grupos, de contactos superficiales por necesidades utilitarias y de odios recíprocos y permanentes desde los tiempos más remotos (el mismo siglo VIII, el de la conquista islámica); es decir, un régimen más parecido al *apartheid* surafricano, *mutatis mutandis*, que a la idílica Arcadia inventada por Castro. Que los poderes dominantes —primero musulmán y luego cristiano— oprimieran concienzudamente a las minorías y poblaciones sometidas en general, es un incómodo aspecto de la cuestión obviado mediante el mismo expediente que se emplea en el caso yugoslavo: una nebulosa maldad intrínseca a "los cristianos", "los castellanos" o "los almorávides" sirve para no abordar, con el esfuerzo consiguiente, las raíces del problema, la enorme dificultad de conseguir inculcar respeto hacia el otro, de evitar la automarginación y marginación simultáneas de comunidades enteras, de superar de la noche a la mañana prejuicios, tabúes y temores engendrados a lo largo de siglos por razones muy concretas (choques y abusos mutuos) subsistentes en la conciencia y la memoria colectiva de modo difuso pero insoslayable. Si aspiramos a vencerlos.

La ingenua declaración de A. J. Toynbee en el sentido de que árabes e islam están libres de veleidad o propensión racista alguna no soporta el más leve cotejo con la realidad[18]. La literatura árabe es un venero inagotable de ejemplos: desde la profusión de casos de invención de genealogías *árabes* para subir en la escala social[19], hasta las dificultades para los matrimonios mixtos entre clientes tributarios (poblaciones sometidas e islamizadas) y mujeres árabes[20], o la prohibición tajante de enlaces entre musulmanas y *musrikíes* (paganos)[21]. La rica cuentística popular norteafricana nos documenta el enfrentamiento continuo entre etnias, pese a ser musulmanes todos: *árabes* y cabilas

---

[18] Glosada por B. Lewis: "Todavía hoy, los musulmanes dividen la familia humana como solían hacerlo los cristianos occidentales en la Edad Media: en creyentes y no creyentes, división que sesga toda diferencia de raza física" [...]. "Lo que cuenta es el prejuicio contra los de tez más oscura y puesto que falta, los árabes y el islam pueden ser declarados libres de infección" (B. Lewis, "Raza y color en el islam", *al-Andalus*, XXXIII, 1968, p. 3).

[19] La familia de Abu Bakra, en Basora, se prefabrica una genealogía que llega hasta uno de los allegados del Profeta. Éste, como otros casos similares, fue motivo de mofa para los intelectuales *su'ubíes* (*vid*. Goldziher, "'Arab and 'Ajam", en *Muslim Studies*, I, p. 129; y "The Shu'ubiyya", *Muslim Studies*, I, p. 153); Guichard (*Estudios sobre historia medieval*, p. 53) al respecto recuerda "la amplia difusión de los étnicos tribales árabes en la antroponimia".

[20] Goldziher, "'Arab and 'Ajam", *Muslim Studies*, I, pp. 118 y ss.

[21] La secta *ajnasí*, rareza peregrina, autorizaba tal matrimonio (*vid*. as-Sahrastani, *Kitab al-milal wa-n-nihal*, Ed. W. Cureton, Londres, 1846, p. 154).

(beréberes)²², marroquíes y argelinos²³ reflejan sus odios, sus prejuicios transmitidos, la permanente adjudicación al contrario, o al vecino, de cuantos defectos se puedan imaginar. Y si los no musulmanes en al-Andalus eran "considerados ajenos a la sociedad en su conjunto"²⁴, el jurisconsulto al-Wansarisi niega a los musulmanes la licitud de quedar en territorio cristiano, entre otras causas, por la posibilidad de que incurran en cruces matrimoniales mixtos²⁵.

Aunque en teoría el islam no proclama la superioridad innata de ninguna raza y, por tanto, no deberían darse inconvenientes para los enlaces interraciales, en la práctica este principio se falsea y contraviene con el recurso al concepto de *kafa'a*, la igualdad social que debe existir entre los contrayentes; y, al aceptarse de manera tácita, que un hombre no árabe en ningún caso puede ser el igual de una mujer árabe²⁶, el tutor de ésta (el omnipresente *wali*) ha de impedir que ella se deje arrastrar por su debilidad mental y termine casándose contra sus propios intereses: considera la jurisprudencia islámica. Muy otro es el caso del hombre árabe que matrimonia con mujeres de cualquier raza, incluidas las negras, por ser su condición masculina garantía de una superioridad que no permitirá, por ejemplo, que los hijos adopten otra fe distinta de la islámica.

Sin embargo, la principal piedra de toque en cuanto a actitudes raciales bascula —como en otras sociedades— en torno a los negros. Los discursos de racismo biológico puro que exhiben Stanley²⁷, Domingo Badía (Alí Bey)²⁸ o R. Burton²⁹ afloran entre los árabes mezclados con

---

²² Moulièras-Lacoste, *Légendes et contes merveilleux de la Grande Kabylie*, París, 1965, pp. 347, 534.
²³ Ibídem, p. 523 (cuento "L'Algérien et le Marocain").
²⁴ R. Arié, *La España musulmana*, p. 174.
²⁵ F. Roldán, *Niebla musulmana*, p. 220.
²⁶ B. Lewis, "Raza y color en el islam", *al-Andalus*, XXXIII, 1968, p. 42.
²⁷ Acerca de las negras, a las que considera poco más que monas (H. M. Stanley, *Viaje en busca del Dr. Livingstone al Centro de África*, Madrid, Anjana, 1981, p. 63).
²⁸ "A pesar de sus adornos, perfumes y purificación, quedó confinada a una habitación separada, donde se le sirvió y trató perfectamente, pero no sé por qué no pude vencer mi repugnancia a una negra de labios gruesos y nariz aplastada, de modo que la pobre mujer habrá quedado sin duda muy engañada en sus esperanzas" (Alí Bey, *Viajes por Marruecos*, trad. Barberá, p. 260).
²⁹ "...parece incapaz de haber sido otra cosa distinta de lo que es. Parece pertenecer a esas razas siempre infantiles destinadas a no alcanzar jamás la edad adulta [...]. El

prejuicios culturales y religiosos. Por un lado asumen los viejos conceptos mediterráneos[30] en torno a los usos extraños de los africanos, con especial atención a la licencia sexual (ofrecimiento de la novia a los presentes, posesión en común de los hijos y mujeres, confusión en las filiaciones, ruptura de la noción de linaje y, en definitiva, sexualidad próxima a la de los animales) y por otro desarrollan su propio sistema de prejuicios frente a etnias dominadas tras las conquistas y la expansión del islam en el Centro de África, en paralelo al incremento del tráfico de esclavos. El colmo de la ofensa que sufren al principio de *Mil y Una Noches* los reyes Sahzaman y su hermano Sahriyar reside en que el fornicio adulterino de sus respectivas esposas tenga lugar con negros, es decir seres del último grado en la escala social. Más expresivo, en la misma obra (Noche, 468), es todavía el episodio del *negro bueno* (y esclavo)[31] que, tras una vida de virtud, se ve premiado tornándose blanco a la hora de su muerte (un caso semejante aduce B. Lewis en la *Epístola del perdón* de al-Ma'arri, siglo XI, referido a una hurí del paraíso que, en vida, fue negra[32]). La irritación experimentada —y expresada— por el gran poeta al-Mutanabbi (siglo X) al verse abocado en Egipto a componer panegíricos para el visir Kafur (negro y eunuco), la negación total de la hombría y antítesis del honor beduino, tiene su correlato en los poetas negros que, en árabe, manifiestan su aflicción y resentimiento, su sentido de autohumillación y, en último extremo, la aceptación de un inferior *status* y condición humana por cargar con tal origen africano[33].

La opinión negativa sobre los negros de Sa'id al-Andalusi (Toledo, 1029-1070) en su obra *Las categorías de las naciones*[34] contrasta fuertemente con la defensa que de ellos hace al-Yahiz en *Elogio de los negros frente a los blancos*[35], negando cuantos defectos suelen achacárseles (desorden, imprevisión, inconstancia, suciedad, carácter bestial, etc.), pero el tono del opúsculo resulta tan extremado y zumbón que más bien pa-

---

africano no puede ser bien considerado por el que hace de la conciencia un rasgo distintivo de la raza humana..." (R. Burton, *Las montañas de la luna. En busca de las fuentes del Nilo*, Madrid, 1993, pp. 151 y ss.).

[30] Zhiri, p. 23.
[31] Versión Vernet, II, pp. 494 y ss.
[32] B. Lewis, "Raza y color en el islam", *al-Andalus*, XXXIII, 1968, p. 21.
[33] Ibíd., p. 11.
[34] Ed. L. Cheikho, Beirut, 1912, p. 9.
[35] Ed. G. Van Vloten, en *Tria Opuscula*, Leiden, 1903, pp. 58-85.

rece constituir una parodia de los escritos de polémica *su'ubí* antiárabe, lo cual vendría a quitar, o mermar, la fuerza de una verdadera defensa de los morenos, posibilidad bastante plausible por el mal concepto que de ellos trasluce el autor en otros trabajos ("Sabemos que los *zany* [negros de África oriental] son las gentes más obtusas, necias e imprevisoras"[36]). En esta misma línea se producen u ofrecen sus testimonios los más diversos autores: desde al-Maydani en sus *Proverbios Árabes* ("Como el negro, cuando tiene hambre, roba y si se sacia, fornica"[37]) a Ibn Battuta, buen exponente de la visión de los viajeros árabes por el Oriente africano[38]. El tangerino no ahorra críticas despiadadas, ya se trate del África Oriental[39] u Occidental[40], si bien sus censuras y pruebas de desprecio hacia los negros suelen ir dirigidas a manifestaciones de orden cultural: el desnudo de las mujeres, las muestras de humillación ante su régulo (echarse polvo por la cabeza, golpear el suelo con los codos, arrodillarse[41]), vestir ropas burdas, los modos de comer, etc. Todo ello conduce a un balance en que se resalta la naturaleza ignorante, cobarde, infantil y, en sentido amplio, estúpida de los negros, de la misma forma que se refleja en la cuentística del Sahara Occidental ex-español[42]: la esclavitud (más cercana de lo que se piensa) e inferioridad de las gentes de piel oscura tiende a justificarse por factores de carácter como engañar, producir magia destructiva (acusación frecuente a poblaciones dominadas), condición obtusa o robar de noche en vez de hacerlo a las claras y por la fuerza, como lo haría un beduino que se precie de serlo[43].

---

[36] *Libro de los avaros*, trad. S. Fanjul, p. 215.
[37] *Amtal al-'arab*, ed. G. Freytag, *Arabum Proverbia*, II, Bonn, 1839, p. 404.
[38] L. Marcel Devic, *Le pays des Zendjs ou la Côte Orientale d'Afrique au Moyen Âge*, París, 1883, p. 132 [reimpresión Amsterdam, 1975].
[39] *A través del islam*, p. 344.
[40] Ibídem, p. 784.
[41] Todo ello documentado en los mismos términos por Murdock ya en nuestro siglo, por ejemplo entre los Dahomé (G. P. Murdock, *Nuestros contemporáneos primitivos*, p. 450).
[42] J. A. de Marco, "Análisis de los cuentos oídos entre los Erguibat (Sahara Occidental)", en *Almenara*, pp. 222 y ss. A mayor abundamiento: "Los de la Tierra de Negros son bestialísimos, gente sin cabeza, ingenio ni sentido, todo lo desconocen y también viven a guisa de animales sin reglas y sin ley. Abundan las prostitutas y, por ende, los cabrones..." J. L. Africano, *Descripción general del África y de las cosas peregrinas que allí hay*, trad. S. Fanjul, Madrid, 1995, p. 83.
[43] También en América se aducen los mismos rasgos como motivo de censura, v. g. en Chile, en la manifiesta antipatía del cuentista criollo chileno contra el negro: disi-

No podemos calibrar hasta qué punto siguen pesando en el imaginario colectivo antiguas ideas científicas equivocadas como la creencia de que el color negro se debería a requemarse por el calor y por *pasarse* en el claustro materno, saliendo de éste "negros, oscuros, apestosos, malolientes, de cabello ensortijado, con extremidades desproporcionadas, pensamientos cortos y bajas pasiones"[44]. La supuesta influencia del entorno físico en las razas fue moneda corriente entre pensadores y protoantropólogos occidentales, como Rousseau o los primeros estudiosos norteamericanos (S. Stanhope Smith, Hunter, etc.)[45], y hoy en día continúa pesando de manera difusa en ciertas nociones de divulgación pseudocientífica.

Tampoco es fácil precisar la hondura del desencuentro con la cristiandad europea (bizantina u occidental) tras muchos siglos de tenerla como fe rival, cultura opuesta y adversario orden universal, pero los indicios muestran una actitud sistemática de cerrazón victimista, en especial desde que algunos países europeos colonizaron los países musulmanes mediterráneos en diversas formas; aunque el criterio racial, en nuestro caso, sea del todo inoperante por no poder englobarnos en grupos como los negros o eslavos. De hecho, también en el Mundo Árabe el fenómeno racista se basa más en aspectos culturales, religiosos y hasta económicos que en factores biológicos, dándose por doquier una confusión permanente en el uso de términos como *raza*, racismo, etc. El mismo A. Castro[46] utiliza *raza* en sentido de comunidad o etnia y no parece que, en líneas generales, en la Hispania medieval hubiera graves conflictos raciales tal como los entendemos en nuestra época, porque la diferenciación étnica entre árabes y beréberes —y

---

mulado, cobarde, envidioso, ladrón, aprovechado, etc. ¿Venganza a largo plazo del indio contra este elemento extraño perteneciente a "la república de los españoles" dominadores?, se pregunta el autor (E. Montenegro, "El folklore, esencia de poesía", en *Autorretrato de Chile*, selec. N. Guzmán, Santiago de Chile, Zig-Zag, 1957, pp. 199-200.

[44] Ibn al-Faqih al-Hamadani, *Mujtasar kitab al-buldan*, ed. De Goeje, *Bibliotheca Geographorum Arabum*, V, Leiden, 1885, p. 162. El caso contrario sería el de los eslavos, blancuzcos y *poco hechos* por el frío de sus tierras y por ser insuficiente el período de gestación. Al-Yahiz recogió también estas ideas en torno a la *cocción* de los fetos (*Hayawan*, III, El Cairo, 1937, p. 314).

[45] M. Harris, *El desarrollo de la teoría antropológica*, Madrid, Siglo XXI, 1978, pp. 70, 71, 74, etc.

[46] *La realidad*, p. 209.

tribal dentro de ellos—, fuente de innumerables choques políticos, no tenía raíz biológica alguna (ni religiosa, en este caso), sino más bien de rivalidad de grupos que hallaban en el origen un asidero defensivo frente a las demás fuerzas presentes. El fenotipo medio de los hispanos se encontraba —y así perdura— estabilizado desde la época romana, sin que la entrada de 30.000 árabes (Sánchez Albornoz) o 50.000 (Guichard) pudiera modificar sustancialmente la composición racial de la Península, situación que se mantuvo hasta los momentos en que la presencia musulmana toca a su fin, en el siglo XVI, como puntualiza Caro Baroja[47]: "hacia 1550 o 1560 no cabía establecer gran diferencia racial entre la población morisca y la cristiana vieja de muchos de los pueblos de Granada, Almería y Murcia. La distinción entre unos y otros era de tipo social, no biológico. Se hacía teniendo sencillamente en cuenta la línea masculina y la religión del padre. Así, un cristiano viejo, e hidalgo por añadidura, podía ser y de hecho era con frecuencia, hijo de madre morisca y nieto, también de abuelas moriscas".

En parecida dirección abunda la galería de retratos de los príncipes omeyas reproducida por Sánchez Albornoz en *La España musulmana*[48], con presencia de rubios y morenos y hasta algún pelirrojo, pero dentro de las características generales del tipo físico común a la Península Ibérica. Que algunos árabes al reclamarse por Quraysíes (la tribu de Mahoma[49]) pretendan con ello ser los mejores de los árabes y por tanto del género humano, meramente constituye una manifestación voluntarista y no poco acomplejada, en el más favorable de los enfoques posibles, pero —como es natural— no representa nada serio, aunque sí explica (esa pretensión de *hacerse de los árabes puros*, como la de *hacerse de los godos* entre nosotros, o *de los francos* en Francia) la pervivencia hasta el reino de Granada de gentes que decían descender de los conquistadores del siglo VIII, aunque Ibn Hazm en su *Yamhara* comprueba el reducido número de linajes árabes arraigados en la Península y lo limitados y dispersos que vivían en el siglo XI, señalando la cifra de 73. Don Elías Terés sube el número has-

---

[47] *Los moriscos del reino de Granada*, p. 90.
[48] I, pp. 139 y ss.
[49] al-Wansarisi, *al-Mi'yar al-mu'rib wa-l-yami' al-mugrib 'an fatawi ahl Ifriqiya wa-l-Andalus wa-l-Magrib*, vol. 12, Rabat-Beirut, 1981, p. 258.

ta 86, completando a Ibn Hazm con Ibn Sa'id (s. XIII) y al-Maqqari (s. XVII)[50]. En todo caso, la aportación racial árabe fue muy exigua.

Tampoco los judíos eran numerosos, ni en la España cristiana ni en al-Andalus. Constituían comunidades muy cohesionadas y cerradas hacia el exterior, bien situadas económicamente pero en ningún modo amplias. En el mismo siglo XI la cifra máxima, propuesta por E. Ashtor, alcanza un total de 50.000, aunque Isaac Baer lo cuantifica en términos mucho más modestos, como veremos. Sin embargo, la gran aportación ideológica de los hebreos —y muy anterior a la España medieval— fue su concepto de "pueblo elegido", con el correlato de que la sangre fuera determinante para la pertenencia o no al grupo y por consiguiente para los derechos que se detentan, o no, dentro de él[51]. En el *Deuteronomio*[52] se establece que bastardos, ammonitas y moabitas quedarán excluidos de la casa de Dios, conminando a los israelitas a no entregar sus hijos e hijas en matrimonio a los hijos de otras gentes. La raza sagrada no debe contaminarse mestizándose con otras, según el *Libro de Esdras*. El concepto de pureza racial surge, pues, de la tradición bíblica. Y que, andando el tiempo, tal noción se volviera contra los mismos judíos no fue nunca obstáculo para alimentar una actitud mantenida durante milenios como la mejor garantía de la pervivencia del grupo. Por ello en la literatura hispano-hebrea menudean las muestras de hostilidad hacia cristianos y musulmanes (que pagaban con la misma moneda). Dice Yehudá Haleví (siglo XII):

> De Edom [los cristianos] nunca te olvides.
> La carga de su yugo
> ¡qué amarga es de sufrir
> y cuán grave es su peso...!
> [...] El hijo de mi esclava [Ismael: los árabes]
> con saña nos detesta[53].

---

[50] E. Terés, Linajes árabes en al-Andalus según la *Yamhara* de Ibn Hazm, *al-Andalus*, XXII, 1957, pp. 55-111 y 337-376.

[51] Aun hoy día el Ministerio de Asuntos Religiosos de Israel continúa interfiriendo en la vida privada de las gentes, mediante, v. g., la prohibición de casamiento para los máncer por no estar claro su origen, filiación, etc., quedando así imposibilitados de contraer nupcias con judíos (por su condición *impura*) ni con no judíos (por la posibilidad de que ellos sí lo sean). Vid. *Diario 16*, 22 de diciembre de 1994, p. 24.

[52] *Deut.*, XXIII, 2-4; *Deut.*, VII, 3; *Éxodo*, XXXIV, 16; *Esdras*, IX, 2.

[53] Citado por I. Baer, *Historia de los judíos en la España cristiana*, I, pp. 57-58.

Abraham bar Hiyya en su *Meguil-lat ha-Megal-lé* (1129), al hablar de los signos de la redención inminente y de los acontecimientos protagonizados por cruzados y turcos en Palestina, no escatima animadversión hacia árabes y francos, si bien los cristianos cargan con la peor parte[54]. Y ya en la España de claro predominio cristiano no faltan las polémicas, sátiras sañudas y dicterios contra musulmanes por parte de hebreos, así la Disputa de Antón de Montoro (marrano) con Román Comendador (mudéjar):

> Vuestra madre no será
> menos cristiana que mora
> [...]
> Hamete, ¿duermes o velas?
> Abre los ojos, mezquino,
> albardán,
> [...]
> Tres libras y más de xixa
> y almodrote
> tengo para dar combate
> a vuestra madre Golmixa
> con mi garrote.
> Vuestra mancilla me echáis,
> vos, alárabe probado,
> sucio y feo
> vos mesmo vos motejáis...[55]

El islam, heredero ideológico de judaísmo y cristianismo, ya desde los tiempos de redacción del Corán, marca bien la actitud que el buen fiel ha de asumir frente a cristianos y judíos, de ahí el carácter ilusorio de las profesiones de fe de A. Castro en la convivencia entre religiones: "la doctrina alcoránica de la tolerancia"[56], "El Alcorán, fruto del sincretismo religioso, era ya un monumento de tolerancia [...] salvo ocasionales excepciones, la tolerancia fue practicada en todo el mun-

---

[54] Baer, I, p. 53.
[55] *Cancionero* de Antón de Montoro, pp. 253-254.
[56] *La realidad*, p. 30. Cf. la optimista opinión de Castro que contrasta, por ejemplo, con un manuscrito aljamiado de Almonacid de la Sierra: "El-muçlim qe akonpaña qon el-kristiano quwarenta diyas por amistad dél, si-muwere en estos quwarenta diyas muwere deskreyente i va a Yahanam [infierno]" (Cardaillac, *Moros y cristianos*, p. 50).

do musulmán"[57]. De Castro y de los castristas: Luce López-Baralt[58] no titubea al afirmar con candor "la tolerancia religiosa musulmana, de estirpe coránica, también la cree ver Castro reflejada en Alfonso X (recordemos sus equilibradísimas *Siete Partidas*)", "Un primer vistazo a la Edad Media española nos permite descubrir un mundo de tolerancia asombrosa entre las castas, pese a la guerra de la Reconquista y los disturbios y persecuciones esporádicas". A la vista de estos cantos a la irrealidad podemos preguntarnos si la estudiosa puertorriqueña ha leído los capítulos dedicados a mudéjares y judíos en las *Partidas*, o si tiene noticia de las frecuentes y sostenidas persecuciones sangrientas, destrucción de libros heréticos y marginación constante que han sufrido en el islam los xi'íes, jariyíes, mu'tazilíes, etc. por parte de los sunníes (y, a veces, viceversa), pero como no debemos adjudicarle tamaña ignorancia cabe pensar que para ella, como para Castro, tales detalles entran en el muy socorrido terreno de las utilísimas excepciones, salvedades, anomalías que vienen a confirmar la regla de oro por ellos esgrimida. El problema —que eluden— estriba en que la base del islam, el mismo Corán, exhibe exhortos y mandamientos de claridad meridiana (es la palabra de Dios, increada y eterna) y que ningún buen musulmán se atreverá a contravenir sin arrostrar el desprestigio público: "¡Creyentes! ¡No toméis como amigos a los judíos y a los cristianos! Son amigos unos de otros. Quien de vosotros trabe amistad con ellos, se hace uno de ellos. Dios no guía al pueblo impío" (*Corán*, 5, 56); "Combatid contra quienes, habiendo recibido la Escritura, no creen en Dios ni en el último Día, ni prohíben lo que Dios y Su Enviado han prohibido, ni practican la religión verdadera, hasta que, humillados, paguen el tributo directamente" (*Corán*, 9, 29).

Estas referencias explican bien el pésimo concepto popular sobre los musulmanes que acepten servicios, amistad o relación con judíos y cristianos. Las memorias de 'Abd Allah de Granada[59] reflejan el descontento y odio suscitado contra quienes (v. g. un nieto de Almanzor) admiten ofertas de servicio bélico de los catalanes; o contra los judíos

---

[57] Ibídem, p. 429.
[58] Vid. L. López-Baralt, *Huellas del islam en la literatura española*, Madrid, 1985, pp. 30 y 34.
[59] *El siglo XI en primera persona*, trad. E. García Gómez, Madrid, Alianza, 1980, pp. 116, 121, 132, 315.

y, muy en especial, contra el visir José Ben Nagrela, finalmente asesinado por las turbas. Los tópicos antijudíos habituales (avaricia, sordidez, ruindad, engaño, traición) se deslizan por las páginas de 'Abd Allah de Granada, acusaciones al ministro de incitar a beber y participar en actos inmorales, resumido todo en la denominación corriente con que le designa ("el puerco"), pues omite su nombre de manera sistemática[60].

En el *Tratado* de Ibn 'Abdun (siglo XII)[61] se equipara a judíos y cristianos con leprosos, crápulas y, en términos generales, con cualquiera de vida poco honrada, prescribiendo su aislamiento por el contagio que conllevaría entrar en contacto con ellos, así los sevillanos del siglo XII sabían que: "Ningún judío debe sacrificar una res para un musulmán"[62]; "no deben venderse ropas de leproso, de judío, de cristiano, ni tampoco de libertino"[63]; "No deberá consentirse que ningún alcabalero, judío ni cristiano, lleve atuendo de persona honorable, ni de alfaquí, ni de hombre de bien"[64]; "No deben venderse a judíos ni cristianos libros de ciencia porque luego traducen los libros científicos y se los atribuyen a los suyos y a sus obispos, siendo así que se trata de obra de musulmanes"[65]; "Un musulmán no debe dar masaje a un judío ni a un cristiano, así como tampoco tirar sus basuras ni limpiar sus letrinas, porque el judío y el cristiano son más indicados para estas faenas, que son para gentes viles. Un musulmán no debe cuidarse de la caballería de un judío ni de un cristiano, ni servirle de acemilero, ni sujetarle el estribo, y si se sabe que alguien lo hace, repréndasele"[66].

Esta actitud de insistente rechazo antijudío induce a los musulmanes, incluso una vez perdido el poder, a querer salvaguardarse de cualquier preeminencia de hebreos sobre ellos, por lo cual se cuidan de incluir una cláusula en las Capitulaciones de Santa Fe entre Boabdil y los Reyes Católicos que les ponga a cubierto de tal eventualidad ("Que no permitirán sus altezas que los judíos tengan facultad ni man-

---

[60] Ibídem, pp. 107, 111, 120, 127, etc.
[61] *Tratado de Ibn 'Abdun*, trad. E. García Gómez, Madrid, 1950.
[62] *Tratado*, p. 152.
[63] Ibídem, p. 154.
[64] Ibídem, p. 157.
[65] Ibídem, p. 172.
[66] Ibídem, p. 149.

do sobre los moros ni sean recaudadores de ninguna renta"[67]. Porque el desprecio y discriminaciones subsiguientes proliferan en la literatura árabe —aunque no podamos por razones obvias extendernos acumulando ejemplos— como nos documentan Ibn Battuta o Juan León Africano[68] y acordes sus relatos con la situación que perciben y describen autores ajenos, tales Alí Bey[69] o Potocki[70] en Marruecos a fines del XVIII: prohibición de montar en mula en ciudad poblada por musulmanes (porque irían por encima de las cabezas de éstos), prohibición de entrar en la ciudad de Fez a no ser descalzos (como signo de sumisión), etc.

El puritanismo es un mal que afecta a casi todas las religiones, llevándolas a interferir en la vida cotidiana y hasta privada de los adeptos, pero la existencia entre nosotros —en tiempos, por fortuna, superados— de excesos y abusos de la colectividad o, lo que es peor, de la jerarquía (los autodesignados ministros de Dios) sobre las personas, no justifica los perpetrados en otras religiones. Sobre todo si el rigorismo sigue vivo aplicándose sobre los fieles. A este respecto el islam contemporáneo insiste en reproducir conductas, dictámenes, conceptos y castigos por suerte ya olvidados en el mundo occidental. El divertido cálculo de 3.700.000 pecados diarios cometidos en los minibuses de Teherán (en ellos montan 370.000 mujeres con un promedio, cada una, de diez roces con varones por viaje) podría no pasar de anécdota chistosa[71], si no asistiéramos en momentos y lugares muy alejados a una actitud sostenida de vigilancia, intervención y represión hasta en los actos más personales e íntimos.

---

[67] L. del Mármol Carvajal, *Rebelión y castigo de los moriscos de Granada*, Libro I, cap. XIX, p. 148.

[68] Ibn Battuta, *A través del islam*, p. 393; J. L. Africano, *Descripción general del África*, p. 162.

[69] Alí Bey, *Marruecos*, pp. 157 y 219.

[70] *Voyages*, I, p. 172.

[71] Segregación en los minibuses de Teherán para evitar contactos físicos entre hombres y mujeres sin parentesco (*Diario 16*, 30 de agosto de 1995). Sobre acusaciones de apostasía, peligrosa cuestión, *vid.* por ejemplo, el caso de la escritora feminista egipcia Nawal as-Sa'dawi, por haber dicho algo evidente y fuera de discusión, a saber: que la peregrinación es una tradición de origen pagano preislámico (*vid. Newsweek*, en árabe, Kuwait, 5 de junio de 2001). También han sido acusados de herejía conocidos poetas y cantantes vivos y muertos, incluidos 'Abd al-Halim Hafez y 'Abd al-Wahab (*vid. al-Aswaq*, Ammán, 17 de mayo de 2000).

La introducción de la vía jurídica *malikí* en al-Andalus [72] en tiempos de al-Hakam I —es decir, dentro todavía del primer siglo después de la conquista— contribuyó en buena medida a configurar una sociedad cerrada en la cual alfaquíes, muftíes y cadíes ejercían un férreo control de la población, musulmana o infiel, si bien necesidades o conveniencias económicas y políticas, o las meras distancias y dificultades de comunicación, forzaban con frecuencia a transigir o ignorar acciones que en los centros de poder se tenían por enormidades intolerables, contrastando los hechos conocidos con la interminable letanía de los cantos a la tolerancia y afable comprensión que supuestamente señorearon al-Andalus [73]. Los textos de Ibn 'Abdun [74] o al-Wansarisi [75] nos ilustran la prohibición de leer y recitar poesía o macamas en el interior de las mezquitas, de interpretar música en ellas

---

[72] *Una descripción anónima de al-Andalus*, versión Molina, II, p. 134.

[73] "Aquella época vivida sobre suelo español, que comenzó hacia el año 950 bajo los califas de la dinastía *ommiada* (sic), tolerantes y de espíritu abierto, y continuó durante más de tres siglos, fue denominada 'el sueño dorado de la Historia Universal'" (W. Keller, *Historia del pueblo judío*, Barcelona, Omega, 1969, p. 209). Sin embargo, la crónica de Ibn Hayyan (*al-Muqtabis*, V) nos ofrece un ambiente muy distinto, en el reinado glorioso de Abderrahmán III: sobre el modelo religioso del islam ("ya que salvó del extravío proporcionando la mejor guía, iluminando y mostrando el argumento, ahorrándonos en sus claros senderos la fatiga de pensar, disponiendo el gobierno de la comunidad y juntando la felicidad inmediata con la ulterior salvación en la cohesión de la grey y la evitación de las tendencias cismáticas", p. 32); sobre el modelo político ("obligados a residir cerca del califa, para que la gente fuera una sola nación, obediente, tranquila, sometida y no soberana, gobernada y no gobernante", p. 169); sobre inquisición religiosa en Córdoba ("persiguiendo a esta facción con todos tus medios: envíales tus espías, esfuérzate por procurar conocer sus interioridades y cuando resulte evidente que alguien pertenece a ellos por pruebas que tengas, escribe una relación al califa con sus nombres, paraderos, nombres de los testigos en su contra y textos de los testimonios para ordenar que se les traiga a la puerta de as-Sudda [lugar donde se ejecutaba a los reos] y que sean castigados", p. 35); definición del colmo del mal ("luego llegó el reinado de la facción torcida y la banda prevaricadora de los abbasíes y se propagaron las innovaciones, abundaron los pareceres y ocurrieron calamidades, pues rompieron el orden, descuidaron la sujeción y dejaron de pisar firmemente los cuellos de los ignorantes, perdidos y desviados, de manera que, deshaciéndose lo sujeto, se soltó su nudo...", p. 28); más de lo mismo en inquisición de pureza religiosa ("reprobando la innovación insólita de los que se apartaban de la opinión de la comunidad", p. 30).

[74] *Tratado*, p. 164.

[75] al-Wansarisi, *Mi'yar*, I, p. 24; III, p. 252.

(hasta hoy día la inexistencia de una música sacra en el islam es el colofón de esta actitud) y aun los intentos de suprimirla en cualquier parte; se exhorta [76] a los vidrieros y alfareros a no fabricar copas para escanciar vino, aunque la realidad social y económica acaba imponiéndose y junto a una variedad de términos, que García Gómez enumera, para designar los diversos caldos [77], sabemos que en los lugares de mala nota se bebía (tabernas, ventas, lupanares) y que la vid se cultivaba, comercializándose el vino a escala apreciable [78], pese al precepto esgrimido por el inevitable Ibn 'Abdun contra los vinateros [79]. Que se prescriba la pena de muerte para quien injurie al Profeta o a Dios [80] puede comprenderse atendiendo a los criterios generales en la época, pero que se ejecute mediante linchamiento el mismo castigo por entrar calzado en la mezquita resulta un tantito más difícil de digerir [81], como que se persiga a "jóvenes y comerciantes" [82] a fin de que no se sustraigan al cumplimiento de las oraciones canónicas, con las correspondientes puniciones en caso contrario; o que la rica floración literaria de al-Andalus hallase su triste contrapunto en las periódicas destrucciones y quemas de libros, en todas las épocas, ya fuese Almanzor el pirómano en el siglo X [83], o las víctimas Ibn Hazm en el XI [84] o Ibn al-Jatib [85] en la Granada del XIV, sin que nada tuviesen que ver en estos casos almorávides o almohades, a quienes suele colgarse el sambenito de la exclusividad en la intolerancia —excepcional, claro— según la cómoda praxis de proyectar el problema hacia causas y causantes exógenos que habrían venido a enturbiar tal paraíso de concordia. Pero

---

[76] Ibn 'Abdun, *Tratado*, p. 137.
[77] *Cinco poetas musulmanes*, p. 124: en el zéjel XXIX de Ibn Guzmán se usan vocablos equivalentes a añejo, manzanilla, amontillado, tinto, oloroso, blanco, griego, clarete...
[78] C. Sánchez Albornoz, *El islam de España y el Occidente*, pp. 89 y ss.
[79] *Tratado*, p. 163.
[80] al-Wansarisi, *Mi'yar*, II, p. 356; II, pp. 351 y ss.; II, p. 348.
[81] En Túnez, *vid*. al-Wansarisi, *Mi'yar*, I, p. 22.
[82] Ibn 'Abdun, *Tratado*, p. 163.
[83] *Vid*. E. Lévi-Provençal, *La civilización árabe en España*, Buenos Aires, 1953, p. 88. Lamentablemente, las policías de los países árabes siguen atentas, en nuestro tiempo, a la persecución de herejías: "la policía egipcia secuestra un libro que humaniza a los profetas", *vid. El País,* 22 de julio de 1996.
[84] Sánchez Albornoz, *La España musulmana*, II, p. 30.
[85] R. Arié, *La España musulmana*, p. 97.

los procesos, con veredicto de muerte, por impiedad menudearon [86] y la escasa comprensión hacia las minorías sometidas también.

Si bien es cierto —y de ello hay copiosa bibliografía— que sobrevivieron importantes comunidades mozárabes en Toledo, Córdoba, Sevilla y Mérida, no lo es menos que a principios del siglo XII se deportó en masa a Marruecos a los cristianos de Málaga y Granada; o que raramente se autorizaba la construcción de nuevas iglesias y sinagogas [87], o su restauración, o el repique de campanas [88]. Sin fijar mucho nuestra atención en los momentos de persecución y exterminio directo de los cristianos (en Córdoba, v. g., entre 850 y 859, cuyo hito más famoso fue la decapitación de San Eulogio; o la aniquilación en Granada por 'Abd al-Mu min en el siglo XII), sí nos interesa más poner el acento en la presión latente y continuada que la población sometida padecía en la vida cotidiana. La actitud de recelo, inseguridad y odio que Ibn Battuta (siglo XIV) declara por derecho en tierras bizantinas ("las iglesias son también sucias y no hay nada bueno en ellas" [89]) se enraizaba en un concepto de relación con los cristianos estrictamente utilitario, soportándose a esta minoría como mal menor, cuando no se la podía absorber o exterminar, pero sin cordialidad ninguna:

El reinado de al-Nasir [Abderrahmán III] se prolongó durante cincuenta años, a lo largo de los cuales los cristianos le pagaron capitación humildemente cada cuatro meses y ninguno de ellos osó en ese tiempo montar caballo macho ni llevar armas [90].

En al-Andalus subsistieron las iglesias cristianas [91] pero bajo la condena moral permanente que refleja Ibn 'Abdun ("Debe prohibirse a las mujeres musulmanas que entren en las abominables iglesias, porque los clérigos son libertinos, fornicadores y sodomitas. Asimismo

---

[86] Sánchez Albornoz, *La España musulmana*, I, pp. 475 y ss.
[87] Consenso en Córdoba sobre la prohibición de restaurar iglesias y sinagogas (al-Wansarisi, *Mi'yar*, II, p. 246).
[88] "Debe suprimirse en territorio musulmán el toque de campanas" (Ibn 'Abdun, p. 168).
[89] *A través del islam*, p. 442; *vid*. también p. 437.
[90] *Descripción anónima de al-Andalus* (versión Molina), II, p. 178.
[91] Amplia referencia en C. Sánchez Albornoz, *El islam de España y el Occidente*, pp. 84 y ss. citando a Simonet, *Historia de los mozárabes*, pp. 326-336.

debe prohibirse a las mujeres francas que entren en la iglesia más que en días de función o fiesta [...]"[92]. Y el mismo autor sevillano reclama que se obligue a los cristianos a circuncidarse[93], aunque ya un siglo antes Ibn Hazm se hace eco de la situación: "[...] la mayoría de los cristianos que viven hoy día entre los musulmanes están circuncidados"[94].

No obstante, los factores económicos, unidos a la lenta y deficiente arabización de los vencidos, por resistencia o por simple imposibilidad física, debían atemperar mucho las fobias anticristianas, si no de la mayoría musulmana sí al menos de los poderes políticos. Caro Baroja observó un interesante dato: en la mitad meridional de la Península desde la Reconquista hasta nuestros días las zonas de producción de vid y ganado porcino son las mismas de los tiempos anteriores a la invasión árabe[95], lo que indica presencia de población cristiana consumidora —y gravada con impuestos— junto a idoneidad de los terrenos. El interés económico hubo de ser una de las causas del odio del pueblo —achacado por la *Descripción anónima de al-Andalus*[96]— contra al-Hakam I al servirse de un cristiano ("El Conde" = *al-Qumis*) para la exacción de tributos. Que éste agregara a su condición religiosa los desmanes propios de los recaudadores provocó que el siguiente emir —Abderrahmán II— "ordenara ejecutar al conde cristiano, almojarife y recaudador de tasas de su padre [...] destruir los *murus* en los que se vendía vino y las casas de perdición [...]"[97]. Ese estado de ánimo queda bien reflejado por Mármol (siglo XVI)[98] al referir cómo los sultanes africanos evitaban servirse de cristianos en sus guerras con mahometanos por temor a la reacción popular, idéntica a la que más arriba veíamos en la Granada zirí (siglo XI) por valerse de catalanes.

---

[92] *Tratado*, p. 150.
[93] Ibídem, p. 151.
[94] M. Asín, *Abenhazam de Córdoba (Fisal)*, III, Madrid, 1929, p. 109.
[95] J. Caro Baroja, *Los pueblos de España*, Barcelona, 1946, p. 378.
[96] II, pp. 140-141.
[97] Ibíd., II, p. 147.
[98] "Los reyes de África temen mucho haberse de favorecer de reyes cristianos en sus guerras contra mahometanos, porque luego los pueblos los aborrecen y les buscan por dónde descomponerlos y matarlos; y si alguno, so color de religión, quiere hacer novedad en la tierra, halla luego favor para ello en aquellos bárbaros enemigos del hombre cristiano" (Mármol, *Descripción de África*, V, folio 181).

No nos interesa tanto escarbar en truculencias como la exhumación de los cadáveres del eterno rebelde Omar ben Hafsun y de su hijo —ordenada por Abderrahmán III a fin de probar que ambos murieron en la fe cristiana y poder así exponerlos al escarnio público, como se hizo— o el martirio repetido en la Granada nazarí (la de los maravillosos alcázares de la Alhambra) de los frailes que se aventuraban a predicar la fe cristiana [99], nuestra vista más bien se dirige a la intromisión diaria, a la opresión constante sobre la minoría aplastada, tal la prescripción al almotacén de que vigile a las madres cristianas a fin de que no influyan en sus hijos en materia de creencias [100]; o, sobre todo, la humillante discriminación vestimentaria practicada con idéntico entusiasmo a uno y otro lado de la frontera, en la Europa coetánea y hasta en el norte de África del siglo XIX.

Cuando Pedro Mártir de Anglería cumple su misión de embajador de los Reyes Católicos en Egipto en 1501-1502 para interesarse por la suerte de los cristianos locales ("que el grand Soldán no tornase moros por fuerza o ficiese morir con tormentos a los cristianos" [101]) no sólo estaba exhibiendo un cinismo notablemente impúdico (a la sazón se estaban produciendo las conversiones forzadas y en masa de musulmanes granadinos) al pedir que allá no se realizase lo que se realizaba por aquí, respaldado por la fuerza de una potencia militar y política como era la España de la época, también levantaba acta de una situación de marginación y aplastamiento de la minoría copta que duraría hasta el protectorado inglés. Y una de las vías más notorias, por obvias razones visuales, era la ropa: todavía al-Yabarti [102] en 1801 y Edward Lane en 1834 [103] registran la obligatoriedad para los

---

[99] (En 1397, reinando Enrique III) "En este año fueron dos Frayles de la Orden de Sant Francisco á predicar á Granada la Fe de Jesu-Christo, é el Rey de Granada defendiógelo que lo non ficiesen; mas ellos non quisieron obedescer al mandado del Rey, y los mandó azotar; é estando ellos todavía en su entención fízoles cortar las cabezas é arrastrar por toda la cibdad" (*Crónicas de los reyes de Castilla*, ed. C. Rosell, Madrid, 1953, vol. II, p. 246).

Un siglo antes, en 1297, sufrió la misma suerte un mercedario, San Pedro Pascual, obispo de Jaén, capturado en Arjona y ejecutado en Granada (Arié, *La España musulmana*, p. 197).

[100] al-Wansarisi, *Mi'yar*, II, pp. 347 y ss.

[101] *Una embajada de los Reyes Católicos a Egipto*, p. 11.

[102] *Ta rij 'aya ib al-atar fi-t-tarayim wa-l-ajbar*, II, p. 481.

[103] E. Lane, *Manners and customs of Modern Egyptians*, p. 445.

coptos de vestir de negro o marrón, en tanto los colores vivos (rojo, blanco, verde) quedaban reservados para los musulmanes. Esta norma vejatoria venía de lejos, del Egipto mameluco [104], en el cual se forzaba igualmente a los no musulmanes a llevar botines de colores opuestos, uno blanco y otro negro [105], aunque la reiteración de *fatwas* (dictámenes jurídicos) en 1419, 1426, 1464 indica que los incumplimientos debían ser no menos recurrentes, pese a las puniciones que llevaban aparejadas. En efecto, al-Wansarisi [106] recoge la pena de azotes y cárcel para los contraventores, misma tónica seguida en al-Andalus, alcanzando el simbolismo del signo externo su culmen en las Capitulaciones de Santa Fe (1491) al asegurarse los moros de que no se verían obligados a portar infamantes señales distintivas como las que lucían sus hermanos mudéjares en Castilla a fines del siglo XV. Preocupación por el atuendo bien reflejada en las crónicas cristianas al hablar de los moros: "Et Abotebe et Abrahen fijos de Ozmín, aviendo voluntat de matar aquel su Rey, dixieron, que porque él comiera con el Rey de Castiella, et otrosí porque traía vestidos los sus paños, que era Christiano" [107].

Los lamentables conflictos interreligiosos que, aun en nuestro tiempo, asolan el Oriente Próximo y convierten, de hecho, la convivencia en una mera yuxtaposición de comunidades [108], encuentran

---

[104] *Vid.* Sa'd al-Jadim, *al-Azya as-sa'biyya*, El Cairo, 1961, pp. 10 y ss.; también Mártir, *Embajada*, p. 106; R. Arié, "Le costume en Egypte dans la première moitié du XIX siècle", *Révue d'Etudes Islamiques*, 36, 1968, p. 205.

[105] A. Abd ar-Raziq, *La femme au temps des mamlouks en Egypte*, p. 246.

[106] *Mi'yar*, VI, p. 421.

[107] "Crónica del rey D. Alfonso el Onceno", en *Crónicas de los Reyes de Castilla*, I, C. Rossell, Madrid, BAE, 1953, p. 258.

[108] Las cancioncitas populares e infantiles palestinas, que se lanzaban como puyas a los curas cristianos, reflejan algo más que rivalidad jocosa: *akalna halib wa-da'asna salib* (bebimos leche y pateamos la Cruz); *bukra 'id wa-t-tani naqta' ras an-nasrani* (mañana es fiesta y al otro cortaremos la cabeza del cristiano); "Cristianos y judíos, vuestra fiesta es fiesta de monos / y la nuestra es la del Profeta. La gata trajo a un niño / le pusimos en la caja y lo mandamos al cementerio / lo arrojamos en el pozo y le echamos un cerdo encima", etc.

La prensa diaria periódicamente continúa proporcionándonos noticias inquietantes: "Apaleado por casarse con una musulmana. Amnistía Internacional denunció ayer que un hombre cristiano ha sido apaleado y encarcelado por un año por haberse casado con una mujer musulmana en los Emiratos Árabes Unidos. Miembros de su familia dijeron que Elie Dib Ghalib, un libanés de 30 años, fue arrestado en diciembre de

un señero antecedente en al-Andalus, donde no sólo los cristianos padecían marginación y persecuciones: los judíos de Granada en pleno siglo XI sufrieron la matanza en que pereció José Ben Nagrela, pronto renovada tal política por el almorávid Yusuf b. Tasufin, que indujo a los de Lucena a pagar por librarse de la islamización, mientras otros tomaban el camino del norte cristiano, o del oriente, a la sazón más abiertos [109]. Los almohades insistieron en la misma línea y, al tomar Marrakech, 'Abd al-Mu'min forzó a los judíos a convertirse so pena de muerte, persecución de inmediato reeditada en la Península nada más entrar los almohades en el decenio de 1140 (en Sevilla, Córdoba, Granada). Los saqueos, degollinas, cautiverios generalizados empujaron fuera de al-Andalus a la población hebrea y "Muchas familias judías, entre ellas la de Maimónides, huyeron al Oriente, pero muchos más se refugiaron en el norte de España, en territorio cristiano" [110]. La Granada nazarí no hizo sino prolongar las mismas normas discriminatorias que venimos enumerando, quizás con un agravante: la sensación de debilidad exterior y cerco cristiano impelía a una radicalización cada vez más acomplejada, consolidando e hipertrofiando el omnímodo poder ideológico de los rigoristas alfaquíes.

El paulatino triunfo militar y político de los reinos cristianos no significó cambios sustanciales en los comportamientos de fondo, tan sólo mudanza en los papeles y actores del drama. La simbólica restitución por orden de Fernando III a Santiago de las campanas llevadas a Córdoba en 998 [111], venía a resonar como aldabonazo, vanagloria de Castilla, que los escritores multiplicaban exaltando el pavor que los

---

1995 y que recibió 39 latigazos en una prisión local porque un tribunal islámico declaró nulo el matrimonio y, por tanto, inmoral su relación marital" (*El País*, 16 de noviembre de 1996); o "Encarcelados en Marruecos cuatro acusados de proselitismo cristiano. Rabat.— Están acusados de practicar proselitismo cristiano. Un delito definido en la legislación marroquí como 'seducción con el objetivo de inducir a un musulmán al abandono de su fe', y que se castiga con penas que van de seis meses a tres años de cárcel..." (*El Mundo*, 10 de agosto de 1995).

[109] "Cuando en 1090 el almorávide Ibn Tasufin conquistó Granada y la comunidad judía fue destruida, los miembros de dicha familia perdieron sus cargos. Yosef ibn 'Ezra y su hijo Yehudá marcharon a Toledo y allí lograron nuevamente una posición elevada" (Y. Baer, *Historia de los judíos en la España cristiana*, I, p. 48).

[110] Baer, I, p. 6.

[111] G. Martínez Díez, *Fernando III*, Palencia, 1993, p. 150.

castellanos infundían en la morisma, ya se trate del Poema de Fernán González[112], el de Alfonso XI[113] o el mismo Juan de Mena:

> faziendo por miedo de tanta mesnada
> con toda su tierra temblar a Granada[114].

Pero tras el brillo guerrero y las loas más o menos fundadas aparece de modo invariable el interés económico:

> mis fijas e mi mugier veerme an lidiar;
> en estas tierras agenas verán las moradas
> cómmo se fazen,
> afarto verán por los ojos cómmo se gana el pan[115].

Interesa que los musulmanes permanezcan —como antes los cristianos— por una básica motivación económica, al menos mientras no se repueblen las nuevas tierras con suficientes norteños, proceso iniciado a mediados del siglo XIII en el Valle del Guadalquivir y culminado en las Alpujarras granadinas en 1570. En palabras del profesor Vallvé "significa el establecimiento de una vida nueva sobre los campos viejos, con renovación de la propiedad, trabajadores, lengua, religión y hasta nombres de lugar"[116]. La población sometida, en declive demográfico y económico constante, sobrevive por un tiempo en las áreas rurales y en menor proporción dedicados a la construcción, el servicio doméstico y las pequeñas industrias artesanales. La emigración hacia el norte de África y el reino de Granada, espoleada tanto por los mismos alfaquíes que —como veíamos

---

[112] *Poema de Fernán González*, p. 216.

[113] *Cantares de gesta*, ed. C. Guardiola, Zaragoza, 1971, p. 195.

[114] "Laberinto de Fortuna o las Trescientas", en *Cancionero castellano del s. XV*, I, Madrid, 1912, p. 167.

[115] *Poema del Cid*, versos 1.641-1.643. Y también: "Si con moros non lidiáremos, no nos darán el pan" (verso 673); "los moros e las moras vender non los podremos, / que los descabeçemos nada non ganaremos; / cojámoslos de dentro, ca el señorío tenemos; / posaremos en sus casas e dellos nos serviremos" (versos 619 a 622). Con eco del *Poema* en el romance de Lorenzo de Sepúlveda: "Y con el su gran haber, / fijas, os habré casado, / que cuanto más son los moros, / más ganancia habrán dejado" (El Cid a sus hijas, en Valencia frente al Miramamolín, en *Romancero español*, selección L. Santullano, p. 493).

[116] J. Vallvé, "La emigración andalusí al Magreb en el s. XIII (despoblación y repoblación en al-Andalus)", *Relaciones de la Península Ibérica con el Magreb (ss. XIII-XIV)*, Madrid, 1987-1988, CSIC, pp. 87-129.

más arriba— no podían soportar la idea del mestizaje, como por los conquistadores, va despoblando las morerías, de suerte que en tiempos de Alfonso XI habían pasado a mejor vida las de Niebla, Carmona, Jerez, Moguer y Constantina y las de Écija y Sevilla se redujeron gravemente[117].

En 1500 los números se han adelgazado de manera considerable: en seis aljamas (Palma del Río, Córdoba, Priego, Sevilla, Écija, Archidona) sólo se cuentan 320 hogares[118], prácticamente nada. Pero mientras llega este momento, los mudéjares tolerados por la ambigua política de Alfonso X hasta la revuelta de 1264 y luego presionados más y más por repobladores, nobles y órdenes militares, pagan impuestos por la tierra (almarjal), de capitación ("pecho de los moros") a más del diezmo "del pan, de trigo e de çevada e de todas las otras simienças"[119]. La expulsión fue el castigo para las poblaciones sublevadas en el antedicho 1264, en tanto la segregación social de los musulmanes se erigió en norma tras la conquista, de idéntico modo a como se hizo antes, en época almohade, para con judíos y cristianos: no más podían comprar en sus carnicerías, tenían prohibido comer y beber en compañía de cristianos así como expender comestibles o especias a éstos, por añadidura a la interdicción de actuar como médicos, cirujanos y herbolarios de cristianos y de usar nombres cristianos (Alfonso XI; más adelante, en el XVI, la prohibición será la contraria, el uso de onomástica árabe). Todo ello en paralelo a una afluencia masiva de norteños que castellaniza de manera profunda y radical el centro y oeste de la actual Andalucía, volviendo esta realidad histórica innegable ilusorias y de un folklorismo delirante las presentes pretensiones de andalucistas no muy enterados de "descender de los moros" ("hacerse de los moros", podríamos decir parafraseando la tan ridiculizada expresión de "hacerse de los godos"). Los excelentes estudios de M. A. Ladero Quesada y de M. González Jiménez[120] nos eximen de repetir aquí hechos bien aquilatados en la documentación existente. Sabemos que a la

---

[117] F. Roldán, *Niebla musulmana*, citando a M. García Fernández (*El reino de Sevilla en tiempos de Alfonso XI*, Sevilla, 1989, p. 317).

[118] F. Roldán, *Niebla musulmana*, p. 221.

[119] Ibídem, p. 217.

[120] M. González Jiménez, *Alfonso X*, Palencia, 1993, pp. 161-162; y M. A. Ladero, *Grupos marginales en la Historia medieval en España. Un balance historiográfico (1968-1998)*, XXV Semana de Estudios Medievales, Estella, 1998, y, sobre todo, M. A. Ladero, *Los mudéjares de Castilla*, Granada, 1989, pp. 11 y ss.

muerte de Fernando III estaban ya repoblados los reinos de Jaén y Córdoba, por lo que el Rey Sabio concentró sus esfuerzos en poblaciones grandes o medianas y en el eje defensivo en torno a la frontera con Granada. Pero no sólo afluyen gallegos, asturianos o leoneses, en Camas se establecen 100 ballesteros catalanes y la toponimia urbana de Sevilla nos aviva la memoria con la denominación de sus viejas calles. Los resultados que presenta R. Arié en el oriente peninsular son muy similares en Valencia, Baleares y Aragón, si bien la repoblación aragonesa en el levante fue más lenta y, por motivos económicos, se intentó frenar, al menos al principio, la salida de mano de obra mudéjar.

Entre las discriminaciones visibles —como se practicaba en el lado musulmán—, por ejemplo, en 1252 Alfonso X prohíbe a los mudéjares el uso de ropas de color blanco, rojo o verde, de calzado blanco o dorado; al tiempo se ordena que las mujeres musulmanas se guarden de vestir camisas bordadas con cuellos dorados, o de plata, o de seda. Los contraventores pecharían con una multa de 30 maravedís. En 1268 las Cortes de Cádiz agravaron aún más el panorama, porque a fin de evitar "muchos yerros et cosas desaguisadas" se prescribe "que todos quantos judíos et judías vivieren en nuestro señorío, que trayan alguna señal çierta sobre las cabezas, que sea atal que conoscan las gentes manifiestamente cuál es judío ó judía. Et si algunt judío non levase aquella señal, mandamos que peche cada vegada que fuese fallado sin ella diez maravedís de oro: et si non hobiere de que los pechar, reciba diez azotes públicamente por ello"[121], disposición renovada en las Cortes de Toro en 1371[122]; y en Palencia en pleno siglo XV se sitúa a judíos y moros en el mismo grupo que marginados y prostitutas: "Este día se pregonó los juegos de dados e las armas e holgasanes e vagabundos e chocarreros e rufianes e mugeres del partido que no tengan rufianes ni gallones e judíos e moros que trayan señales..."[123].

---

[121] *Las Siete Partidas*, Partida VII, tít. XXIV, Ley XI, p. 675 (RAH).

[122] Leyes que obligaban a los judíos a llevar algún distintivo en las ropas. En la *Crónica de Enrique II de Castilla* se menciona una disposición dada en las Cortes de Toro de 1371 y por la cual "se ordenó que los Judíos e Moros del Regno traxessen alguna señal en los paños, por do se conosciesen" (P. López de Ayala, *Crónica de Enrique II*, Año Sexto, cap. VII, BAE, LXVII, p. 10).

[123] M. J. Izquierdo García, "Pecado y marginación. Mujeres públicas en Valladolid y Palencia durante los siglos XV y XVI", en *La ciudad medieval*, J. A. Bonachia (coord.), Valladolid, 1996.

La regente de Castilla Catalina de Lancaster, madre de Juan I, dispone que los mudéjares porten un capuchón de paño amarillo, o bien una señal en forma de creciente lunar en tela turquesa sobre el hombro derecho. Sin embargo, la aplicación real de estas normativas debía ser bastante laxa, pues en 1480 las Cortes reiteran la obligatoriedad de usar los distintivos, en tanto en 1417 se había insistido en la prohibición de vender alimentos y medicinas a cristianos, que veíamos un siglo y medio antes.

Los hombres se adaptaron más a las ropas cristianas, cuando menos en los centros urbanos, y así Núñez Muley (mediados del XVI) declara "los hombres todos andamos a la castellana, aunque la mayor parte en hábito pobre". Y la importancia que ambas partes otorgaban a estos signos externos nos viene bien atestiguada por el hecho de que en el ataque al Albaicín (dic. 1568), desencadenador de la Guerra de las Alpujarras, Abenfárax y su gente se quitaron sombreros y monteras para cubrirse con bonetes rojos y turbantes blancos a guisa de turcos [124]. Pero la aculturación avanzaba implacable desde el siglo XIII coexistiendo resistencias y renuncias, tal vez de modo inevitable. En la *Crónica de los Reyes Católicos* se refleja bien la contradictoria situación de muchas de estas personas sometidas a presiones de muy variada índole: familiar, social, intereses económicos, arranques sentimentales ("porque no se circunçidavan como judíos, segund es amonestado en el Testamento Viejo, e aunque guardavan el sábado e ayunauan algunos ayunos de los judíos, pero no guardauan todos los sábados ni ayunavan todos los ayunos, e si façían un rito no façían otro" [125]).

Los judíos eran considerados propiedad particular del rey —como en el resto de Europa— pues los Padres de la Iglesia habían dictaminado su condena a eterna servidumbre. La idea se estableció a las claras en el Fuero de Teruel (1176), luego modelo para otros repoblamientos: "los judíos son siervos del rey y pertenecen al tesoro real". Y si el monarca se ocupaba de su defensa era en tanto que propiedad de la cual se obtenían ganancias. Isaac Baer [126] delinea bien el panorama: "las ciudades de la época de la Reconquista se fundaron en su mayoría

---

[124] J. Caro Baroja, *Los moriscos del reino de Granada*, p. 138.
[125] *Crónica de los Reyes Católicos*, ed. y est. J. de M. Carriazo, II, Madrid, 1943, pp. 30 y 210.
[126] Baer, *Historia de los judíos en la España cristiana*, I, pp. 69 y ss.

según el principio de igualdad de derechos para cristianos, judíos y musulmanes; bien entendido que la igualdad de derechos era para los miembros de las diferentes comunidades religioso-nacionales como tales miembros y no como ciudadanos de un estado común a todos. Las distintas comunidades eran entidades políticas separadas. Se nombraba un oficial del estado para todo lo referente a la comunidad judía [...] La comunidad de los judíos es una entidad política distinta y separada de los estamentos cristianos de los burgueses y campesinos. El principio de la igualdad de derechos, muy realzado en estos documentos, en la práctica sólo se aplicaba a las materias regidas por el derecho civil [...] la igualdad político-social, en la práctica, sólo se hacía efectiva en casos extraordinarios, especialmente en relación con los judíos cercanos a la corte". Otra de las interesantes conclusiones de Baer es el muy exiguo número de judíos residentes en España, así para todos los reinos de la Corona de Castilla los evalúa, según el padrón de 1290, en 3.600 judíos pecheros [127] o cabezas de familia. Andalucía, en el momento de su reconquista, estaba prácticamente vacía de hebreos, por obra de las persecuciones de los tiempos anteriores y la comunidad más numerosa del norte de España —la de Burgos— contaba unas 120 familias; en 1390, vísperas del primer gran *pogrom*, en Segovia vivían 55 judíos, en Soria unas 50 familias y en Ávila, a comienzos del siglo, unas 40 [128]. En Aragón, la situación difería poco, así, por ejemplo, en Barcelona, en el *call* o barrio judío, después de la destrucción de 1391, las familias presentes rondaban las 200 [129]. Recordar la exigüidad del número de judíos relativiza la importancia real que podían representar en la masa de la población unos grupos tan reducidos, la escasa incidencia cultural de una minoría carente de lengua propia cotidiana (el hebreo era un idioma muerto siglos antes del nacimiento de Cristo y sólo se mantenía en el uso sinagogal) lo que les impelía a escribir sus obras de mayor difusión e interés general en árabe o romance y a actuar como traductores entre estas dos lenguas, verdaderas portadoras de valores universales científicos, técnicos, filosóficos, etc. La inexistencia de un arte judío se comprende fácilmente por la utilización de albañiles, técnicas constructivas y decorativas

---

[127] Ibídem, I, p. 154.
[128] Ibídem, I, p. 155.
[129] Ibídem, I, p. 157.

tanto cristianas como musulmanas; y si Santa María la Blanca de Toledo es un espléndido ejemplo de arte almohade, la sinagoga del Tránsito representa bien la forma en que Castilla había asimilado los modos expresivos nazaríes. Pero el desarrollo de tales aspectos trasciende a la extensión de estas páginas. Una vez más la confusión —interesada o ignorante— de religión con lengua, cultura y raza provoca la interminable invocación a la España de "las tres culturas". Si nos atenemos al criterio estrictamente antropológico en la definición de "cultura", en la España medieval —o en el Madrid de ahora mismo— los grupos culturales diferenciados no serían tres sino docenas.

La observación de las sociedades antiguas o modernas induce a conclusiones pesimistas sobre los resultados a que se llega a la postre en la coincidencia de grupos humanos con diferencias muy marcadas sobre una misma tierra, siendo el factor religioso en especial —por encima del étnico y el cultural— el mayor elemento disgregador y generador de conflictos. No se trata de renunciar a la utopía, sino de tomar conciencia de lo largo y difícil del esfuerzo. Por ende, florece de continuo la paradójica incongruencia de, por un lado, cantar las excelencias de convivir comunidades muy distintas, mientras por otro esos mismos grupos, en cuanto disponen de la fuerza necesaria, intentan imponerse, y a ser posible borrar a los minoritarios, o —de darse la cohesión geográfica y demográfica precisas— constituir entidades políticas nuevas y diferenciadas del conglomerado anterior en el que, supuestamente, la coexistencia era modélica. Debería ser motivo de reflexión —pero dudamos de que lo sea— el reciente y horrendo caso de Yugoslavia, despedazada tanto por los intereses de penetración alemana o hegemónicos de Estados Unidos como por la evidente heterogeneidad de su composición, que hacía inviable su subsistencia como Estado, más allá de la artificial situación de fuerza (la dictadura de Tito) propiciadora de unos visos de armonía esfumados al faltar la mano de hierro mantenedora del equilibrio. Israel, Turquía, Iraq, Irán, Líbano, Irlanda del Norte, Filipinas, Indonesia, la India y numerosos países africanos soportan el mismo problema sin que las soluciones ofrecidas desde fuera —ante la ausencia de las internas— sean otras que bombardear a una de las partes.

La repetición periódica de *encuentros, foros, simposios, coloquios, diálogos* y otros juegos florales entre religiones acaban invariablemente en un callejón sin salida: el de la convicción de todos de estar en posesión de la Verdad y no deber, por tanto, ceder un ápice. El 8 de febrero de 1998 se clausuró en Córdoba "El encuentro de las tres grandes religiones", sin acuerdos una vez más. Resumimos la noticia: El director del Simposio Internacional sobre "El impacto de la religión en el umbral del siglo XXI", José María Martín Patino, afirmó que a pesar de la falta de conclusiones y de consenso en esta reunión "no puede cundir el desánimo" ante la posibilidad de llegar a un entendimiento entre las grandes religiones monoteístas. Martín Patino dijo en la clausura del simposio que "no se ha llegado a la meta", pero esta reunión supone "el comienzo" del acercamiento de posturas entre judaísmo, cristianismo e islam, por lo que es preciso "seguir caminando". Y así hasta la próxima. Menos mal que estas reuniones sirven para viajar.

3. ¿ERAN ESPAÑOLES LOS MORISCOS?

> "Non há mala palabra,
> si non es á mal tenida."
>
> (Arcipreste de Hita,
> *Libro de Buen Amor*)

Alguien dijo que donde comienza la ideología termina el pensamiento. Y, en verdad, la enciclopedia universal de los prejuicios ideológicos es inagotable. A fuer de sinceros, no podemos soslayar el resquemor de estar participando —bien a nuestro pesar y en una u otra medida— en lo que denunciamos: dependencia inconsciente de supuestos ideológicos asumidos a través de la propia cultura. Vaya esta concesión relativizadora, al menos teórica y por mera honradez, como obsequio a quienes jamás nos harán ninguna, por fraudulento que sea su matute. Sin embargo, la desviación de nuestros juicios, de producirse, —aun documentados y discretos como pretenden ser— también prueba algo: el desencuentro con las posturas que a fuerza de ignorar los hechos (adrede o en sentido literal) cabalgan sobre la mitificación de al-Andalus o de sus epígonos los moriscos, proclamando certidumbres en terrenos más que movedizos y *luminosas enseñanzas* a base de alumbrarse con tinieblas.

No ofreceremos un catálogo, ni siquiera sucinto, de demasías viciadas por prejuicios, pero tal vez no sobre recordar la variante española del bizantinismo nominalista, omnipresente en una progresía que cifra sus señas de identidad, su baluarte ideológico irrenunciable, en la sustitución de términos, pues el resto —las ideas y principios— se fueron por la borda. Y si en tiempos ya lejanos el pietismo no poco hipócrita *de derechas* descubrió las *empleadas de hogar* —aunque las criadas siguieron siendo criadas— la cursilería *de izquierdas* exige convertir a los negros en subsaharianos (¿cómo denominarán a los negros de las Antillas?), a los moros en magrebíes (desconociendo que moro, antes que nada, significa "norteafricano" y "musulmán") y a las señoritas en señoras (aunque estén solteras y sólo cuenten quince años); pero también es menester esconder la palabra "España", suplantada por la expresión "Estado español" (inventada por el general Franco durante la Guerra Civil) y descalificar como "españolista" a quien se reconozca partícipe de un conjunto de rasgos culturales que, en puridad, lo definen como español a secas.

Por ello puede sorprender, en apariencia, el empeño de presentar como "españoles" a los moros de al-Andalus y a sus herederos los moriscos por parte de algún escritor contemporáneo nuestro. La razón es obvia: al ser españoles los preteridos y expulsados, las injusticias cometidas con ellos (reales, irreales, exageradas, exactísimas, matizables) serían más graves y, por tanto, *nuestra* culpa mucho mayor, verdadera meta a la que se quería arribar. Pero no es sólo esta línea de autoflagelación la que los reivindica como españoles, o al menos hispanos. Desde horizontes bien distintos, Sánchez Albornoz [1] y algunos arabistas distinguidos asimilan a los musulmanes de al-Andalus a la noción de españolidad, tanto por apuntar a nuestro grupo humano la gloria y trascendencia de algunas figuras señeras andalusíes, como por hacerlos más próximos y digeribles, dadas las dificultades de comunicación y comprensión entre árabes y españoles que el presente y el pasado nos patentizan. Pero una y otra corriente comienzan por ignorar —o fingir que ignoran— la postura de los árabes antiguos y modernos al respecto: para ellos, los andalusíes fueron, en primerísimo lugar, musulmanes y, después, integrantes del gran bloque cultural y de civilización que, andando el tiempo, mucho más tarde (en el siglo XX) se denominaría árabe. Para los "españolistas" (ahora bien utilizada la palabra, creemos) el evidente factor geográfico —muchas de aquellas personalidades nacieron y vivieron aquí— prima sobre cualquier otra consideración, en tanto para los partidarios de la tesis "árabe" deben prevalecer los elementos culturales y religiosos. Y no ocultamos, de entrada, que nuestra opinión está más cercana a la segunda que a la primera, aunque unos y otros obvien los sentimientos de los propios implicados: al parecer, lo importante no es qué pensaban sobre sí mismos los andalusíes sino cómo podemos instrumentalizar su memoria.

Una cuestión inicial, aunque no menor, es tratar de establecer una aproximación al número de mudéjares y moriscos habitantes en España entre los siglos XV y XVI. En este terreno las lagunas de documentación, ayuntadas con elucubraciones míticas, alumbraron cifras difíciles de creer o rechazables de plano, referidas también al conjunto de

---

[1] *Vid.* al respecto *supra* cap. 1.

la población hispana. Así, R. Twiss[2] en 1773 aventura números disculpables en un viajero que escribe a vuelapluma y recogiendo la primera opinión que oye, si bien su exposición constituye un buen reflejo de la imprecisión reinante: "Antes de la conquista de América en 1492, se dice que la población de España ascendía a veinte millones, pero a causa del descubrimiento la población se redujo a casi la mitad de habitantes, y la mitad restante *sabiamente* expulsó del país a un millón de moros el mismo año y otro millón entre 1610 y 1612. En los tiempos de César, la historia nos asegura que había no menos de cincuenta millones de almas en España".

Hoy día sabemos que esas cifras son insostenibles, por exceso, pero en su tiempo y a falta de datos y prospecciones concretas podían colar, al menos en un libro de viajes. Sin embargo, y comenzando por al-Andalus, hasta las estimaciones más prudentes deben tomarse con precaución. La autorizada opinión del profesor Vallvé[3] define bien las dificultades para fijar cuál fue la población de la Hispania musulmana, incluso en sus momentos de máxima expansión territorial.

Por fortuna, los estudios de Ladero Quesada y González Jiménez sobre los mudéjares han aclarado mucho un panorama que se prestaba, en su indefinición, a temibles saltos en el vacío con vistas a conclusiones predeterminadas. Ambos coinciden en señalar la exigüidad de los mudéjares a fines de la Edad Media: hacia 1500 no más de 25.000 en la Corona de Castilla[4], concentrados, sobre todo, en la cuenca del Guadiana (Uclés, Hornachos, Alcántara, Plasencia, Trujillo) y en contraste con Andalucía —la de entonces— donde no había arriba de 2.000 moros (Sevilla, Córdoba, Palma del Río). Desde las conquistas castellanas del siglo XIII se había reducido drásticamente la población

---

[2] *Viaje por España en 1773*, p. 233.

[3] "Se carece de datos suficientes para establecer cualquier cálculo sobre los aspectos demográficos fundamentales de la población de al-Andalus. Por todo ello, es prácticamente imposible evaluarla en cualquier época, incluso en el siglo X, período de su máxima extensión territorial y de su mayor número de habitantes. Algunos autores suponen que el censo de la Península Ibérica alcanzaba los diez millones de almas en el último período visigodo. Aun admitiendo con muchas reservas esta cifra para el período andalusí, no se puede precisar su evolución demográfica por carecer en absoluto de datos estadísticos" (J. Vallvé, *El califato de Córdoba*, p. 47).

[4] Ladero Quesada, *La España de los Reyes Católicos*, p. 337; sobre un total de 6.285.000 para toda la Península (ibídem, p. 32); también Ladero, *Los mudéjares de Castilla*, pp. 16-19.

mudéjar[5], constreñida a unos pocos enclaves dispersos. Y, todavía en ese siglo, o a principios del XIV, algunas comunidades desaparecerían (Jerez, Constantina, Carmona, Jaén) por motivos que más abajo abordaremos, llegando a darse el caso de escasear los albañiles mudéjares en Córdoba para atender a las reparaciones de la mezquita-catedral[6] por la salida en 1304 de numerosos cordobeses a raíz de la paz firmada entre Castilla y Granada. Pero aun en pleno siglo XIII, en 1262, Écija fue "vaziada de moros"[7] y la opresión tributaria, que había aplastado con dureza a los residentes que permanecieron tras la conquista, provocó la gran sublevación de 1264, origen de nuevas deportaciones y fugas. Pero hay más: algunas aljamas se crearon en pleno siglo XV (Archidona en tiempos de Enrique IV, Priego con moros huidos de Granada durante la guerra final contra el sultanato nazarí), con lo cual —concluye González Jiménez[8]— "sólo un tercio largo de la población mudéjar andaluza [esas 2.000 almas señaladas por Ladero] a fines de la Edad Media podía reclamarse como descendiente de los moros que optaron por quedarse en la región tras la conquista castellana [...]. Éstos son los datos descarnados, de los que sólo cabe concluir, entre otras cosas, retomando el tema de los supuestos orígenes mudéjares de los andaluces históricos, que todo intento de demostrar lo indemostrable pasa por la ignorancia de la realidad que los textos nos presentan".

Por lo que toca a la presente Andalucía oriental (entonces Reino de Granada), por razones obvias mucho más ocupada por musulmanes, sabemos que inmediatamente antes de la toma de Granada la población del sultanato podía rebasar algo las 300.000 almas, de las cuales 9.800 vecinos se hallaban en las Alpujarras, es decir unas 50.000 personas; y de ellas unas 10.000 en el Valle de Lecrín[9], en tanto la franja costera comenzó pronto a sufrir una despoblación crónica, ya por las huidas masivas de alquerías enteras a Marruecos, ya por el nulo interés de la Corona en permitir concentraciones de moriscos en esa zona, por motivos no menos evidentes. Y, tras la oleada que sale con Boabdil, los moros de la

---

[5] González Jiménez, "Los mudéjares andaluces (ss. XIII-XIV)", *Actas del V Coloquio Internacional de Historia Medieval de Andalucía*, p. 546.
[6] Ibídem, p. 547.
[7] Ibídem, p. 546.
[8] Ibídem, p. 549.
[9] C. Trillo San José, *La Alpujarra antes y después de la conquista castellana*, Granada, 1994, p. 335.

Alpujarra se reducen, en 1496, a 40.508 [10], dando pie a una repoblación cristiana llevada a cabo mediante la compra de inmuebles y tierras, asistemática y sin repartos organizados y masivos [11]. No obstante, la evolución demográfica de los moriscos en el siglo XVI sigue sin estar del todo clara [12], prestándose a distintas valoraciones por parte de los investigadores, con las consiguientes discrepancias en índices de miembros por familia (García-Arenal, Pike, Bataillon, Le Flem). En todo caso se trataba de una minoría reducida, si bien no hasta los extremos residuales de mudéjares y judíos en la Andalucía occidental del XV, cuya escasa entidad numérica, unida a la endogamia a que les obligaban sus leyes religiosas, dificultaba en grado sumo "una convivencia equilibrada entre los hombres de las tres religiones" [13], así como las posibilidades reales de *influencias* culturales de peso a partir de la minoría mudéjar, lo que viene corroborado por las menores exacciones de impuestos que las aljamas moras endosaban respecto a las judías, prueba patente además de una notable debilidad económica. A veces las diferencias son llamativas: en 1263 Alfonso X decretó un tributo en Córdoba para la traída de agua a la ciudad debiendo contribuir los moros con 30 maravedís anuales, en tanto los hebreos pagaban 100; en 1294 los mudéjares de la ciudad pechaban con 2.000 maravedís mientras los judíos lo hacían con 38.333; en Sevilla a los unos se exigían 5.500 y a los otros, 115.333 [14].

Aparte del trabajo de la tierra [15], en especial la horticultura, los mudéjares primero y los moriscos después vieron limitados sus campos laborales por una serie de prohibiciones que les vedaban ciertas profesiones, sobre todo actividades públicas, alimentarias o médicas.

---

[10] Ibídem, p. 337.
[11] Ladero, *Castilla y la conquista del reino de Granada*, p. 95.
[12] Ladero, "Los mudéjares de Castilla", en *I Simposio Internacional de Mudejarismo*, septiembre de 1975, Madrid-Teruel, p. 365.
[13] Ladero, *Andalucía a fines de la Edad Media*, p. 179.
[14] M. González Jiménez, "Los mudéjares andaluces (ss. XIII-XIV)", *Actas del V Coloquio de Historia Medieval de Andalucía*, p. 548.
[15] El retroceso constante en el uso de tierras por mudéjares-moriscos se debió tanto a salidas forzadas (v. g. la salida, venta de bienes y expulsión de los moros de Antequera en 1410, *vid.* "Crónica de Don Juan II", año IV, cap. XXXV, en *Crónicas de los reyes de Castilla*, II, p. 331), como a compras (en 1496 castellanos adquieren terrenos en las Alpujarras al tiempo que se entrega en señorío la *ta'a* de Marchena a D. Gutierre de Cárdenas, comendador mayor de León); paralelamente la Iglesia comienza la adquisición. *Vid.* Trillo, ob. cit., pp. 338-339.

Por añadidura, en 1412 se les prohibió ejercer de albéitares, herradores, carpinteros, sastres, tundidores, calceteros, carniceros, pellejeros, traperos y mercaderes [16]; disposiciones que, en paralelo a otros casos (los judíos y, después, los gitanos), se incumplían con frecuencia, tanto por las dificultades de imponer a rajatabla las normas como por necesidades inmediatas de las áreas en que se movían. Eso sin acudir a la picaresca. Por ello, la ausencia de mudéjares en ciertos oficios públicos —en contraste con los judíos, sujetos a las mismas cortapisas— puede achacarse más bien a su falta de capacidad técnica o económica para desempeñarse como tales que a hostilidad de la mayoría [17]. De hecho, los oficios del metal atraían a numerosos mudéjares-moriscos entre los siglos XV y XVI (caldereros, herreros, herradores, cuchilleros, ballesteros) en Murcia o Toledo, a la par que en Ávila [18] de 99 moriscos cuyo oficio se conoce, 40 ejercían de herreros o caldereros, si bien en algunos lugares la primacía se daba en trabajos relacionados con la construcción: hasta un 65%, señala Collantes de Terán [19], de los mudéjares por él detectados en Sevilla entre los siglos XIV-XVI trabajaban como albañiles, alarifes, carpinteros, cañeros, azulejeros, soladores, vidrieros, etc. También hubo esparteros, tahoneros, cordoneros y especialistas en el labrado de la piel (odreros, borceguineros, chapineros); y, cómo no, buñoleros [20].

La economía de los mudéjares (y luego moriscos) condicionaba su cultura, en las distintas acepciones posibles de la palabra, pero más determinantes eran sus propias autolimitaciones de orden religioso y las leyes restrictivas que imponía la sociedad mayoritaria con las secuelas ideológicas subsiguientes, no siendo la menor el pésimo concepto que se arrastraba desde los primeros tiempos de la invasión islámica [21] sobre los moros: no se trataba sólo de que la guerra contra el infiel aseguraba a los cristianos la vida eterna [22], por ende se veía a estos enemigos

---

[16] Ladero, *Los mudéjares de Castilla,* p. 76.
[17] Ibídem, p. 77.
[18] Ibídem, p. 78.
[19] A. Collantes de Terán, "Los mudéjares sevillanos", en *Actas I Simposio Internacional de Mudejarismo*, p. 231.
[20] J. Caro Baroja, *Los moriscos del reino de Granada*, p. 219.
[21] *Vid.* S. Fanjul, *Al-Andalus contra España*, pp. 25-34.
[22] "Vencer muchos moros, é así esperaba en Dios que sería aquel día, é los que aquí murieren salvaran sus ánimas" ("Crónica de Don Juan II", ob. cit., p. 308).

como paradigma de rasgos negativos que, de manera global, no solían adjudicarse a contrarios cristianos. Menudean los ejemplos, pero de ellos sólo recordaremos el intento de asesinato mediante engaños del rey Fernando el Católico por un "moro santo" salido de la ciudad de Málaga durante su asedio [23]; las advertencias de un tornadizo contra sus excorreligionarios (Priego, 1409) [24] o las de Fernán García ("que había seydo moro") al infante don Fernando *el de Antequera* para que no comiese ni vistiera nada que le regalasen los granadinos por el peligro de ser envenenado [25], refiriendo a continuación varios casos de magnates musulmanes asesinados con estas artimañas.

La base de esos conceptos, seguramente injustos en su generalización, hemos de buscarla en factores religiosos, culturales y de choque político inmediato más que en prejuicios raciales estrictos que, en nuestra opinión, no eran determinantes, al menos en buen número de casos, para la suerte y aceptación de las personas en la España de la época. No estamos extrapolando conclusiones favorables a partir de excepciones —sin duda el destino de los esclavos no era envidiable en ninguna parte— pero su existencia muestra que existía la posibilidad de desclasamiento y mejora pese al color: el Inca Garcilaso, combatiente contra los moriscos en las Alpujarras, o Juan Latino [26], entre los siglos XVI-XVII, ilustran el respeto de la mayoría por quienes resolvían y patentizaban

---

[23] Mosén Diego de Valera, *Crónica de los Reyes Católicos,* ed. J. M. Carriazo, Madrid, 1927, p. 258.

[24] "Los moros son tales que no vos ternán cosa de lo que vos prometieren, é moriremos aquí todos, o seremos captivos" ("Crónica de Don Juan II", ob. cit., p. 312).

[25] Ibídem, p. 313.

[26] "A los hijos de español y de india —o de indio y española— nos llaman *mestizos,* por decir que somos mezclados de ambas naciones. Fue impuesto por los primeros españoles que tuvieron hijos en indias. Y por ser nombre impuesto por nuestros padres y por su significación me lo llamo yo a boca llena y me honro con él" (Inca Garcilaso de la Vega, *Comentarios reales de los Incas,* Libro IX, cap. XXXI, Lima, FCE, 1991, p. 627).

"[En 1590] falleció el maestro Juan Latino, de color negro, uno de los más eminentes negros que se han conocido en el mundo, catedrático que fue muchos años en el reál colejio y universidad desta dicha ciudad [...]. Casó con una señora blanca y de calidad, que aficionada de sus virtudes, letras y otras gracias naturales lo escojió por esposo, habiendo sido su maestro. Tubo en ella una hija..." (Jorquera, *Anales,* II, p. 533).

Por su parte, Solange Alberro (*Inquisición y sociedad en México. 1571-1700,* p. 478) recoge un caso similar al de Juan Latino: Cristóbal de Zaldívar, español noble, casó legítimamente con la negra Gerónima Otalora, habiendo de ella un hijo bien aceptado por la sociedad y que dispuso de buenos recursos económicos.

con su vida un deseo sincero de integración. El conflicto con los moriscos (y antes con los mudéjares) era, en lo fundamental, religioso y cultural, así Cardaillac cita los comentarios de Aznar Cardona "'como cristiano viejo': Eran brutos en su comida, comiendo siempre en tierra (como quienes eran), sin mesa, sin otro aparejo que oliese a personas, durmiendo de la misma manera en el suelo..."[27]. Y, casi un siglo antes, otro tornadizo de campanillas, Juan León Africano, enumeraba idénticas acusaciones contra las que fueran su sociedad y su gente[28], fijando la atención en los hábitos de comer: en el suelo, sin mesas, con las manos.

El morisco —coincidimos con Cardaillac[29]— se sabe partícipe de un mundo no sólo diferente sino contrario al que le rodea en la Península y, en ocasiones, estalla dando rienda suelta a su rabia y un Juan González, morisco, en 1597 larga una ristra de improperios que definen bien sus sentimientos[30]: "la lei de los cristianos se podía decir de perros [...] que era puto el que estaba en esta lei de Cristo [...] Y que quisiera que lo llevara el diablo a su tierra [Argel] que havía de fazer quemar a todos los cristianos que allí uviese". La conciencia de pertenecer al campo enemigo se exacerba a medida que aumenta la presión cristiana y en los tiempos precedentes a la expulsión alcanza su culmen[31]. Pero es que la preeminencia de las diferencias culturales se percibía de modo recíproco, incluso señalada por extranjeros:

---

[27] L. Cardaillac, *Moriscos y cristianos*, p. 27.
[28] J. L. Africano, *Descripción del África*, pp. 71, 72, 151.
[29] *Moriscos y cristianos*, p. 79.
[30] Ibídem.
[31] "Ello es comprobable en este cantar, divulgado primero en Aragón y luego en Castilla, que enseñó un morisco —aragonés precisamente— a uno de sus amigos toledanos, unos meses antes de la expulsión:

>Diçen que nos hemos de yr
>nosotros de aquesta tierra
>y nos hemos de andar
>a aquella buena tierra
>do el oro y la fina plata
>se hallan de sierra en sierra.
>Con la yda nos dan guerra:
>¡Vámonos allá todos,
>donde están los muchos moros,
>donde todo el bien se encierra!"
>(Cardaillac, ob. cit., p. 80).

[Las casas de Granada son] como se acostumbra en Egipto y en África, pues todos los sarracenos convienen tanto en las costumbres como en los ritos, utensilios, viviendas y demás cosas [32].

Cultura, en términos antropológicos, es el modo de vivir de un pueblo, "el legado social que el individuo recibe de su grupo" [33]. Es decir, un cúmulo de categorías básicas con que el ser humano analiza la vida y que le sirve para saberse inserto en un determinado lugar en ella: religión, lenguaje, principios éticos, económicos y políticos componen los elementos fundamentales de donde proceden pensamientos, creencias, sentimientos, voluntad; y cuyo resultado final es determinar la vida de un grupo de personas distinguiéndolas de los otros grupos y transmitiéndose como herencia colectiva.

Por ello nos parece acertado el empeño de Américo Castro por resaltar los factores culturales (entre los cuales la lengua es de primer orden) a la hora de definir la pertenencia, o no, al grupo que denominamos español y, de tal modo, visigodos e hispanorromanos quedan fuera de él, si queremos hablar con propiedad y sobre conceptos nítidos. Ahora bien, la contradicción de Castro es palmaria cuando, por otro lado, estima españoles sin discusión a los judíos y moros medievales porque así conviene a sus propósitos: olvida su muy razonable criterio de basar en rasgos culturales [34] esa adscripción, desdeñando de consuno el otro elemento indispensable que ha de considerarse y en el cual también coincidimos con Castro, al menos en lo que para él se queda en mera declaración de principios: "Antes de existir españoles en la Península, hubo en ella gentes con conciencia de ser otra cosa: godos, hispano-romanos, cántabros, celtíberos, celtas, iberos o lo que fuere. La pretensión de españolizarlos a todos, aparte de ser metódicamente absurda y anacrónica [...]. Fundar la continuidad *humana*, social, en enlaces geográficos, biológicos o abstractamente psíquicos (estos o los otros rasgos de carácter), y no en la conciencia de formar parte de una comunidad humana, agente y responsable de sus destinos, es una ofuscación" [35].

---

[32] Münzer, p. 111.
[33] A. Martínez Cruz, *Léxico de Antropología*, pp. 51-54.
[34] Castro, *La realidad*, pp. 35, 146, etc.
[35] Ibídem, pp. 19-20.

En efecto, dos son las notas definitorias de pertenencia, imprescindibles hasta el punto de que la ausencia de una de ellas desvirtúa y vuelve ilusoria la entidad y vigencia de la otra: comunidad cultural y voluntad —más o menos expresa— de formar parte de tal grupo humano. De poco vale proclamarse esquimal si se desconocen su idioma y los hábitos y nociones más elementales de sus formas de vida y pensamiento; y, de la otra banda, escasa racionalidad muestran quienes exhiben la última moda española: no sentirse españoles, aunque participen hasta la médula de todos y cada uno de los factores que componen el imaginario y el conjunto de valores, antivalores, prejuicios, gustos, etc. propios de esta comunidad humana; y sin conocer, con frecuencia, otra lengua sino la española. Un fenómeno de vacío mental, frivolidad y alienación más cercano a la Psiquiatría que a la Antropología o la Sociología y que la actual búsqueda y exageración de *hechos diferenciales* por todos los rincones pretende llenar a base de magnificar obviedades, destacando los rasgos distintivos (en la mayor parte de los casos, irrelevantes o mínimos) y tratando de ocultar los comunes, que son mayoritarios. Bien es cierto que en nuestra contemporaneidad no hay inocencia ni desprendimiento romántico ninguno: siempre que una oligarquía local percibe —con razón o sin ella— que puede gestionar e instrumentar en su propio beneficio los recursos económicos cercanos, descubre la independencia como bálsamo infalible, triaca contra todos los males. Y, a continuación, los descubrimientos ya no cesan: exacerbación del culturalismo; resurrección de lenguas; elevación a categorías cósmicas de anécdotas que, con suerte, se quedan en folclore; exhibición estratosférica, bien subvencionada, de cualquier jarana o festejo local (la Noche Celta de Asturias, o los Juegos Deportivos Moriscos de la Alpujarra son tristes, y caras, pruebas de adónde nos lleva la inconsistencia de los políticos en ejercicio, por decirlo de manera educada).

Las diferencias —y desconfianza mutua— son triangulares en nuestra Edad Media, puesto que tres eran las comunidades religiosas enfrentadas: en las Capitulaciones de rendición de Zaragoza (1118) los moros no aceptan que "sobre ellos ni sobre sus haciendas se pondrá a ningún judío"[36], misma condición —como veíamos— que casi

---

[36] M. J. Viguera, *Aragón musulmán*, p. 184.

cuatro siglos después estipularán en las Capitulaciones de Santa Fe (1491), rechazando toda posibilidad de dominio ni mando de judíos sobre ellos, lo cual refleja con claridad una actitud mantenida —y no de concordia precisamente— y coincidente con el punto de vista de los cristianos, que cerraba el triángulo. Así, en el IV Concilio Lateranense, reunido por Inocencio III en Roma en 1215, se estableció como norma "que no se pudiera nombrar a los hebreos oficiales con autoridad sobre los cristianos"[37]. Estado de ánimo reproducido en los penúltimos documentos de criptomusulmanes en España: las profecías de los moriscos granadinos lo ilustran bien ("y lo que hubiere en ella de trabajos será de los judíos. Grandes infortunios vendrán a la casta maldita judaica"[38]), en paralelo a las prédicas y amonestaciones que de antiguo recibían los monarcas cristianos con vistas a separar las comunidades y a limitar los contactos entre ellas. Cuando San Vicente Ferrer viene a predicar desde Valencia encuentra a los reyes en Ayllón y "este Santo Frayle amonestó en sus predicaciones, suplicó al Rey é á la Reyna é al Infante que en todas las cibdades é villas de sus Reynos mandasen apartar los Judíos é los Moros, porque de su continua conversación con los Christianos se seguían grandes daños, especialmente aquellos que nuevamente eran convertidos a nuestra Sancta Fe; é así ordenó [...] que los Judíos traxesen tabardos con una señal vermeja, é los Moros capuces verdes con una luna clara"[39]. Pero la medida tocante al vestido, propuesta en el ya mencionado Concilio Lateranense y renovada dos siglos más tarde en boca de San Vicente, había tenido continuidad reiterada en un rosario de disposiciones cuyo incumplimiento (al menos parcial) inducía a nuevas leyes represivas. Las Cortes de Jerez (1268), de Palencia (1312) o el Sínodo de Zamora (1313) son, entre otras, ocasiones de renovar tales normas[40], y —como más arriba se indicaba— incluían apartamiento de viviendas, uso de carnicerías especiales, prohibición de amamantar y criar a niños de moros y viceversa, prohibición de comer juntos, profesiones vedadas (médicos, especieros, boticarios, cirujanos, parteras), negación de contactos

---

[37] Baer, *Historia de los judíos en la España cristiana*, I, p. 80.
[38] Mármol, "Rebelión", en *Historiadores de sucesos particulares*, I, p. 170.
[39] "Crónica de don Juan II", ob. cit., p. 340.
[40] Ladero, "Los mudéjares de Castilla", en *I Simposio Internacional de Mudejarismo*, Madrid-Teruel, 1975, pp. 372-376.

amistosos (en bodas, entierros; o fungir como testigos o albaceas), prohibición de que cristianos trabajasen a soldada en el servicio doméstico de mudéjares (con sus contravenciones correspondientes [41]), impedimento de que usaran la onomástica cristiana (Alfonso XI), prohibición de tener y portar armas y —desde luego— separación total en las relaciones sexuales, lo cual comportaba, en primer término, la imposibilidad de matrimonio de mudéjar con cristiana así como la inversa, aunque los contactos extraconyugales de cristianos con mujeres mudéjares concitaban escasa punición legal [42].

Sin embargo, esa endogamia forzosa fue acogida y vivida con agrado por las minorías judía y mudéjar porque, en definitiva, era garantía, en sentido contrario, del mantenimiento de la cohesión de su grupo y, por tanto, de su propia supervivencia como tal, misma actitud defensiva —que acepta gustosa una norma injusta de la mayoría, por conveniencia indirecta— de los cada vez más escasos cristianos de los países árabes orientales en la actualidad (en los occidentales no hay). Y es que la prohibición de matrimonio entre musulmanas y *asociadores* [43] es pilar y garante para la comunidad musulmana, de supervivencia primero y de predominio después. Casi todas estas normas discriminatorias antimudéjares fueron abolidas de modo expreso, o implícito, al intentar asimilar a esa minoría a fines del siglo XV, así —en línea diametralmente opuesta— se impuso a los moriscos (a partir de 1500) el uso total de onomástica castellanizada, la abolición de las ropas tradicionales y la supresión de las morerías y se fomentaron los cruces matrimoniales mixtos (de morisca con cristiano viejo y viceversa), aunque los recelos antiguos y nuevos siguieran vigentes, incluso con secuelas que afectaban a la procreación: un morisco conquense maltrata a su mujer (cristiana vieja) y el fiscal, en la Inquisición, le acusa, entre otras cosas, de "aver procurado otras formas y modos para no tener generación de la dicha muger" [44], alusión no demasiado

---

[41] Ibídem, p. 374. Según al-Hayari la lectura y posesión de libros árabes (no religiosos) estaba permitida a los moriscos valencianos, pero no para los demás (al-Hajari, *Kitab nasir al-din 'ala l-qawm al-kafirin*, ed. Koningsveld *et al.*, Madrid, CSIC, 1997, p. 19 del texto árabe).
[42] Ladero, *Los mudéjares*, 1975, p. 375.
[43] *Corán*, 2, 221.
[44] Cardaillac, ob. cit., p. 22.

subterránea a prácticas fáciles de imaginar, pero que patentizan la decisión del morisco de no tener hijos cristianos y de una cristiana. Y, como en el caso de las prohibiciones de los siglos XIII al XV, aplicar sus contrarias tampoco era tarea sencilla, tanto por meras dificultades materiales como por la renuncia de los implicados. De tal guisa parece razonable admitir desde la Edad Media una integración cultural limitada [45] pese a las tajantes normas separadoras y a las autolimitaciones de índole religiosa que se imponían los mismos moriscos. La participación de moros en fiestas cristianas venía de muy atrás (Natividad, Año Nuevo, San Juan, celebraciones locales) y ya en al-Andalus había suscitado el escándalo y la ira de los alfaquíes, pero esos contactos no entrañaban renuncia a sus rasgos fundamentales por ninguna de las dos partes, de pertenencia a la civilización medieval europea [46] o a la islámica su enemiga. Se asimilaban e integraban elementos sueltos en ambos sentidos, pero las estructuras de pensamiento —de *cultura*, vaya— quedaban intactas. Sin embargo, al hablar de cultura debemos matizar a qué nos referimos: no, en este caso, a la de altos conocimientos ni dominio profundo de artes, ciencias o letras. La aculturación de los mudéjares —y después de los moriscos— inducía, por ejemplo, a que las mismas "leyes de moros" [47] por ellos compuestas y compiladas a comienzos del siglo XIV se redactaran en castellano y no por prohibición ninguna de hacerlo en árabe, hasta el siglo XVI, sino por mera incapacidad de los autores de tales resúmenes legales y —más aun— de los receptores [48]. La aculturación era doble, porque tampoco dominaban la lengua castellana y ya desde el siglo XV aparecen parodias satíricas del habla de los moros [49], cuya continuación cómica y burlesca desarrollarán con brillantez Lope de Rueda, Quevedo, Góngora o Lope de Vega [50]. No obstante, el carácter reverencial con que todo musulmán regala al árabe era consustancial a

---

[45] Ladero, *Los mudéjares de Castilla*, 1989, pp. 67-70.
[46] Ladero, "Los mudéjares de Castilla", en *I Simposio Internacional de Mudejarismo*, p. 382.
[47] Ladero, *Los mudéjares de Castilla*, 1989, p. 56.
[48] "...no es de maravillar que los moriscos, que no usaban ya de los estudios de gramática árabe, si no era á escondidas, leyesen y entendiesen una cosa por otra" (Mármol, "Rebelión", en *Historiadores de sucesos particulares*, I, p. 169).
[49] S. Fanjul, *Al-Andalus contra España*, pp. 69 y ss.
[50] Ibídem.

los moriscos, aunque, como sucede hoy día con tantos muslimes, lo conocieran muy deficientemente. Su empleo del castellano era instrumental y sin consideración alguna: no ya por no ser árabe (cima y origen de todas las lenguas); ni siquiera por constituir para ellos una mera forma de comunicación, sino por ser la lengua del enemigo. Cardaillac lo describe bien: "Su posición es muy clara: proclama todo su respeto por la lengua árabe, de innegable superioridad sobre el castellano. De este modo, escribe antes de introducir una cita en árabe: 'por ser corta la lengua castellana y mi pluma más, remito a la arábiga'; y en otro lugar califica a la lengua árabe de 'perfecta'. Este fervor por la lengua del Corán aparecerá cada vez que tenga que citar azoras, lo que hará con el texto original y en caracteres árabes"[51]. Tal vez lo más descorazonador de todo esto sea que, en la actualidad, los árabes —rebasando el natural apego y cariño a la propia lengua— sigan persuadidos de los mismos prejuicios.

Otro factor determinante de las actitudes y actuaciones de los moriscos lo constituían las circunstancias políticas y militares del momento, en especial en ciertas regiones donde, o eran mayoría, o componían minorías muy nutridas. Su presencia creaba —como no podía ser menos— a las autoridades conflictos graves y de difícil manejo: la defensa ante las incursiones de los piratas y las huidas *allende* eran los puntales sobre los que se asentaban medidas coercitivas como los tributos especiales *(fardas)*, las limitaciones para residir en la costa, los permisos, fianzas y tomas de rehenes o los intentos de captación de voluntades entre los mismos moriscos, para dividirlos y encontrar entre ellos colaboradores que ayudasen a sujetar al resto. Y quizás el mejor ejemplo lo constituyera el Reino de Granada, recién conquistado.

En efecto, no parece preciso extenderse mucho para fundamentar el peligro físico que significaban los moriscos en el siglo XVI, pues su actitud era de simpatía meridiana, cuando no de cooperación directa, para con los asaltantes norteafricanos. Y no se circunscribió el riesgo de incursiones a un momento o unos años: desde la misma toma de Granada, en los años subsiguientes[52], se desarrolla la pirate-

---

[51] *Moriscos y cristianos*, p. 171.
[52] Abundantes datos en Gallego-Gámir, *Los moriscos del reino de Granada y el Sínodo de Guadix*, pp. 149 y ss. También en las costas valencianas, de modo permanente, *vid.* Pardo Molero, *La defensa del imperio,* pp. 206 y ss. En Cataluña, ibídem, pp. 213 y ss.

ría contra las costas de Málaga, Granada, Almería, manteniéndose de forma ininterrumpida hasta muy entrado el siglo XVIII, como nos testimonian, v. g., Henríquez de Jorquera [53] a principios del XVII, o Jerónimo de Barrionuevo [54] ya en la segunda mitad de esa centuria. La preocupación constante de don Íñigo López de Mendoza, conde de Tendilla, se ve reflejada en su *Epistolario*, denotando en esa correspondencia la inquietud fija por la insuficiencia de las fuerzas bajo su mando para la guarda de la costa. De continuo se queja de las cicaterías de dotación económica, del despido de tantas o cuantas lanzas, de su embarque (para acciones en el norte de África) o desplazamiento, llegando a quejarse de la escasez de gente con que contaba para defender la Alhambra; así prohíbe al alcaide de Almayáter construir la iglesia dentro de la fortaleza, en la ubicación de la mezquita, por los daños que a la seguridad de la fortificación acarrearía [55], insta a reclamar ante la Corona por el injusto y peligroso proceder del inquisidor (Rodríguez Lucero) que podría engendrar "algund gran ynconviniente" [56] y hace hincapié sin tregua en la precariedad del estado defensivo de la costa; en carta al secretario Almazán describe el panorama: "A esta gente de la costa se les deve a los que menos seys meses. Los comendadores no pagan blanca ni corrnado, deven más de un quento [millón] y seisçientos mill mara-

---

[53] Morisco valenciano, identificado en Granada después de ser apresado pirateando en la costa, vendido a un cristiano y fugado de éste: fue ahorcado, tras bautizarse en la plaza de Bibarrambla (*Anales*, II, p. 573); saqueo de Adra por los turcos, diciembre de 1616 (ibídem, II, p. 609); nuevo saqueo de Adra en octubre de 1620 (ibídem, II, p. 633); asalto, infructuoso, de los turcos a Vélez Málaga, en junio de 1617 (ibídem, II, p. 613).
  Cardaillac (ob. cit., p. 131) detalla el temor de los inquisidores por las relaciones entre moriscos y protestantes, los de Zaragoza, en tiempo de Felipe II, por los moriscos refugiados en el Bearn.

[54] Entre los años 1654 y 1655, Barrionuevo recoge numerosas noticias de acciones corsarias, o de su rechazo, en las costas de Cataluña, Murcia y Andalucía (*Avisos*, I, pp. 64, 67, 118, 129, 131).

[55] *Epistolario*, 31 de julio de 1505, p. 442.

[56] Ibídem, 16 de julio de 1506, p. 751. Sin embargo, y pese a esta muestra de tino y mesura, a fin de que no se proceda de modo indiscriminado e injusto contra inocentes, también solicita castigos severos contra los elches que participaban en las incursiones: "Y esto pregonado y acañavereados dos o tres, creo que menos vezes y no tantos dellos verrnían, que agora como a una huerta por fruta vienen", 3 de septiembre de 1504 (ibídem, p. 126).

vedís, yo no basto ni çinco o seys exsecutores para cobrarlo, hágolo saber porque no se me eche culpa" [57].

Pero sus desvelos también apuntan a la picaresca de los soldados, lanzas de acostamientos, vigías, capitanes que cobraban y desatendían sus puestos y obligaciones. No era una práctica nueva: de muy atrás [58] y mucho más adelante y en otras latitudes y menesteres [59] se tenía y tuvo el mal uso de contravenir las normas reales y estafar a la Corona prevaliéndose de la incomunicación, el difícil acceso de muchos lugares o el simple cohecho: los encargados de las torres vigías de la costa —cuya labor informativa debía ser primordial— ponían sustitutos en sus atalayas y éstos, a su vez, también se ausentaban, provocando situaciones de riesgo fáciles de imaginar [60], del mismo modo que en los navíos listos para hacerse a la vela hacia Ultramar las inspecciones daban cuenta de bastimentos, artillería y tripulaciones que, de hecho, no se hallaban a bordo.

El 3 de enero de 1505 Tendilla dirige una misiva a Pedro Doro, en Níjar, dándole instrucciones para que atienda las peticiones de los ve-

---

[57] Ibídem, 24 de septiembre de 1504, p. 148.

[58] "Del engaño que se hacía al Infante en el sueldo que pagaba; é por eso mandó hacer alarde de la gente que tenía por ser certificado de la verdad [...] el que llevaba sueldo de trecientas lanzas, no traía docientas; e por eso acordó de mandar hacer alarde de toda la gente en un día, el qual fue hecho en domingo, veinte é ocho días de Agosto del dicho año [...] en todas las cibdades é villas del Andalucía; en el qual alarde se hicieron muy grandes burlas, porque muchos de los vasallos del Rey é aun de los Grandes de Castilla alquilaban hombres de los Concejos para salir al alarde [...] el Infante pagaba sueldo á nueve mil lanzas, é con todas las faltas no llegaron á ocho mil" ("Crónica de Don Juan II", p. 289).

[59] La mala disposición y falta de preparación y armamento de las milicias en Indias, con falsedades y triquiñuelas en alardes y revistas, recogida por J. Albi en *La defensa de las Indias (1764-1799)*, p. 19; sobre el transporte de mercancías privadas en galeones reales de escolta, fatal para la flota de 1628, capturada por el pirata holandés Piet Heyn, *vid*. ibídem, p. 24 y nota 44 de p. 31; plantillas incompletas en las guarniciones americanas (ibídem, p. 34); falta de armas y material en la costa peruana (ibídem, p. 44). También las *Actas capitulares del ayuntamiento de La Habana* (tomo II, La Habana, 1939, p. 27) recogen casos semejantes: "...salgan proveidos de pelotas y pólvora y lo demás que fuese necesario so pena que la persona que saliese desproveída de lo necesario pague de pena por cada vez dos ducados" (Cabildo de 5 de septiembre de 1566).

[60] Tendilla, *Epistolario*, 26 de octubre de 1505, p. 506. Y a mayor abundamiento: "maravíllome que en las nóminas y alardes venga la gente toda casy cabal y por otra parte me escrevís que no ay gente", 6 de diciembre de 1504 (ibídem, p. 206).

cinos en cuanto a absentismo de los "acostamientos"[61] y al estado de sus armas; también le ordena tomar muestra para supervisar todo ello y le exhorta a extremar la vigilancia por temer desembarcos[62]. Pero, sin haber transcurrido siquiera un mes, los vecinos de la villa instan de nuevo al capitán general a que les provea de ballestas y espingardas y que, al tiempo, fuerce a Juan de Nieva, vecino, a permanecer en el cortijo-refugio como debe, para seguridad general, y que las gentes del acostamiento no salgan a ganar sueldo en otras partes (hasta fuera del Reino de Granada) porque desamparan el pueblo[63].

Lógicamente, las mayores preocupaciones venían del lado de los moriscos y a ellos se dedican las más duras disposiciones: entrega como esclavos "a quienes los tomaron"[64] de aquellos cristianos nuevos que anduvieran "salteando con los gazis de allende"; exhortos a las justicias para que extremen su celo en la captura de gazis[65]; prohibición tajante, siguiendo las directrices reales, de que los conversos anden armados, ni siquiera por orden del alcalde (de Jérgal)[66]... Y también a ellos se refiere un conjunto de cartas que reflejan la política de atracción del conde entre los moriscos, estableciendo distingos que los dividan a la par que procura apoyos para mejor controlar la situación. Que la población criptomusulmana fuese desleal hacia sus nuevos dominadores entraba en la lógica más elemental y que el conde tratase de neutralizar su mala voluntad, también. Unos y otros cumplían su papel y Tendilla convoca a los jefes moriscos a Granada (27 de julio de 1505) a fin de repartir el pago del *servicio*[67], pero al tiempo otorga salvoconductos especiales para moverse por las Alpujarras[68], incluso por un negocio "que cunple a serviçio de Dios y de su Alteza"[69], o utiliza a cristianos nuevos como mensajeros, lo que parece indicio de cierta confianza[70]. Confianza que,

---

[61] Soldados "a costa" del erario público.
[62] *Epistolario*, 3 de enero de 1505, p. 260.
[63] Ibídem, 2 de febrero de 1505, pp. 257-259.
[64] Ibídem, 9 de marzo de 1506, pp. 604-605.
[65] Ibídem, 4 de julio de 1506, p. 733.
[66] Ibídem, 15 de febrero de 1505, p. 269; también en Válor (8 de octubre de 1505), p. 498.
[67] Ibídem, pp. 433-434.
[68] A Hernando Rondí y Alonso Abenhadel, 26 de agosto de 1504 (ibídem, p. 116).
[69] Ibídem, p. 487; noticia parecida en p. 138.
[70] Ibídem, pp. 92, 93, 130, 156.

en ocasiones, se explicita: "almahalefe y persona de quien no se deve tener sospecha" (8 de octubre de 1505)[71], insistiendo ante capitanes, alcaides y tenientes para que los neoconversos reciban las compensaciones monetarias correspondientes cuando colaboran en la detención de bandidos y corsarios: que se paguen diez ducados a "Luys de Mendoça, nuevamente convertydo, vezino de Berja" por los moros que se tomaron gracias a que dio el aviso (16 de febrero de 1506)[72].

El enfrentamiento entre ambas comunidades se manifestó sin ambages desde que la mayoritaria intentó a partir de 1500 asimilar a la otra (como hicieran en el Magreb los musulmanes con los cristianos), y las dos estaban legitimadas, o así se juzgaban, para esgrimir las armas a su alcance, cada cual las suyas. Choque y hostilidad declarada que después de la expulsión se mantuvo a través de las pésimas relaciones de vecindad con Marruecos durante cinco siglos, aunque haya bien pensantes —ora en busca de protagonismo político, ora de buena fe— que se obstinen en endulzar el lenguaje enmascarando los acontecimientos con palabras suaves (las empleadas de hogar de que hablábamos más arriba), como denominar al enfrentamiento "malentendido"[73], coreados por el aplauso de los políticamente correctísimos que nunca faltan. Y es que en la España de nuestros días, laicos y ateos militantes de toda la vida, que jamás recataron mofas y pitorreo por los excesos de la credulidad y fanatismo de los católicos, se aplican entusiastas a defender el confesionalismo musulmán más cerrado en aras del derecho de los moros (en España) a su identidad y a... ¡la libertad

---

[71] Ibídem, p. 498.

[72] Ibídem, p. 588. Y más casos: "Andrés Corrnejo, alcalde de Almuñecar: Yo vos mando que los tres ducados de oro que os dio Alonso de Santmartín de halladgo por dos esclavos que tomaron los christianos nuevos, vezinos de Xete, los dedes y paguedes luego a los dichos christianos nuevos y tomad su carta de pago, ante escrivano público, porque parezca vuestro descargo" (ibídem, p. 159).
Y aun: "El moro que tomastes os haga buen provecho, que aquel es vuestro y de los que os lo ayudaron a tomar. Mirad que aquellos ayan sus partes y que se haga muy bien con ellos pues son christianos nuevos, porque asy cunple para que quando acaesçiere al tanto lo hagan de buena voluntad" (Carta al alcalde de Almuñécar, 1 de febrero de 1506, ibídem, p. 584).

[73] A. de la Serna, *Al sur de Tarifa. Marruecos-España: un malentendido histórico*, Madrid, Marcial Pons, 2001.
Mismo subterfugio semántico de Franco Cardini (*Nosotros y el islam. Historia de un malentendido*, Madrid, Crítica, 2001).

religiosa! Se preocupan de los derechos del grupo y desdeñan los de quienes lo componen, por ejemplo el derecho a abandonarlo apostatando, o incurriendo —en el caso de las mujeres— en el peligroso paso de relacionarse con no musulmanes. En la práctica, esa visión propicia la constitución de guetos, consagración de grupos confesionales en una sociedad fragmentada en que los ciudadanos se distinguen —y se enfrentan— por su religión y a causa de ella formen comunidades ajenas unas a otras. La disminución de la proporción de cristianos en Palestina (del 12 al 3%) desde principios a finales del siglo XX, el acogotamiento progresivo y ya insoportable de los coptos egipcios[74] o las guerras confesionales del Líbano son llamadas de atención que la progresía hispana desprecia, cuando no ignora. Así de claro, así de lamentable.

Y tanto más lamentable cuando estudios históricos, técnicamente aceptables, en cuanto se salen del dato estadístico, rebalsan prejuicios ideológicos cuya finalidad es desconocer hechos probados y evidentes, de magnitud abrumadora, para achacar todo el conflicto, una vez más, a la mala voluntad de los cristianos viejos. La connivencia activa de los moriscos con los piratas y las mismas acciones de éstos, son reducidas a irrelevantes circunstancias de escenografía, v. g., por A. Martín Casares[75]: "El hecho es que resultaba imperioso asimilar los moriscos al islam enemigo y obviar la media centuria que habían vivido, al menos en las formas, como cristianos; pues de otra forma su esclavización hubiese sido ilegítima. Esta asimilación de los moriscos al mundo islámico y la exaltación de la solidaridad entre los musulmanes era beneficiosa para los intereses del Reino". La autora soslaya el problema central: no es que se les quería asimilar al mundo islámico (el intento asimilador a la sociedad cristiana vieja era patente, aunque fracasado; y de ahí surgía el choque), es que eran ellos quienes, siempre

---

[74] El descrédito constante de las iglesias orientales por la vía de la acusación sexual, de la orgía de beodos y de las socaliñas pecuniarias (diríase un trasunto de Ibn 'Abdun) constituye la base de la propaganda anticristiana, recientemente renovada en el caso, aireado por el periódico egipcio *al-Nabaa* (17 de junio de 2001), de un supuesto monje del monasterio de al-Moharraq que habría yacido con "más de 5.000 feligresas" en cuatro años. De ser cierta la noticia, nos preguntamos si, más que castigarle, no habría que —como al dios Min— deificarle, o elevarle a los altares, como a Santa Rita, patrona de imposibles.

[75] *La esclavitud en la Granada del s. XVI*, p. 177.

que podían, se adscribían a él, moral o físicamente, con las armas o las fugas. B. Vincent —que no es precisamente un apologista de España ni un detractor de los moriscos— lo describe bien [76]. Y no vamos a descubrir ahora la existencia de ciegos que no quieren ver, pero la mencionada historiadora presenta un buen repertorio de perlas que no podemos dejar pasar: desde circular por el carril de la fraseología política corriente en los medios de comunicación actuales, de bajo nivel intelectual y entronque estricto en lo políticamente correcto [77], hasta el designio claro de culpabilizar de manera global a toda la sociedad hispana del momento [78], pasando por los topicazos más pedestres de las famosas *tres culturas* [79], o alcanzando el colmo del dislate al utilizar imágenes de ahora para enjuiciar el pasado en un obvio intento de condena ciega: "Por un lado, los moriscos cautivados eran cristianos y, por otro eran andaluces..." [80], luego debemos recordar a la

---

[76] "No habían contado con la admirable capacidad de adaptación a las circunstancias de los criptomusulmanes [...] y tampoco con su indomable voluntad de resistencia", Vincent, *Minorías*, p. 96.

[77] "Captura ilegal de berberiscos y berberiscas" (las innecesarias marcas de género denotan bien las pesadillas de Martín Casares), p. 163, obviedad que sugiere, *a contrario*, que existía, o podía existir, una captura legal, perogrullada acorde con la penosa redacción del texto ("andaran", p. 412; "andasen", p. 177; "paradójico", p. 405): "hombres y mujeres [de nuevo asoman los tics de la jerga *de izquierdas*] de Berbería fueron cautivados repentinamente por los cristianos mientras labraban" (p. 164): ¿cómo quería que los apresaran? ¿Avisando? Y, por supuesto, los negros se truecan en subsaharianos (p. 404).

[78] "El pueblo cristiano viejo no dudó en adquirir personas esclavizadas de origen morisco" (p. 178), cuando ella misma reconoce los ínfimos porcentajes de propietarios de esclavos moros que hubo en Granada; y no precisamente del "pueblo" (clérigos, comerciantes, gentes acomodadas). Según sus propios datos (p. 104) había en Granada, en 1561, unos 1.000 esclavos sobre una población de 43.000 almas, lo cual significa un 2%. Estas cifras —y su escasa incidencia social— vienen corroboradas por Ladero Quesada, en Sevilla, unas décadas antes: "La esclavitud era, sobre todo, una realidad urbana. En Sevilla, los esclavos no llegarían al millar [...] no alteraron los fundamentos del sistema económico, que no era esclavista" (*Andalucía a fines de la Edad Media,* pp. 184-185).

[79] "Los moriscos se ubicaban en un espacio mítico, no eran ni musulmanes a la manera árabe ni cristianos a la castellana [...]. Amén de su pasado glorioso, su identidad, después de más de medio siglo de dominación cristiana era un mosaico de culturas y civilizaciones" (p. 177), lo cual contrasta violentamente con la imagen, realista y sensata, que traza M. García-Arenal sobre la aculturación, la pobreza e insignificancia social (que no ideológica) de los moriscos.

[80] Ibídem, p. 173.

historiadora —pues parece ignorarlo al invocar otro de los comodines de moda, el andalucismo— que hasta muy avanzado el siglo XIX (por Javier de Burgos, en 1833) no se incluyó a Granada en Andalucía, con lo que una mera división administrativa nueva dio pie para que haya quien piense que la "unidad de Andalucía" viene de la noche de los tiempos; y hacia 1860, P. A. de Alarcón aun seguía distinguiendo con nitidez entre Andalucía y el Reino de Granada.

La idea de la hispanidad de andalusíes-mudéjares-moriscos se ha basado por un lado en datos innegables como el criterio locativo o la adopción por su parte de rasgos sueltos (difíciles de cuantificar pero, a nuestro juicio de trascendencia menor) pertenecientes al acervo hispanorromano o hispanogodo, por añadidura a ese deseo de *apuntárnoslos,* por los motivos arriba expuestos, pero también su adscripción ha venido de la mano de una grave confusión terminológica: denominar "España" a al-Andalus y "españoles" a los andalusíes, tal como ha sucedido —más bien, sucedía— en traducciones, estudios, manuales, obras históricas en general, producciones salidas de la mano de arabistas de aquí o allá [81] que, sin incluir adjetivo ni aclaración ninguna, directamente usaban esas palabras como si estuvieran fuera de discusión y existiera una continuidad histórica-social-religiosa-afectiva entre unas y otras poblaciones. Bien es cierto que A. Castro infligió un serio revés a la claridad precisa en tan vidrioso asunto, al ofrecer una coartada erudita, esgrimiendo una tesis muy simple y por tanto fácil de aprehender y prohijar: todos eran españoles, aunque nunca explicara de modo satisfactorio por qué detiene el calendario en el año 711 [82] y no sigue remontando la Historia hasta Altamira, o hasta Atapuerca, diríamos hoy. Sin embargo, en la enunciación teórica, no tendríamos inconveniente en rubricar algunas de sus afirmaciones por más que él mismo

---

[81] En especial, historiadores franceses, por ejemplo Lévi-Provençal (*La civilización árabe en España*, p. 129) o G. Wiet en su traducción de Ibn Hawqal (Ibn Hauqal, *Configuration de la terre*, 2 vols., París, 1964).

[82] "...el adjetivo *español* no puede aplicarse con rigor a quienes vivieron en la Península Ibérica con anterioridad a la invasión musulmana [...]. Al afirmar que el busto de la Dama de Elche o las *Etimologías* de San Isidoro son obras españolas, lo que se quiere decir es que ambas fueron obra de personas que habitaban en lo que hoy llamamos España" (*La realidad histórica de España*, p. 12). Reiteramos nuestro aplauso a esa noción de mera ubicación de objetos y personas, pero para todos, no sólo para quienes Castro decida.

a veces se contradiga [83] y —desde luego— los hechos desmientan sus pretensiones, sobre todo en lo tocante al pensamiento de mudéjares y moriscos acerca de la personalidad de su grupo. Es impecable afirmar:

Son y han sido españoles quienes sienten y han sentido estar formando parte de una comunidad humana en la Península Ibérica, enraizada en una *continuidad de conciencia social* con quienes efectivamente la han hecho posible, y le han dado la forma de funcionamiento que ha venido singularizándola desde que el término "español" es usado en la Península [84].

Pero las dudas comienzan cuando especifica a qué grupos se refiere: "las tres castas se sintieron igualmente españolas [...] españoles se sentían ser los judíos que laboraban junto a los reyes y a los grandes" [85]. Castro adjudica —el argumento vale también para los mudéjares— la muy reciente noción de pertenencia a una comunidad *nacional* pluricultural a los judíos medievales, cuya única idea era de sumisión al rey *su dueño* y —porque no quedaba más remedio— a la comunidad dominante. Castro y quienes en nuestra contemporaneidad insisten en estas superposiciones mecánicas, están opinando inmersos —y en pleno disfrute— en una sociedad en que el laicismo —por fortuna, estimamos— ha hecho pasar a segundo plano los factores religiosos de la vida, reservándolos para el ámbito íntimo de lo personal, pero entonces tanto en la sociedad islámica como en la cristiana —y ahora en los países árabes [86]— la fe era el signo distintivo por antonomasia, la seña de identidad y el reclamo colectivo de mayor arrastre, con gran diferencia sobre cualquier otro y muy por encima de apegos territoriales o

---

[83] "La civilización de al-Andalus, un país del todo distinto de la actual Andalucía. No se explica, por consiguiente, que se llame andaluza una poesía que, correctamente, debiera denominarse andalusí" (ibídem, p. 34). Mal obsequio hace en ese párrafo a sus beatos feligreses andalucistas y andalusistas, repetidores sordos de la insostenible pretensión de continuidad entre al-Andalus y Andalucía en todos los órdenes, por más que coincidamos con él en la observación.
[84] Ibídem, p. 135.
[85] Ibídem, p. XX.
[86] Las ficciones de aconfesionalidad para contentar a los cristianos incrustados en el aparato de las tiranías imperantes en Siria, Iraq o Egipto no son para tomar en serio. En el caso del Líbano (el estado *laico* por excelencia de Oriente Medio), la *aconfesionalidad* llega al extremo de establecer por ley los porcentajes de diputados, presidente, vicepresidente, ministros, etc. que corresponden a cada confesión, a cada secta, según número de habitantes. Si esto es laicismo, que no nos lo traigan.

de pertenencia cultural o étnica. La sumisión de judíos y mudéjares no significaba en modo alguno aceptación [87] y, menos aun, entusiasmo y comunidad de sentimientos. Los hebreos cargaban con la acusación de deicidas, en primer lugar, y después con otras menores como la usura o la participación en actividades económicas odiadas (v. g., recaudación de tributos), fueran o no responsables de tales cometidos. De ahí surgía el mismo círculo vicioso que padecen y realimentan todas las comunidades remisas a la integración: marginación/automarginación, una rueda infernal cuyo fin no suele ser feliz. Y no nos referimos sólo a la Hispania medieval.

No *se sentían* españoles porque no podían sentirse, al ser excluidos de los intereses mayoritarios, pero tampoco ellos contribuían a su admisión al persistir en el aislamiento, manifestando en el caso de los moriscos su animadversión frontal, como venimos viendo y veremos: la intransigencia mutua era insalvable para la mentalidad del tiempo, en los dos sentidos, pues la evolución relativizadora del fenómeno religioso es muy posterior: "la identificación entre religión y patria que la vivencia esencial y perdurable de la Reconquista imprimió con carácter definitivo al modo de ser hispánico. Ningún otro país occidental, en efecto, tuvo que hacer de su condición cristiana un rasgo tan sustantivo como la España medieval. En su voluntad de 'no querer ser' como los musulmanes polarizó su dinámica configurativa frente a ese antimodelo, al que convirtió así, por contrapartida, en determinante esencial" [88].

El juglar del *Poema del Cid*, en el siglo XII, pone en boca de Ramón Berenguer *el Fratricida* la frase "Non combré un bocado por quanto ha en toda España" [89], refiriéndose a la totalidad de la Península y tres centurias más tarde vemos denominar a Fernando el Católico "Rey é Señor de la mayor parte de España" [90] con el mismo sentido. No era

---

[87] *Vid*. Prólogo de Guzmán Álvarez a *Los Proverbios* de Sem Tob, Salamanca, 1970, pp. 23-24.

[88] E. Benito Ruano, *Los orígenes del problema converso*, Barcelona, 1976, p. 36.

También Ladero Quesada contribuye a esclarecer el fenómeno: "la convicción de una común ciudadanía religiosa que permitía relativizar y restar importancia a otros aspectos de la realidad social, pero que impedía, también, la plena entrada en el cuerpo social de los grupos no cristianos" (*La España de los Reyes Católicos*, p. 60).

[89] Verso 1.021.

[90] "Crónica de Don Juan II", en *Crónicas de los reyes de Castilla*, II, p. 681.

sólo un concepto geográfico[91], pero pese a estar lejos de la idea estatal, o *nacional*, después cuajada, afectaba a conceptos jurídicos, de proximidad y comunidad cultural que en buena medida los distinguían de *los europeos* del tiempo, aunque todos participaban del rasgo básico de formar parte de la Cristiandad. Entre esos dos siglos mencionados —y aun antes— aparece una abundante documentación recogida por J. A. Maravall[92] que prueba en qué forma catalanes, castellanos, portugueses se autodenominaban españoles, miembros de una entidad suprapolítica y coincidente en un mismo territorio, con afinidades sociales y objetivos vitales comunes, el primero de los cuales (con claridad desde el siglo XI) era erradicar el poder musulmán en la Península, reconociéndose continuadores de la herencia goda[93] y aplicando, como parte decisiva de tal legado, el Derecho germánico y el romano[94]. El mismo Maravall da un valor relativo al mito gótico y el hiato de tres siglos transcurridos entre 711 y el afianzamiento de las monarquías norteñas patentiza que no hubo tal continuidad en sentido estricto entre los visigodos de Toledo y los cristianos ya hegemónicos. Pero sí hubo una identificación general con ellos, tan necesitadas de símbolos como se hallaban las gentes de la época. Un sentimiento difuso, también percibido y aceptado por los otros cristianos de Europa, que no cristalizará hasta los siglos XIV-XV, pero que, en ningún caso, incluía a los musulmanes coetáneos, sencillamente porque éstos tampoco manifestaban ninguna voluntad de integrar una comunidad supranacional (ni en el plano moral) con los del norte, a los que detestaban por su diferente fe religiosa.

No obstante, no coincidimos con la opinión de Maravall que creía ver en los musulmanes de España (siguiendo la tesis de asimilación "española" del arabismo tradicional) no sólo una conciencia colectiva muy marcada, sino también una vinculación "al occidente clásico y cristiano" como base de su diferenciación[95], trayendo a colación tex-

---

[91] Ladero, *La España de los Reyes Católicos*, p. 120.
[92] J. A. Maravall, *El concepto de España en la Edad Media,* pp. 480-503.
[93] Ibídem, pp. 308-311. J. Manrique en sus famosas *Coplas* lo expresa bien claro: "Pues la sangre de los godos, i el linaje e la nobleza" (*Cancionero*, p. 93). También sobre el goticismo, *vid.* J. Caro Baroja, *Los judíos en la España Moderna y Contemporánea*, I, pp. 167-173.
[94] Maravall, p. 302.
[95] Ibídem, p. 215.

tos de as-Saqundi e Ibn al-Jatib en que se resaltaban los *hechos diferenciales* (dirían los políticos de hoy) entre al-Andalus y el Magreb, pero que parecen insuficientes por constituir ese género de parangones, vanaglorias o vituperios moneda corriente en toda la literatura árabe de la época (entre ciudades, países, razas, culturas, sexos, estaciones meteorológicas) y en tales justas participaban geógrafos, poetas, filósofos, polígrafos varios [96]. El concepto de al-Andalus es equiparable al de la Hispania romana en un único aspecto: su certidumbre de pertenencia a un conglomerado superior, el darislam en un caso, el imperio romano en el otro. Por supuesto que los andalusíes componían alabanzas en honor de su terruño pero la expresión *bilad al-Andalus* (país de al-Andalus) [97] —equivalente a *bilad as-Sam* (país de Siria), o *bilad al-Magrib*— entraña una noción geográfica en primer término, sin matices religiosos ni claro contenido político. El "Canto a España" —de nuevo la traducción distorsiona la realidad expresada por el autor— de Ibn Galib de Granada (siglo XII) recogido por el profesor Vallvé [98] es un cúmulo de loas en la línea tópica habitual a la sazón, de vaciedades adjudicables a cualquier tierra con sólo cambiar el nombre en el texto, mismo mecanismo utilizado en las sátiras o exe-

---

[96] Ibn Abi Salt de Denia dice de los egipcios: "Cuánto deseé encontrar alguien allá / que consolara en las penas o cortase los pesares / pero no hallé sino una gente cuya sinceridad / en las promesas son espejismos mentirosos".

En *Kitab mafajir al-barbar* (Anónimo), ed. M. Ya'la, Madrid, CSIC, 1996, *vid.* la "Mención de alfaquíes y personalidades beréberes en al-Andalus y el Magreb", p. 202 y ss. Véase también el "Elogio del Magreb" de Ibn Battuta (*A través del islam*, pp. 749-750).

Y un solo escritor —al-Yahiz, iraquí, siglo IX— aparte del enfrentamiento persas-árabes que muestra en el *Libro de los avaros*, es autor de las siguientes obras de este género de polémicas: *Libro de la vanagloria de Qurays*, *Libro de la mejor condición de los negros sobre los blancos*, *Libro de los elogios de invierno y verano*, *Libro de respuesta contra los judíos*, *Libro de las distinciones y diferencias entre hombres y mujeres o entre masculino y femenino*, *Libro de los árabes y de sus clientes sometidos*, *Epístola sobre los méritos de los turcos*, *Libro de las mejores glorias de los Qahtaníes* [árabes del sur] *que las de los Banu Kinana y el resto de los 'Adnaníes* [árabes del norte].

[97] Sobre el nombre al-Andalus como procedente del griego *Atlantis* por corrupción fonética al pasar al árabe, *vid.* la detallada y bien documentada exposición de J. Vallvé, "al-Andalus como España", en *Al-Andalus: sociedad e instituciones*, Madrid, Academia de la Historia, 1999, pp. 19 y ss.

[98] Ibídem, pp. 33 y ss.

cración de cualesquiera. Así canta la "bondad de su tierra", "clima agradable y moderado", "cantidad en impuestos", "beneficios de su litoral", "piedras preciosas", "perfumes, especias", porque "sus habitantes son como los árabes por su rancio abolengo, noble orgullo y altanería; por su altura de miras, elocuencia y magnanimidad; por aborrecer la injusticia y no soportar la humillación; por su generosidad en dar lo que tienen, en abstenerse de todo lo que es deshonesto y evitar caer en cualquier bajeza [...] los habitantes de al-Andalus son como los turcos por su celo en las guerras y buen manejo de las armas. Son los más expertos en equitación y los más diestros en alancear y golpear al enemigo".

Sin embargo, el entusiasmo panegírico de Ibn Galib entra en colisión frontal con otros cronistas; por ejemplo, Ibn Hawqal [99] dos siglos antes transmite una imagen de opulencia y poderío sobre al-Andalus, si bien a continuación manifiesta su extrañeza porque todavía la Península —¡en pleno siglo X!— se mantenga en manos musulmanas, dada la flojera, cobardía, imprudencia y falta de coraje y caballerosidad de sus habitantes ("que ni eran diestros en el uso de estribos"). Este vilipendio de los naturales de un país a cargo de un visitante foráneo entraba dentro de los tópicos y motivos literarios árabes del tiempo (frecuentemente, con enumeración de "virtudes" y "vicios" [100]). Intereses personales aparte, e Ibn Hawqal los tenía contra los Omeyas.

En la sociedad de al-Andalus hubo fuertes elementos heterogéneos tanto en el plano religioso como en el étnico y el cultural, con predominio del factor árabe —al menos como modelo ideal— alcanzándose la homogeneidad y cohesión totales sólo en el período nazarí (es decir, los dos siglos y medio finales), precisamente cuando ya no había minorías o éstas eran insignificantes, por matanzas, deportación, fuga o inducción a islamizarse. El orgullo prepotente de *ser árabe*, transparente en la anécdota del *qaysi* as-Sumayl ibn Hatim [101], las posiciones contrarias a los beréberes de historiadores como Ibn Hay-

---

[99] Ibn Hawqal, *Kitab surat al-ard*, p. 108.
[100] Todavía Juan León Africano al componer su *Descripción de África*, en el cap. I, enumera los méritos y demérits de los africanos, como Ibn Battuta hiciera con los negros de Malí (ob. cit., p. 783).
[101] M. Marín, *Individuo y sociedad en al-Andalus*, p. 19, tomándolo de la *Historia de la conquista de España* de Ibn al-Qutiyya.

yan (que achaca la desintegración del califato y el surgimiento de las taifas a los norteafricanos [102]) o la política antiberéber de las dinastías taifas de Toledo, Badajoz y Albarracín [103] quedaría reflejada en la obra del mencionado historiador y también en las de otros autores andalusíes recogidas por García Gómez en *Andalucía contra Berbería* [104] y a todo lo cual vendría a responder la ya citada *Mafajir al-barbar*, de autor anónimo, o la *Epístola* contra los árabes de Abu 'Amir Ahmad ibn Garsiya (Ibn García), la muestra más significativa de *su'ubiyya* en al-Andalus [105]. Todo ello no conformaba, precisamente, algo semejante a una solidez política, cultural y social que pudiera hacer considerar al-Andalus algo fuera del mundo musulmán, por entonces afectado de conflictos similares en otras latitudes. Tampoco las revueltas muladíes —v. g. la de Ibn Hafsun— pueden estimarse en rigor pruebas de "nacionalismo español", como se quiso interpretar en otros tiempos y al respecto consideramos acertada la postura de M. Marín: "no puede pensarse en la existencia de un sentimiento 'nacional' entre los muladíes o en el rebelde de Bobastro, como algunos historiadores del pasado han pretendido [se refiere a Simonet]. Se trata de luchas por el poder, de movimientos de desmembración de una estructura política poco firme, pero en ningún caso de la expresión de un nacionalismo 'hispánico'" [106].

La actitud anticristiana (y viceversa) alcanzaba extremos difíciles de imaginar —para nosotros— hoy en día, impregnando la vida, la lengua, los modos expresivos, los conceptos básicos, conscientes e inconscientes. La terminología —como veíamos en el caso de 'Abd Allah de Granada contra el judío Ben Nagrela— de los cronistas rezuma odio y malas intenciones, ya sean los *Anales Palatinos* de al-Ha-

---

[102] Que los beréberes contribuyeran a incrementar el caos y la invertebración de al-Andalus parece fuera de duda, pero que fuesen ellos los únicos responsables resulta excesivo: "son tropas importadas y sus descendientes mantendrán muy a menudo una clara conciencia de no pertenecer al lugar en el que viven, de tener orígenes propios y diferentes" (Ibídem, p. 36).

[103] J. Vallvé, *El Califato de Córdoba*, p. 59.

[104] "Epístolas en elogio de al-Andalus de Ibn Hazm y as-Saqundi", en E. García Gómez, *Andalucía contra Berbería*, Barcelona, 1976.

[105] Exaltación de los pueblos no árabes (valientes, creadores de ciencia, rubios, etc. frente a argumentos despectivos contra los árabes), *vid.* Marín, ob. cit., p. 21.

[106] Ibídem, p. 26.

kam II [107] o el *Muqtabis* de Ibn Hayyan [108], en la línea corriente, también, en el oriente árabe entre los muslimes que se relacionaban —o confrontaban— con cristianos, caso de Usama ibn Munqid [109]. Y recordar que los cristianos contemporáneos obraban, pensaban, hablaban y escribían de idéntico modo —lo que es rigurosamente cierto— sólo viene a corroborar que el enfrentamiento era feroz por ambas partes, radical, excluyente. Quizás resulte perogrullesco a los conocedores de la historia de al-Andalus rememorar tal extremo —del que, por cierto, suelen hablar poquito— pero en el momento presente, gracias al férreo control de los bien pensantes, mencionar lo obvio se trueca en descubrimiento sensacional. Y no sé si hasta heroico.

---

[107] "Se disponía a entrar [Galib en Gormaz] con su ejército por tierras del *puerco perjuro y humillado* [las cursivas son nuestras, S. F.] García ibn Fernando ibn Gundisalb" (E. García Gómez, *Anales palatinos del califa de Córdoba al-Hakam II*, por 'Isa ibn Ahmad ar-Razi, Madrid, Sociedad de Estudios y Publicaciones, 1967, p. 278). Y aun: "['Abd ar-Rahman ibn Yahya ibn Muhammad ibn Hasim at-Tuyibi, zabazorta de Zaragoza] topó con el rastro del *puerco* Ramiro ibn Sancho" (Ibídem, p. 279); de nuevo en pp. 280, 281, etc.

[108] Del *Muqtabis* V entresacamos copiosa floresta de ejemplos, insultos y maldiciones contra los cristianos: "Noticia de la campaña del *tirano* Ordoño hijo de Alfonso, rey de los leoneses, *a quien Dios maldiga*", verano de 915 (*Muqtabis* V, p. 100), misma expresión en p. 146; "an-Nasir decidió lanzar este año una aceifa contra *los enemigos de Dios* de Yilliqiyya [Galicia]" (Ibídem, p. 323); "Muerte del visir Abu l-'Abbas ibn Abi 'Abda en *suelo enemigo —arruínelo Dios* [...] invadió Castilla *que Dios destruya*" (Ibídem, p. 110); "Pamplona, país enemigo que Dios destruya" (Ibídem, p. 160); "todos los prisioneros ['gallegos', hay que entender norteños] uno a uno, fueron decapitados en su presencia y ante su mirada [de an-Nasir], a la vista de la gente, a cuyos sentimientos contra los infieles dio alivio Dios, prorrumpiendo en bendiciones a su califa" (Ibídem, p. 322). Pasaje este último que nos recuerda, en nuestro campo, las alabanzas de J. Münzer a Fernando el Católico por la ejecución de renegados cristianos tras la toma de Málaga.

[109] Usama ibn Munqid (*Libro de las experiencias*) tampoco regatea condenas y desprecio por *los francos* de Siria, ya en breves alusiones ("los francos, que Dios Altísimo maldiga", p. 152; "un demonio franco", p. 155; "¡Dios Altísimo purifique el mundo de esta calaña!", p. 166), ya con comentarios bien expresivos de lo que pensaba del "Otro": "Quien conoce a los francos alaba y glorifica a Dios Altísimo, pues le parecen brutos sin más virtud que el arrojo y la capacidad bélica, de la misma manera que es mérito en las bestias la fortaleza para soportar cargas" (p. 167); "los francos recién llegados de su país tienen modales más rudos que los que ya se han habituado a convivir con musulmanes [...] el carácter montaraz de estos malditos" (p. 17); "los francos carecen de brizna alguna de honra o celos. Cuando uno pasea con su esposa y se encuentran con otro, éste se aparta con la mujer para conversar mientras el marido aguarda a un lado a que termine de platicar" (p. 171).

Y andando el tiempo, en instantes ya más próximos a lo que ahora nos interesa, el panorama, lejos de mejorar, empeoró: "a pesar de la asimilación recíproca y pacífica convivencia de cristianos y musulmanes, una aversión profunda dividía a ambos pueblos. Este sentimiento fue no sólo más allá de actitudes convencionales o expresiones de desprecio mutuo, sino incluso más allá de la hostilidad que se podía esperar que provocarían las diferencias religiosas; refleja un antagonismo básico de culturas en una posición clásica de conflicto. Tal antagonismo tomó, finalmente, forma violenta en las revueltas y asaltos a las aljamas mudéjares que afectaron a todo el reino de Valencia hacia 1275 [...] Para comprender este fenómeno no resultan muy útiles los conceptos modernos de tolerancia/intolerancia o de raza o patriotismo nacionalista frente a la amenaza de revuelta"[110].

Y si los rasgos culturales de los moriscos, sus opiniones y actos, difícilmente permiten estimarlos españoles, su voluntad de no serlo vuelve quimérico el intento. Diversos autores (Caro Baroja[111], Ladero Quesada[112] o B. Vincent[113]) coinciden en admitir la actitud terca (o "indomable" para el francés) de los moriscos, resistiéndose a la integración, al contrario que los judeoconversos, y permaneciendo como un cuerpo extraño enquistado en la sociedad hispana. En ocasiones ostentando una agresividad anticristiana y, más exactamente, antiespañola que podía llegar a costarles caro; y en otras acudiendo a la *taqiyya*, u ocultación de sus sentimientos, tal como algunos muftíes aceptaban[114]; o, incluso, optando por la salida voluntaria, como propugnaban otros que estimaban falta grave vivir bajo poderes cristianos (al-Wansarisi[115]). Entre medias de estas posturas, y con los matices esperables, el rechazo a las prácticas y costumbres cristianas (como la fiesta-antídoto después del sacramento del bautismo, o la renuencia a ser enterrados en camposantos cristianos), las muy frecuentes irreverencias en los oficios católicos[116] y las explosiones de cólera

---

[110] R. I. Burns, "Los mudéjares de Valencia", en *I Simposio Internacional de Mudejarismo*, 15-17 de septiembre de 1975, Madrid-Teruel, CSIC, 1981, p. 457.
[111] J. Caro Baroja, *Los judíos en la España Moderna y Contemporánea*, III, p. 15.
[112] *La España de los Reyes Católicos*, p. 341.
[113] *Vid. supra* nota 76.
[114] L. Cardaillac, *Moriscos y cristianos*, pp. 86-87.
[115] Ibídem, pp. 88-89.
[116] Ibídem, pp. 36-41.

en que, sin tapujos, desvelaban sus verdaderos sentimientos, configuran una muralla en la que chocaban todas las medidas de atracción pacífica, desde las iniciales de Fr. Hernando de Talavera hasta las inmediatas a la expulsión. Prelados y autoridades civiles fracasan en sus intentos de fragmentar a la población morisca y de generalizar —y acabar así con el problema— los matrimonios mixtos, bien que no siempre por mala voluntad de los moriscos [117] y pese a los incentivos económicos. Un monje benedictino de Montserrat envía en 1602 una carta al duque de Lerma pidiéndole que resuelva para siempre el conflicto con los criptomusulmanes: "que con aver sido tantas vezes perdonados y reconciliados con nosotros, siempre nos tienen un odio mortal como lo an mostrado en las ocasiones que se an ofrecido" [118]. Lejos quedaba la obra de Juan de Segovia, a raíz de la caída de Constantinopla, puesta de relieve por Darío Cabanelas y recordada por Ladero Quesada [119]. En *De mittendo gladio Divini Spiritus in corda sarracenorum* se propugnaban el acercamiento y discusión amistosos con los muslimes de cuanto pudiera ayudar a clarificar las respectivas posturas, por medio del aprendizaje del árabe y de los fundamentos de la fe islámica, estableciendo un clima de concordia a través de la acción benéfico-intelectual, más que por el proselitismo sin ambages, hasta llegar al momento de la discusión pacífica a partir de los puntos de convergencia... Como se ve, el diálogo islamo-cristiano tiene unos años; su falta de resultados, también.

Las conversiones —cuya naturaleza osciló entre el pacto por intereses hasta el simple miedo— no resolvieron el problema de enfrentamiento entre comunidades. Casos extremos, como el del jeque Almayar que se bautizó y entregó, en 1489, Baza, Almería, Abla, Fiñana y el Cenete a cambio de una capitulación privada en que se le reconocía su *status* [120], o el de los moriscos valencianos, obligados, bajo amenaza de muerte, a cristianarse, a manos de los agermanados, indican una diversidad de situaciones en que lo más común fue la aceptación hipó-

---

[117] Ibídem, pp. 48-49.
[118] Ibídem, p. 53.
[119] *El Islam, realidad e imaginación*, p. 231.
[120] M. Espinar Moreno, "La conversión al cristianismo de Mahomad Haçen y otros personajes de la zona de Baza. Motivos económicos", en *IV Simposio Internacional de mudejarismo: Economía*, Teruel, septiembre de 1987.

crita o a regañadientes, como no podía ser menos. Sin embargo, las demasías verbales de un Aznar Cardona [121] —que llega a censurar los matrimonios mixtos con moriscos, las palizas que éstos propinaban a sus hijos si habían comido tocino fuera de casa, o la denuncia de un mesianismo *liberador* y profético— delinean un panorama en que se vivía la conciencia de la intolerancia propia contra las minorías [122], tanto como se conocía la de signo contrario, que tampoco se paraba en barras en punto a coacciones: en el islam, aunque las autoridades políticas, en líneas generales, aparecían como más tolerantes hacia las minorías por necesidades prácticas de gobierno, los ulemas, los muftíes y las masas populares se fueron tornando cada vez más intransigentes a medida que se ahondaba la crisis económica y política del mundo musulmán (siglos X-XIV); por consiguiente, las conversiones forzadas para evitar persecución y daños crecieron en proporciones notables [123].

Y la pésima opinión que los moriscos tenían sobre las iglesias [124] —a las que calificaban de sucias—, las polémicas contra el papado, la supuesta corrupción de las Escrituras (según ellos) o el rechazo de la

---

[121] "...por huyr de tener contratación con los Christianos por el odio que nos tenían" ("Expulsión justificada", en M. García-Arenal, *Los moriscos*, p. 232); "...os vemos maltratar por extremo a vuestros propios hijos, de menor edad, quando os consta que en alguna casa de christianos viejos les dieron algun bocadillo de tocino y lo comieron por no ser capaces de vuestra malicia" (ibídem, p. 231); "Su intento era crecer y multiplicarse en número como las malas hierbas" (ibídem, p. 233); "Y lo peor era que algunos christianos viejos, aun presumiendo algo de hidalgos, por no nada de interes, se casavan con moriscas, y maculavan lo poco limpio de su linaje" (ibídem, p. 234).

[122] Revueltas contra *marranos* en Córdoba y Jaén. En toda Castilla, tal vez había unos 250.000 conversos, una cuarta parte de los cuales en Andalucía. Ladero Quesada señala una fuerte endogamia (*Andalucía a fines de la Edad Media*, p. 166) así como el hecho de que los procesos inquisitoriales entre 1481 y 1512 no afectaron a más de un quinto de esa población judeoconversa.

[123] Por ejemplo, rebeliones de coptos en la primera mitad del siglo IX en el Delta del Nilo, implantación directa de árabes en la misma región, conversiones forzadas jalonan la historia medieval egipcia. Ya en el siglo XIV, bajo los mamelucos, el descenso del número de coptos era un hecho patente, mientras los sucesos políticos (Cruzadas) aumentaban la animosidad (cf. con la España del XVI ante la amenaza otomana). *Vid.* N. Leutzion, "La conversión en la época de la dominación musulmana: un estudio comparado", en *Cambio religioso y dominación cultural. El impacto del islam y del cristianismo sobre otras sociedades*, México, 1982, pp. 26-27, 34 y ss.

[124] Cardaillac, ob. cit., p. 300.

liturgia [125] componían la base ideológica sobre la que se sustentaba una actitud permanente anticatólica que afloraba a la menor ocasión: durante la sublevación de Espadán (1526), en Chilches "los rebeldes se llevaron a la sierra el sagrario de la iglesia del lugar, que contenía algunas formas consagradas. Según parece, hasta pidieron rescate por él" [126]. Como es lógico, los oficiales reales y las autoridades eclesiásticas aprovecharon el incidente de cara a una opinión pública ya muy sensibilizada y a la que, sin tregua, se realimentaba de argumentos, pues al año siguiente el mismo pueblo fue asaltado por piratas norteafricanos con la colaboración de los moriscos de los alrededores. Apresaron a 133 habitantes (casi todos) y se ensañaron con la cruz y las imágenes de la Virgen. 1.400 moriscos se fugaron con ellos, los que aún permanecían en Vall de Uxó y Mascarell [127]. Los neoconversos se entristecían por las victorias hispanas y católicas, caso de Lepanto, tanto como se regocijaban por sus derrotas (Túnez y La Goleta, 1574) [128], dentro de su alianza con los turcos; así en el proceso contra Francisco de Espinosa leemos las siguientes consideraciones:

II — Yten que tractando el dicho Francisco de Espinosa con otras personas sobre la guerra que los christianos yban hazer contra moros avia dicho que no aprobechaba nada yr a guerra contra moros porque era mucha más la morería que la cristiandad y que para un cristiano que fuese abría quinze moros lo cual avia dicho con mucho contento y alegria riendose y holgandose como si le fuera la vida.
 III — Yten que como muy edificado en la dicha seta y que mostraba estar en los herrores en que fue enseñado antes de baptizarse quando se dezia que los moros avian bencido a los christianos mostraba gran alegria y daba a entender que se holgava mucho dello y del mal de los christianos [...] avia dicho que vendria tiempo que se tendría por vienabenturado el que tuviese un pariente morisco porque reinarian los moros en Granada y que avia un astrologo que dezia que el rey moro avia de entrar por la puerta dorada de granada y ganaria toda la tierra y avia de quemar los huesos de la reyna doña Ysabel y despues hechallos a volar y diziendo cierta persona no querra dios que os veais en eso el dicho Espinosa avia respondido: no pues cuando vengan los

---

[125] Ibídem, pp. 43 y 128.
[126] J. F. Pardo Molero, *La defensa del imperio*, p. 201.
[127] Ibídem, pp. 219-220.
[128] Cardaillac, ob. cit., p. 81.

moros el que tenga un amigo morisco tendrá mucho lo cual avia dicho con muestras de gran alegria [129].

En su procura de argumentos que les sirvieran de apoyo y retaguardia moral buscaban dos objetivos, bien vistos por L. Cardaillac en su esclarecedora obra *Moriscos y cristianos* [130]: esperanza religiosa entreverada con el sueño de un destino político preciso, el triunfo del islam sobre la cristiandad, en definitiva. Y al efecto prefabrican profecías de corte mesiánico que fortalezcan sus espíritus ante la realidad evidente y concreta de su debilidad y sometimiento a los poderes cristianos. El "Pronóstico o ficción que se halló en unos libros árabes en el Santo Oficio de la Inquisición de la ciudad de Granada" que recoge Mármol Carvajal [131], consistente en tres *jofores* es un buen exponente y resumen de la ideología antiespañola de los moriscos que se quedaban, sin renunciar a la tierra y odiando a la comunidad mayoritaria. Dejando aparte la literalidad de la traducción ("traducidos á la letra de arábigo", dice Mármol) que llega a dificultar la exacta comprensión de algún pasaje, los *jofores* son un fiel reflejo de la ideología, las expectativas y el estado de ánimo de los moriscos, de su actitud fija no ya de rechazo sino de odio visceral hacia el país en que vivían, la contumaz voluntad de venganza y desquite, no menor ni despreciable por acallada:

Pues el año 96 [1596] se tornará a conquistar cumplidamente y todas sus ciudades se poblarán [...] y conquistará la tierra de Ceuta, Alcázar y Tánger y la tierra de los negros, y con grandes ejércitos de turcos bajará al poniente, y conquistará a sus moradores, señores injustos e infieles, que adoran muchos dioses; y volverá todo el reino a la sujeción del mensajero de Dios, y la ley será ensalzada, y la generación de los que adoran un solo Dios poseerá a Gibraltar, que fue dellos su origen y entrada y a ellos ha de volver [...] y lo que hubiere en ella de trabajos será de los judíos. Grandes infortunios vendrán a la casta maldita judaica y a los que adoran las imágines [...] Y el castigo de Granada será historia admirable, porque en alboroto de guerra quedarán sus casas aso-

---

[129] Morisco de El Provencio (Cuenca), 1561-1562. *Vid.* M. García-Arenal, *Los moriscos*, Madrid, Editora Nacional, 1975, pp. 97-105.

[130] Ob. cit., p. 62.

[131] L. del Mármol, "Rebelión y castigo de los moriscos de Granada", Libro III, cap. II, en *Historiadores de sucesos particulares*, I, Madrid, BAE, 1946, pp. 169 y ss.

ladas por el hierro [...] hasta venir a punto de muerte la generación de los naturales [...] los climas de los cristianos serán rompidos de la ley de los moros [...] y vendrán los negros a conquistar a Ceuta, y las tierras de Murcia, y la fortaleza de las Palomas la labrarán los judíos. Los turcos caminarán con sus ejércitos a Roma y de los cristianos no escaparán sino los que se tornaren a la ley del Profeta; los demás serán cativos y muertos [...] la isla de España y Málaga se tornará a labrar y edificar con esta vuelta, y será dichosa con la ley de los moros, y que a Vélez y Almuñécar será abajada la soberbia que tienen en la herejía, y a Córdoba sus vicios y pecados; y que harán callar su campana los almuedanes, de pura necesidad; y por el consiguiente será expelida la herejía de Sevilla, y se remediará la destruición que hubo en ella en tiempo de su pérdida...

Un deseo de revancha que no descuidaba el proselitismo e intentaba aprovechar cualquier resquicio para extender su influencia en el entorno próximo. La anécdota que recoge al-Hayari referente a matrimonios mixtos nos ilustra bien y resulta irrelevante que sea o no apócrifa: interesa más el ambiente que refleja de odio entre comunidades, afán de proselitismo permanente, y engaño no menos continuo a las autoridades. Hablando el autor con un cura cristiano mantuvo el siguiente diálogo[132]:

Dijo [el cura]: Vosotros sólo andáis unos con otros [sin mezclaros] y ni os casáis con las cristianas viejas ni entregáis a cristianos viejos vuestras hijas.
—¿Y por qué vamos a hacerlo? —repliqué—. En la ciudad de Antequera tenía yo un pariente que se enamoró de una joven cristiana y el día de la boda, para ir a la iglesia, hubo la novia de ponerse una cota de malla bajo los vestidos y él tomó una espada, porque la parentela de ella había jurado matarle por el camino. Años después del matrimonio nadie de la gente de ella acudía a visitarla, sino que les desaban muerte a ambos. Y eso que el matrimonio no es para que el ser humano se gane enemigos sino amigos y parientes.
—Dijiste verdad —me respondió.
Nos despedimos en buena armonía y marché. Cuanto le referí acerca del morisco y la cristiana era cierto. Y por intercesión de él ella se hizo musulmana y gracias a ella hasta su madre —mujer ya mayor— también se sometió al islam.

---

[132] Ahmad Ibn Qasim al-Hajari, *Kitab nasir al-din 'ala l-qawm al-kafirin*, ed. Van Koningsveld, Madrid, CSIC, 1997, pp. 33-34 del texto árabe.

Pero en el conflicto no sólo campeaban la incomprensión cultural o el exclusivismo de la fe religiosa a uno y otro lado de la raya, también asomaban factores económicos o —digámoslo— de rapiña, mediante abusos o por extorsión directa, al igual que sucedía, en parte, con las acusaciones de la Inquisición, o como ya acaeciera en el siglo XV contra los judíos y los judeoconversos, víctimas de saqueos y robos recurrentes a manos de las turbas desde los sucesos de Nájera y en el *pogrom* de 1391, todavía en el siglo XIV. Los abusos de la soldadesca y de las milicias eran el pan nuestro de cada día soportado por toda la población: por ej., Henríquez de Jorquera (1616) refiere cómo las gentes que acudieron a Motril, desde Granada, para socorrerla de los turcos se dedicaron al robo por el camino ("Hizo la gente de Granada mucho daño en los lugares del valle y vega, matando gallinas y otros ganados y en particular en las viñas, que las dejaron vendimiadas y sin frutas" [133]). Sin embargo, y de manera lamentablemente lógica, eran los grupos más débiles en el plano social y económico quienes habrían de padecer con más crudeza injusticias y delitos —y entre ellos los moriscos— pues las autoridades instaban y favorecían la incautación y entrega de bienes a quienes colaborasen en la lucha contra cristianos nuevos reos de rebelión o fuga, así el *Epistolario* de Tendilla [134] registra el 23 de octubre de 1505 la petición de la hacienda de un Gomezar, morisco, para Pedro de Rojas, que lo prendiera en las Alpujarras con peligro, en total unos 35.000 maravedís, aunque por último el Gomezar escapó y pasó allende. Y el mismo *Epistolario* recoge numerosas disposiciones para reprimir los abusos, de las cuales destacamos dos: una en un caso de atraco puro y simple en la orden (3 de agosto de 1506) de prender a los soldados que robaron a tres nuevos cristianos en Aguas Blancas la suma de 110 monedas de oro (castellanos y ducados) y algunos reales, dirigida al teniente de Guadix [135]; y otra en que Tendilla declara "yo tengo hecho pregonar en toda la costa que ningund requeridor ni guarda ni otra persona de las que ganan sueldo no vayan a los lugares de donde se van los nuevamente convertidos, porque aquéllos está claro que van a robar y no a otra cosa, y e sabido que algunos fueron agora a este lugar y se fue y dexaron las guardas y es-

---

[133] Henríquez de Jorquera, *Anales*, II, p. 608.
[134] *Epistolario*, p. 503.
[135] Ibídem, p. 767.

tançias, y enbioos a que hagays la pesquisa porque estoy muy puesto en que se castiguen y escarmienten" [136].

El objeto de los abusos podía limitarse a tomar el pescado sin pagarlo [137], incluía las mil y una fatigas y malos tratos que los soldados acantonados en los lugares deparaban a los moriscos (con mención especial para los venidos de Nápoles, "gente pesada y muy dañina" [138]), pero, sobre todo, gravitaba en torno a "bienes muebles que pertenesçen a su alteza, los quales an robado muchas personas so color de poner recabdo en ellos" [139] y mediante la propalación de rumores y bulos que incrementasen la inquietud: "esas nuevas, las quales creo que levantan los que desean que se pasen allende los nuevamente convertidos para aver sus haziendas por nonada, como se acostumbra haser" [140]. La preocupación por las huidas de poblaciones enteras era constante y en toda la costa se reiteran las órdenes y prohibiciones de que los conversos anduviesen de noche a menos de un cuarto de legua de la orilla [141]. Por las fugas y por los informes que proporcionaban a los "moros de allende" para sus incursiones [142] y dentro de la tónica generalizada en la época de cerrar el acceso a las playas como expediente para dificultar los ataques de piratas [143], a falta de mejores medios preventivos.

---

[136] Ibídem, p. 37.
[137] Ibídem, p. 277.
[138] Ibídem, pp. 681, 689, 746.
[139] Ibídem, p. 292.
[140] Ibídem, p. 73.
[141] Ibídem, pp. 170, 506.
[142] Ibídem, p. 386.
[143] Entre los acuerdos del Cabildo de La Habana destacan varios que prescribían castigos para los contraventores de la orden de cierre de los caminos (en el actual *Vedado*) que conducían, por el monte espeso, desde la ciudad a La Chorrera: "Si fuere español se le pone 50 pesos para gastos de la guerra é si no tuviere de qué pagar pena de cien azotes, é si fuere negro libre o esclavo ó mulato se le pone de pena que sea desjarretado de un pie, e si fuere indio que sirva un año en la obra de la Fortaleza" (Cabildo de 10 de diciembre de 1565, en *Memorias de la sociedad económica de La Habana*, XVI, La Habana, 1843, p. 433); nuevo acuerdo para cerrar el camino, por el monte entre el Pueblo Viejo (Chorrera) y la villa (Cabildo de 9 de septiembre de 1569, en *Memorias de la sociedad...*, XVII, La Habana, 1843, p. 13); y aun una nueva orden de cierre de los caminos "desde la Caleta [de San Lázaro] á esta villa" (Cabildo de 8 de octubre de 1571, en *Memorias de la sociedad...*, XVII, La Habana, 1843, p. 22).

La conciencia de pertenecer a una comunidad hostil [144] o las relaciones clandestinas con los protestantes del Bearn [145] en intentonas conspirativas desmontadas [146] por los españoles constituyeron parte importante en las fugas colectivas de los moriscos, siempre a disgusto con sus vecinos. Entretanto, la política oficial fue errática, indefinida y contradictoria, en función de momentos y coyunturas políticas muy concretas. Si al final se decretó la expulsión, en un primer instante los Reyes Católicos propiciaron la emigración voluntaria de quienes desearan salir hacia *allende* tras la toma de Granada, pagándoles los fletes, permitiéndoles sacar sus propiedades muebles y persiguiendo a quienes les acosaran (caso del ahorcamiento de tres malhechores cristianos, el 30 de mayo de 1492, que asaltaron a moros duante su marcha, por justicia de los Reyes Católicos [147]), para pasar pronto a la situación contraria —la prohibición— tanto para los granadinos como para los mudéjares viejos castellanos, tras el dilema de emigrar o aceptar el bautismo. Así entre 1501 y 1502 se esfumó la muy reducida minoría mudéjar [148]. Y una vez cristianizada oficialmente la totalidad de la población, se impuso la norma —y se intentó aplicar— de evitar las salidas de neoconversos. De fondo, el problema que se planteaba a las autoridades era el conflicto entre recaudación de impuestos y seguridad defensiva. Por mantener los ingresos tributarios se corría el riesgo de obligar a permanecer en España a gentes cuyo objetivo era el contrario [149]. El fenómeno de la emigración voluntaria de musulmanes, ya antiguo (desde la conquista de Toledo en 1085 [150]), se basaba en *Corán*, IV, 97-100 y VIII, 72-75, lo cual había dado pie a la jurisprudencia *malikí* y a su representante más destacado a la sazón, al-Wansa-

---

[144] Cardaillac, ob. cit., p. 79.
[145] Ibídem, pp. 131-133.
[146] Ibídem, p. 133.
[147] Documento recogido por Ladero en *Los mudéjares de Castilla*, pp. 211-212. En el momento de la expulsión final se producen idénticos desmanes. Así, Cabrera de Córdoba (p. 385), en 24 de octubre de 1609, refiere: "andan muchos ladrones cristianos viejos robando y matando los moriscos que pueden, y por esto ellos hacen lo mesmo con los cristianos viejos".
[148] Ibídem, p. 87.
[149] *Vid*. Galán-Peinado, *Hacienda regia y población en el Reino de Granada*, pp. 95 y ss.
[150] *Vid*. Molénat, pp. 103 y ss.

¿Eran españoles los moriscos?

risi, a condenar la permanencia en territorio cristiano [151]: "escapar del país de los infieles hacia tierra de creencia es un deber religioso ordenado hasta el día de la Resurrección. Por lo tanto ningún buen musulmán puede permanecer en país infiel alegando motivos comerciales o cualquier otro". Si bien tampoco faltó una relativa comprensión hacia los moros cautivos, admitiendo la *taqiyya*, u ocultación de sus verdaderos sentimientos [152], a la par que se promovía la acción de los alfaqueques o rescatadores musulmanes.

Las huidas se producían, por razones obvias, a partir del litoral mediterráneo, por su proximidad al África y por hallarse allí concentrada la mayoría de la población morisca. Valencianos y aragoneses escapaban por la costa levantina pese a las prohibiciones y edictos, como el de 1540 [153] y con amenazas de excomunión para cómplices y tibios, pero es en las riberas del Reino de Granada donde, en los inicios, más llamativas se hacen las fugas colectivas, llegando el capitán general a ordenar la toma de rehenes para impedirlo [154]; pesquisas para "catar los lugares que tenían liadas sus haziendas" para fugarse [155], por ejemplo Ojén (27 de julio de 1505); disposiciones a contramarcha para que no se adopten represalias indiscriminadas contra los que se quedan (caso del lugar de Teresa, 15 de febrero de 1506 [156]; o del ya mentado de Ojén [157]) y continua preocupación por preservar los derechos económicos del rey sobre los fugitivos que se apresaban, caso de la *cabalgada* en que atraparon a los moros de Estaón cuando pretendían cruzar allende, distin-

---

[151] E. Molina, *Sobre los emigrados andalusíes*, pp. 424 y ss.
[152] Vidal Castro, *El cautivo...*, p. 794.
[153] Pardo Molero, ob. cit., p. 333.
[154] De la *taha* de Çuheal (3 de septiembre de 1504), Tendilla, *Epistolario*, p. 126; y en Almuñécar, Salobreña y Motril (6 de noviembre de 1505) porque "en El Buñol fueron muertos y llevados diez y seys christianos viejos y diez e seys casas de christianos nuevos que se fueron con ellos" (ibídem, pp. 511-512).
[155] Ibídem, p. 432.
[156] Ibídem, p. 760. Seis fustas ocultas en el Cabo de Gata se llevaron a doscientos habitantes del lugar de Teresa, tierra de Vera (ibídem, p. 335).
[157] "[En Fuengirola] Yo avré plaser que el pesquisidor castigue a los nuevamente convertidos que dezís que tovieron culpas, sy hallare que la tyenen, que yo cansado estoy de haser mal a los de Hoxén syn cabsa y syn razón. Perdone Dios a quien lo cabsó" (12 de agosto de 1506)", ibídem, p. 777.

guiendo en ello las indemnizaciones a los marbellíes que perdieron caballos en la refriega consiguiente [158], y desconfianza constante hacia los cristianos nuevos [159].

Aunque forme parte ya de otra historia, quizás no sobre recordar que la suerte de los moriscos, una vez en sus añoradas tierras de *allende*, no siempre fue fácil. El caso de al-Hayari es revelador: él mismo refiere cómo se vio compelido y amenazado por los campesinos de Dukkala en un zoco para demostrar que, de verdad, era musulmán cuando recién había escapado de la plaza portuguesa por la que entró en Marruecos [160]. Y en lo tocante a Túnez los estudios de J. Penella [161] y J. D. Latham [162] no muestran un panorama más risueño: impuestos especiales sólo para ellos con amenaza de expulsión, recelos sobre la fortaleza de su fe islámica, rechazo de matrimonios mixtos con la población local y viceversa (lo que habría ayudado a mantener los patronímicos hispanos y hasta el fenotipo de sus descendientes actuales en un hermético sistema endogámico...), un horizonte en que, al menos parcialmente, hasta la legendaria solidaridad musulmana se puso en cuestión [163].

---

[158] Correspondencia entre 23 de mayo de 1506 y 10 de septiembre del mismo año (ibídem, pp. 698, 699, 709, 742, 743, etc.).

[159] "sy sería bien sacar de ally los christianos nuevos por la clara yspiriencia que de todos los que se van se vee que van de buena voluntad" (de Almería), ibídem, p. 350.

[160] Al-Hayari, ob. cit., p. 42 del texto árabe.

[161] "En lo que toca al África, desde Marruecos a Túnez, es una región que a mí me parece se puede llamar purgatorio de forasteros que buscan buen mundo; y tengo por los más desgraciados a los que fueron a Túnez [...] porque tienen dos plagas: la una de renegados y la otra de alarbes, y lo mismo en Argel y en Tremecén", dice al-Hayari (Penella, p. 85).

[162] Latham, pp. 32, 41, 42.

[163] Cabrera de Córdoba refleja situaciones contradictorias, por un lado habla de buen trato a los moriscos en las cercanías de Orán y en Argel (p. 385) y por otro, en 20 de diciembre de 1609 (p. 391) dice "Escribe el conde de Aguilar, general de Orán, que es grande la cantidad de moriscos que se han quedado en aquella comarca, con el miedo que tienen a los alarbes si entran la tierra adentro; porque los roban y maltratan, y les quitan las mugeres, y así perecen de hambres y otras calamidades"; en 13 de febrero de 1610 añade (p. 396) "están tan escandalizados [los moriscos de Andalucía y Granada] del mal tratamiento y daño que han recibido los de Valencia en Berbería, habiéndose muerto más de las tres partes de los que fueron, que muy pocos se inclinaban a pasar allá"; y también (10 de abril de 1610) "Han escrito de Cádiz, Málaga y otras partes de la costa, que se sabía cómo en tierra de Tetuán habían apedreado y muerto con

¿Eran españoles los moriscos?

Recapitulando, y a la vista de lo expuesto, podemos preguntarnos, con algo de cansancio, si de verdad quienes lo afirman creen que los moriscos eran españoles.

---

otros géneros de martirio, algunos moriscos que no habían querido renegar ni entrar en las mezquitas con los moros" (p. 404). Aunque Cabrera de Córdoba exagerase la nota en cuanto a malos tratos, parece claro que reflejaba una realidad de la que llegaban ecos a la misma España.

4. GITANOS Y MORISCOS *

De modo recurrente la prensa nacional ofrece la noticia de incidentes, encuestas de opinión, estadísticas, algún artículo de fondo en que los gitanos son el eje. Este género de informaciones suele aparecer en rachas y, tras un período de inflación del tema, vuelve a desaparecer hasta la próxima oportunidad, participando del conflicto toda la geografía española [1], con alguna incidencia mayor en las regiones de concentración demográfica gitana, como son Andalucía y, en segundo lugar, Cataluña. Puede, por consiguiente, afirmarse que en este punto —como en tantos otros— no hay *hechos diferenciales* que valgan, partícipes todos de forma más o menos expresa de la conflictiva interrelación con los gitanos desde el siglo XV. En el caso de los intelectuales también es común el sentimiento de mala conciencia generalizada que induce, unas veces con justicia y otras de manera no tan clara, a condenar a las clases populares españolas, quienes en definitiva han vivido y viven el problema en directo. Sin duda es una obviedad, a estas alturas, dejar sentado que todos los seres humanos deben gozar de idénticos derechos y cumplir deberes iguales y que, en el estricto ámbito español, ningún ciudadano ha de sufrir discriminación o mal trato de ninguna especie por su etnia, cultura o fe religiosa, pero vayan tan innecesarias aclaraciones por delante a fin de evitar interpretaciones erróneas de cualquier jaez.

---

* Aparecido en *Actas del VIII Simposio Internacional de Mudejarismo,* vol. I, pp. 7-25, Teruel, 2002.

[1] "El Ayuntamiento de Hernani acuerda expulsar a los gitanos" (*El País*, 12 de julio de 1980); "Niños gitanos excluidos de un campamento veraniego" (Madrid) (*El País*, 13 de julio de 1980); "4.000 personas ocupan la estación y la carretera de Alcantarilla (Para que no se entreguen viviendas a gitanos)" (*El País*, 18 de julio de 1980); "Oposición vecinal a un asentamiento de gitanos en Barreda (Santander)" (*El País*, 24 de agosto de 1980); "Fuerte oposición popular a la instalación de familias gitanas en Torrelavega" (*El País*, 9 de diciembre de 1980).

España no es el único país europeo que ha tenido y tiene minorías, pero desde el siglo XVII hasta las postrimerías del XX sólo los gitanos han constituido un grupo perceptible apartado del conjunto de la población. En los países donde llegaron a componer grupos apreciables en número también estuvieron mal vistos [2] y por los mismos motivos que en España: su género de vida vagabunda y las no siempre santas actividades que desarrollaban, tal vez fruto inevitable de ese nomadismo en que la precisión de obtener medios de subsistencia conducía a los gitanos a procurárselos por vías ingratas para los labradores, por decirlo de forma suave. Asistimos, pues, a un conflicto de base económico-social que degenera en tiempos recientes, englobado en el confuso magma que los periodistas denominan "racismo", aunque los factores biológicos estén ausentes, al menos en el caso español. Si a ello añadimos una cultura diferente, resultado de un distinto modo de producción de alimentos (o de la inexistencia de tal producción), una vez perdida casi por completo la originaria que se supone traerían de la India, se completará el marco donde se produce la confrontación y ojalá algún día suceda la integración. Sabemos que "el racismo folk, un sistema popular de prejuicios y discriminaciones dirigido contra un grupo endógamo, probablemente es tan viejo como la humanidad" [3]. Un mecanismo de acción-reacción realimenta las tensiones intergrupales, es decir, la resistencia a la integración origina un rechazo de la mayoría, provocando una tendencia defensiva a encerrarse la minoría más sobre sí misma. Y el recorrido del círculo torna a iniciarse de nuevo. Quizá no sea ocioso recordar que en nuestros días contemplamos en este terreno una flagrante contradicción nunca puesta de manifiesto en voz alta: mientras por un lado los medios de comunicación de masas, los servidores todos de lo políticamente correcto, se aplican a cantar las excelencias del mestizaje, la tolerancia y la intercomunicación de culturas (en verdad maravillosas, de lograrse), por otro se azuza la parcelación cultural, el particularismo más retrógrado y la división en las naciones de segundo orden.

Este fenómeno de autoaislamiento, discriminación y rechazo, a veces violento, es general. Por no salirnos del área de nuestros estudios

---

[2] Mal vistos en la Francia del XVI, acusados de titiriteros, viciosos, ladrones, etc. *Vid.* R. Payne, *El culto a Príapo*, Madrid, 1977, p. 193.
[3] M. Harris, *El desarrollo de la teoría antropológica*, Madrid, Siglo XXI, 1978 [decimosegunda edición, 2003], p. 69.

me limitaré a señalar que en los países árabes también han existido y existen tribus vagabundas —no beduinos—, de filiación difícil pero bien discriminadas y marginadas, dedicadas en su vida errante al cante, el baile, la prostitución, el chalaneo, la mendicidad o la picaresca en sus diversas ramas. Son las pequeñas —o no tan pequeñas [4]— hordas que en la Edad Media se denominaban *harfus* (plural *harafis*), de las que hay antecedentes en el imperio babilonio y hoy en día en Egipto se designan con los nombres de *gayar* o *nawari*, que de manera demasiado simplificadora traducimos como *gitanos*. Si bien seguimos hablando de comunidad en un modo de vida, no de un parentesco o relación étnica demostrada con nuestros gitanos, porque —como bien señala M. H. Sánchez [5]— la dificultad de definir a los gitanos es grande, correlativamente a su punto de vista, coincidente con el nuestro, en torno al voluntario aislamiento de los gitanos [6]: "Esta discriminación, que es prueba de una actitud racista por parte de los que dictaminan, no es del todo injusta. Ello nos prueba la existencia de una comunidad gitana realmente cerrada en sí y apartada, incluso por voluntad propia, del resto de los payos, tanto pertenecientes a su *status* social como si no". Las consecuencias de esta *manera de vivir* son nefastas para la comunidad gitana por la persecución latente o expresa que las autoridades administrativas y políticas implementan desde 1499 hasta 1783, aunque las vías de escape, de sortear y eludir tanto las Pragmáticas reales como las normativas concretas, son también recurrentes. Sucesivas leyes promulgadas en 1499, 1549, 1560, 1619 por los Reyes Católicos, Carlos I, Felipe II y Felipe III decretan su expulsión, nunca cumplida, con las penas adicionales o alternativas, a los contraventores, de galeras, desorejamiento, etc. La inflexión de 1633 en que ya no se habla de destierro viene originada por las necesidades "de estos reinos", pero el criterio básico continúa siendo el mismo en 1695, 1717, 1746, 1749, 1783: abandono de su forma de vida vagabunda, radicación en lugares fijos donde puedan ser controlados, de-

---

[4] Ibn Battuta nos habla de varios cientos de *harfus* ejecutados en Damasco de una sola sentada (*A través del Islam*, Madrid, 1987, p. 744).
[5] M. H. Sánchez Ortega, *Documentación selecta*..., p. 26; "lo que por cuanto estos que se dicen gitanos ni lo son por origen ni por naturaleza sino que han tomado esta forma de vivir para tan perjudiciales efectos..." (*Documentación selecta*..., p. 33).
[6] Ibídem, p. 26.

dicación a faenas labriegas e integración en suma en la sociedad mayoritaria. Un proceso lentamente cumplido en el decurso de los siglos y no por coerción sino por conveniencia en facetas básicas del comportamiento como la pérdida de la lengua o del traje (en realidad no parece estar nada claro en qué consistía el "hábito de gitano", a diferencia de los moriscos), la sedentarización o la asimilación de la cultura religiosa católica. Sin embargo, aun hoy día subsiste la propensión al apartamiento y la endogamia junto a la renuncia a participar en actividades como la educación general.

Esta idea de reafirmarse en la pertenencia a un grupo no era —ni es— privativa de España o de los gitanos españoles. M. García-Arenal recoge[7] varios casos de moriscos conquenses —cuya aculturación por esas fechas, siglo XVI, ella misma demuestra de modo fehaciente— que ante alusiones insultantes de los vecinos acaban voceando a gritos, fruto de la ira, cosas como que "mejor es ser moro que cristiano ni judío". Mientras las señas de identidad cultural se borraban, la conciencia de formar parte de un grupo ajeno al mayoritario intentaba sobrevivir en ritos o formulismos litúrgicos residuales (aquí se nos viene a la memoria la llamada "boda gitana") que, de rebote, servían para fundamentar, con razón o sin ella, la política represiva, lo que Gallego y Gámir denominan "inutilidad de los esfuerzos de los reyes para encuadrar en la vida nacional a los conversos"[8]; o "convencido el Emperador de la inutilidad de todo esfuerzo conciliador"[9]; o "no puede extrañarnos la inflexibilidad del Monarca, los moriscos nunca procedieron de buena fe"[10] porque "ni en esta última época, cuando se veían ya estrechamente vigilados, dejaban de mantener, en forma casi ostentosa su apego a las costumbres prohibidas"[11].

La noción de pertenencia a un grupo diferente de la mayoría llevaba aparejada otra no menos significativa: la de estar tomando parte contra España de manera activa y en toda la medida de sus posibilidades (a veces exiguas, otras no tanto) en su choque político-militar con otomanos y berberiscos y en la confrontación de civilizaciones

---

[7] M. García-Arenal, *Inquisición y moriscos. Los procesos...*, p. 85.
[8] Gallego y Gámir, *Los moriscos del reino de Granada...*, p. 20.
[9] Ibídem, p. 21.
[10] Ibídem, p. 148.
[11] Ibídem.

que —pese a todos los enmascaramientos electrónicos o bien pensantes— aun perdura entre Occidente y el islam. Las palabras de Braudel son paradigmáticas al efecto:

> el morisco resultaba inasimilable. A España no le ha movido el odio racial al tomar su actitud (el odio racial parece haber estado casi del todo ausente del conflicto) sino el odio religioso y cultural. Y la explosión de su odio, es decir, la expulsión, es su confesión de impotencia: la prueba de que el morisco, después de uno, dos o tres siglos, continuaba siendo el moro de siempre, con sus vestidos, su religión, su lengua, sus casas enclaustradas y sus baños moros. Lo había conservado todo; había rechazado la civilización occidental [...] pertenecía a un inmenso universo que se extendía hasta la remota Persia, un universo poblado de casas iguales, donde imperaban costumbres análogas y creencias idénticas [12].

El "enfrentamiento perpetuo" entre ambas comunidades de que habla M. García-Arenal [13] en poblaciones pequeñas, con tensiones sociales exacerbadas, hasta en el ámbito familiar y personal, debió ser para todos muy duro de sobrellevar. Y es en balde que desde nuestra comodísima contemporaneidad, en un país que carece de esta clase de conflictos, nos entretengamos en largar condenas morales creyendo así autocondecorarnos como limpios y puros. Sin embargo, la situación presentaba multitud de excepciones, buenos deseos frustrados, casos contradictorios, trampas, inadvertencias, hasta por motivos estrictamente materiales: tal la renuencia de los cristianos viejos a apadrinar moriscos en el bautismo si no mediaba remuneración sustancial [14]; o las disposiciones reales —también reiteradas— de que no se ofendiera a los conversos llamándoles "moro", "tornadizo", etc., con la especificación de castigos para los contraventores [15], o los casos de moros de *allende* que vienen a la Península para cristianizarse, de tal suerte Gallego y Gámir [16] recogen un ejemplo en 1497, pero el fenó-

---

[12] Braudel, *El Mediterráneo*..., II, p. 192.
[13] *Inquisición y moriscos*, p. 64.
[14] Gallego y Gámir, *Los moriscos*..., p. 40.
[15] Capitulación de los moros de Huéscar, 1501, *apud* Gallego y Gámir, p. 168; Capitulación para los moros de Baza..., ibíd., p. 165.
[16] "Item que damos libres e quitos para agora e para siempre jamás a cinco moros que se vinieron de allende tornándose luego cristianos, de cualquier derecho que sobre ellos o sobre sus bienes tengamos" (Gallego y Gámir, p. 166, Capitulación de los moros de Baza...).

meno quizá fue más frecuente de lo imaginable, porque en 1607, Henríquez de Jorquera [17] relata una noticia similar, si bien con un grupo mucho más numeroso, que amén del bautismo recibió buena acogida y *vestido* (la insistencia en el hábito es omnipresente, como signo cultural externo de primer orden).

Por añadidura a las reticencias sobre su conversión, a las sospechas de pertenencia a una comunidad religiosa enemiga o a las diferencias culturales, los moriscos implicaban un peligro físico nada imaginario para la población, en especial para la muy desprotegida de las costas sureñas y levantinas. Conocemos abundantes datos al respecto referentes a los inicios del siglo XVI [18], pero es que Henríquez de Jorquera [19] en sus *Anales* y Jerónimo de Barrionuevo en sus *Avisos* [20], ya muy entrado el XVII y mucho después de la expulsión, continúan dando noticias de visitas nada amistosas de los piratas turcos, berberiscos y... moriscos desterrados. La preocupación que tales incursiones suscitaban nos la ilustra, por ejemplo, una Carta Real, dada en Valladolid (17 de junio de 1559), pidiendo dinero a crédito a los pobladores, mercaderes, etc. de la ciudad de La Habana para la guerra contra el turco [21]. Sin embargo, el destierro decretado contra los moriscos contribuyó a "crear la leyenda, según la cual, en la época de Carlos I y Felipe II únicamente los moriscos cultivaban las artes y los oficios manuales, leyenda que trajo como consecuencia la teoría de que la decadencia económica de España arranca de su expulsión" [22].

---

[17] F. Henríquez de Jorquera, *Anales*, II, p. 553; y en los *Avisos* de Barrionuevo (II, p. 67, 10 de septiembre de 1654): "De Orán piden dinero muy aprisa para el sustento de aquella plaza, de donde se van pasando cada día a los moros muchos españoles, obligados del hambre y desnudez que pasan".

[18] Gallego y Gámir, pp. 149 y ss.

[19] Henríquez de Jorquera refiere el caso de un morisco valenciano (1611), pirata, ahorcado en la plaza de Bibarrambla (*Anales*, II, p. 573); saqueo de Adra por los turcos en diciembre de 1616 (ibíd., II, p. 609); nuevo pillaje de Adra por los turcos en octubre de 1620 (ibíd., II, p. 633); asalto de los turcos a Vélez-Málaga, siendo rechazados, en junio de 1617 (ibíd., II, p. 613).

[20] Barrionuevo, 3 de octubre de 1654 (I, p. 64), 10 de octubre de 1654 (I, p. 67), 20 de marzo de 1655 (I, p. 118), 24 de abril de 1655 (I, p. 131), etc.

[21] Referencia en Cabildo de 31 de octubre de 1562, en *Memorias de la sociedad económica de amigos del país*, vol. XVI, p. 421, La Habana, 1843.

[22] Caro Baroja, *Los moriscos del reino de Granada*, p. 217.

En los siglos XVI y XVII las preocupaciones materiales consabidas (guerras, pestes, crisis económicas, despoblamiento, etc.) se combinaban en el imaginario colectivo con otras de índole estrictamente ideológica y hasta práctica, con frecuencia contradictorias en su trasfondo: en el país en que J. de Barrionuevo[23] se escandalizaba porque Cromwell forzaba a los católicos irlandeses a portar un signo distintivo, ya iban luengos años en que los estatutos de limpieza de sangre vedaban la entrada de conversos en algunas instituciones no oficiales —utilizando terminología de nuestros días— como la Inquisición, los seis Colegios mayores de Castilla, las Órdenes Militares, algunas universidades, algunas órdenes religiosas (Jerónimos, Dominicos y Franciscanos), varios municipios y catedrales. La medida no se hizo efectiva hasta mediados del XVI y nunca formó parte de las leyes de España, sin que ningún Código legal reconociera la discriminación por limpieza[24]. Pero el espíritu que animaba los estatutos de limpieza formaba parte de un todo en que las minorías, verdaderas o supuestas, sufrían las consecuencias de su condición, ya se tratara de criptojudíos, moriscos o gitanos. Aunque este último grupo presentaba unas características específicas que lo relacionaban con el mundo del hampa, la marginalidad o, a veces, las muy difusas y confusas líneas separadoras de unos y otros elementos, o respecto a los cristianos viejos.

Aunque en tropel, ejercían esa tipología consagrada por la literatura picaresca en diversas latitudes y etapas históricas. Un personaje —incluso apreciado, como pretexto literario o *divertimento*, no lo olvidemos, por la *buena sociedad*— que ofrecía al entretenimiento del público sus tretas picarescas, el disfrute de su jerga y sus palabras gruesas, de excelentes dotes discursivas, fundamentales en su ascendiente y éxito sobre las víctimas, sus interlocutores. Un personaje ya reflejado en la picaresca grecolatina (*El asno de oro, El Satiricón*), en los atisbos de picaresca que asoman en literatura árabe en la historia de Jalid ibn Yazid en el *Libro de los avaros* de al-Yahiz, o en las *maqa-*

---

[23] "Un edicto cruel contra los católicos, que traigan una señal amarilla en los vestidos, como los judíos en Roma" (Barrionuevo, *Avisos*, I, p. 92, 11 de diciembre de 1654).
[24] R. García Cárcel, *Las culturas del Siglo de Oro*, pp. 84-85, Madrid, 1989. Sobre limpieza de sangre en la catedral de Toledo (1547), vid. Fr. Prudencio de Sandoval, *Historia de la vida y hechos del emperador Carlos V*, Lib. XXIX, cap. XXXVIII, BAE, LXXXII, p. 329.

mat de al-Hamadani; y por supuesto en la gran picaresca española del Siglo de Oro inspiradora de la europea posterior. Pero ésta es la faceta literaria, que aquí no nos concierne sino en cuanto puede servirnos como retrato social de una época, es decir, el marco de ambientación en que se movían los gitanos y moriscos empujados al nomadismo: "...enseñóme a fingir lepra, hacer llagas, hinchar una pierna, tullir un brazo, teñir el color del rostro, alterar todo el cuerpo..."[25]. "Estropeólo, como lo hacen muchos de todas las naciones en aquellas partes, que de tiernos los tuercen y quiebran, como si fueran de cera [...] En cuanto son pequeños, ganan de comer para su vejez y después con aquella lesión les dejan buen patrimonio con que pasan su carrera"[26]. Son los dacianos[27], revueltos con toda laya de pícaros y delincuentes, gitanos y moriscos pobres, si bien —como veremos más abajo— comunidad de actividades marginales, o semimarginales, no implicaba por necesidad comunidad de vida y, menos aun, mezcla, excepto en las cárceles, donde sí habían de convivir sin remedio. Cristóbal Pérez de Herrera fija en 1598 —en nuestra opinión a ojo de buen cubero, aunque debía tener alguna base— en 150.000 los ociosos y vagabundos que erraban por España[28]. ¿Cuántos de ellos eran gitanos y cuántos moriscos? Es difícil aventurar cifras, pero quizás eran una minoría, porque sí sabemos que el autor sólo menciona una vez a los gitanos en todo su largo memorial:

Y con acabar de allanar la perdición y ociosidad de los gitanos —que ya V.M. va prosiguiendo— y de otras gentes sospechosas que viven y entran en estos reinos[29].

Amén del robo por derecho, Pérez de Herrera enumera una larga serie de variedades embaucadoras cuyo único objetivo era la obten-

---

[25] Mateo Alemán, *Guzmán de Alfarache*, p. 333, Libro Tercero, cap. II, Barcelona, Bruguera, 1982.
[26] Ibídem, p. 350.
[27] J. Deleito, *La mala vida en la España de Felipe IV*, p. 124, Madrid, Alianza, 1987. Véase también P. Buendía, "Tullidores de niños. Del *musa"ib* de al-Yahiz a los dacianos de Carlos García: escarceos en torno a una extendida figura del hampa antigua", *Cuadernos Americanos*, 88, México, 2001, pp. 125-154.
[28] Pérez de Herrera, *Amparo de pobres*, p. 110.
[29] Ibídem, p. 114.

ción de dinero: fingirse mujer siendo hombre para mendigar[30], alquiler de niños[31] para su explotación como pordioseros, valerse de símbolos o invocaciones religiosas (práctica también presente en las macamas de al-Hamadani)[32], simular enfermedades, taras, mancaduras[33], ceguera[34] y, en definitiva, acudir a cualquier recurso que conmueva la afectividad ajena o excite su credulidad, o hasta su avaricia.

* * *

No nos interesa en este punto someter de nuevo a discusión las cifras de moriscos desterrados de Granada tras la rebelión de las Alpujarras[35], pero parece razonable admitir que una parte de ellos, desparramados por Andalucía Occidental, La Mancha y Castilla la Vieja adoptó formas de vida errabunda, en lo que vendrían a coincidir con los gitanos, mientras otro segmento no despreciable permaneció en la misma Granada, reclamándose por "mudéjares antiguos"[36], o regresando con posterioridad, sin que faltara el recurso —más tarde utilizado por los gitanos— de presentar documentos falsos o testigos no menos falsos para probar su pertenencia a ese grupo. Esporádicos autos de fe a lo largo del XVII y aun del XVIII muestran que algunas (y conviene recalcar lo de *algunas*) familias criptomusulmanas se obstinaron en quedarse, manteniendo su viejo culto, por más bastardeado y difuso que éste fuera ya. Sin embargo —a nuestro juicio— lo importante en verdad no es hurgar indefinidamente en la identificación y caza de "Todavía unas palabras más en torno a un posible nuevo caso de moriscos encubiertos en Alhaurín, Maracena o Gador", de cualquier manera en términos residuales y modestísimos, sino tratar de establecer de una vez por todas qué elementos culturales moriscos han subsistido en las distintas regiones españolas, y en qué formas, medir su inci-

---

[30] Ibídem, p. 39.
[31] Ibídem, p. 29.
[32] Ibídem, p. 55.
[33] Ibídem, pp. 27-28, 31-32, 33, 35, 36, 42.
[34] Ibídem, p. 44.
[35] Según Lapeyre, 60.000; según Caro Baroja, 150.000; según Nadal, lo que llama "corriente espontánea" hacia Valencia, tal vez doblaría las cifras (J. Nadal, *La población española*, p. 51).
[36] Caro Baroja, *Los moriscos del reino de Granada*, p. 92.

dencia real en la vida y la ideología de las poblaciones y proceder a una expulsión mucho más perentoria que la de los moriscos: el destierro de los mitos que ingleses y franceses —viajeros o no—, en ocasiones por avidez de exotismo y en otras porque no entendían de la misa la media, forjaron en torno a una España —y, sobre todo, a una Andalucía— fantástica y sugerente para sus románticos lectores pero que, de rebote (por el inmerecido prestigio que hemos regalado a esas visiones por venir de fuera), está haciendo un flaco favor a la comprensión de nosotros mismos. Caro Baroja, tantas veces lúcido en sus análisis, lo vio con claridad[37]:

> los viajeros que se lamentan por las pérdidas ocasionadas al expulsar a los moriscos en este orden, como el ya citado Swinburne, Townsend y otros, encuentran elementos moriscos por doquier, en lo que acaso habría que poner un poco de sordina y matizar más. Unidos todos los datos históricos más vulgarizados y las impresiones visuales de nacionales y extranjeros, no ha de chocar que en Andalucía y sobre Andalucía se creara una especie de "mito morisco" con gran difusión, que incluso alcanzó a las masas populares y que en el siglo XIX se interfirió en las discusiones políticas y de otra índole. Así se atribuyeron a la "sangre mora" de los andaluces una serie de cualidades y defectos, más o menos reales o fantásticos. Se han considerado como herencia recibida de los moros por aquéllos la sensualidad, el sentido poético, la imaginación y la caballerosidad. También la pereza, el fanatismo y otros defectos.

De manera correlativa, buena parte de ese esfuerzo clarificador deberá ordenar y revisar los materiales ya existentes y dilucidar qué pervivencias verdaderamente moriscas sobreviven a través de los gitanos —si hay alguna— a la par que se valora el peso de la cultura gitana infiltrada en la española, por ejemplo en el ya estudiado caso del habla popular o coloquial. Moriscos y gitanos, minorías ambas con rasgos bien diferenciados, no obstante ofrecían aspectos comunes: reciente conversión (sospechosa), posesión de una lengua ajena a la mayoría de la población, querencia por un *traje* diferente, usos folclóricos, matrimoniales y de modos de vida marcadamente definidores de una forma cultural que chocaba con la dominante y provocaba legislación civil o eclesiástica (de ésta, escasa) muy semejante para los dos grupos, aun-

---
[37] Ibídem, p. 257.

que con notorias divergencias en los resultados finales. En definitiva, se pretendía la absorción de estas minorías mediante la desaparición de sus rasgos culturales y la integración, por establecimiento y control clerical en lugares fijos y a través de matrimonios mixtos [38]. El nomadismo de los gitanos, mucho mayor y más extendido que el de los moriscos, dificultaba más aun los objetivos de las disposiciones legales.

La negación de esas culturas minoritarias comenzaba por el mismo nombre, reiteradamente prohibido, y que en ocasiones los afectados exhibían con orgullo. Que se preciaran del nombre de moriscos, o de gitanos, constituía una de las causas de desconfianza de la comunidad mayoritaria, pues en ello veía una declaración frontal de hostilidad y desacato a los valores admitidos y reverenciados: las palabras son portadoras de significados e intenciones y esas intenciones de automarginación se percibían bien por los cristianos viejos. A nuestro modo de ver, la pertenencia a un grupo requiere no sólo el nacimiento en un lugar determinado —como ingenuamente pretendía A. Castro al afirmar que los mudéjares eran *españoles*—, también es preciso poseer las connotaciones culturales del mismo, participar en sus objetivos y, por supuesto, la voluntad expresa de esa adscripción. Ni unos ni otros mostraban tal actitud sino más bien la contraria (de España sólo les interesaba el uso de su territorio), por lo que autoridades y pueblo llano pueden ser acusados de injustos en sus actuaciones, pero no en sus juicios y criterios.

Junto al nombre, la lengua ocupa lugar destacado entre los signos que debían borrarse, por razones obvias: quizás sea el más fuerte elemento separador o aproximador entre grupos humanos. Así, la postura tolerante de las capitulaciones inmediatamente posteriores a 1492 [39]

---

[38] *Vid.* Gallego y Gámir, cédulas promoviendo el cruce entre cristianos viejos y nuevos (pp. 213, 224, 241); sobre los resultados de tales matrimonios de cara a los moriscos más fanáticos, nos ilustra Caro Baroja (*Los moriscos*..., p. 106): "muchos cristianos se habían casado con moriscas y para que prestaran servicio en las iglesias alpujarreñas se escogieron con frecuencia sacerdotes que eran de ascendencia mora por línea materna y que conocían el árabe. Estos y sus familias fueron objeto de grandes ultrajes cuando la sublevación e incluso los que vivían en Granada recibieron muestras de odio. Cuando entró Abenfárax en la ciudad, sus huestes trataron de 'perro renegado' a un jesuita, 'porque siendo hijo de moros, se había hecho alfaquí de cristianos'".

[39] "Item que todos los recaudos e obligaciones e cartas de casamientos que tienen en letra arábiga firmadas de sus alfaquíes e cadis tengan en si tanta fuerza e vigor que sean guardadas agora e de aquí adelante bien así e tan cumplidamente como si fuesen

—como es bien sabido— pronto se convirtió en su contraria, prohibiéndose hablar en arábigo, redactar contratos en ese idioma e incluso promulgando la anulación de los existentes[40]. Para los gitanos la situación fue la misma: desde la Pragmática de 1499 de los Reyes Católicos a la de 1783 de Carlos III, la exigencia de abandonar la lengua gitana es un *ritornello* incesante. Mismo caso del *traje*, prohibido en repetidas ocasiones a ambos grupos[41].

Las ropas moriscas eran fáciles de reconocer, pero no tanto las gitanas. M. H. Sánchez Ortega[42], a través de los procesos por ella estudiados y después de un intento de clasificación tipológica, llega a la conclusión de que el tan prohibido *traje de gitano* es imposible de describir, quizás por inexistente. Es decir, los gitanos iban en *hábito de pobres*, como el resto de los pobres, con prendas similares a las de éstos. Sin embargo, el afán intervencionista de las autoridades en este punto, el dirigismo en algo personal, pero no íntimo, puesto que tenía una proyección social, rebasaba el conflicto con las minorías, aunque con ellas se exacerbase y mezclara con otros problemas. Que se prohibiera a las cristianas viejas llevar el rostro cubierto con mantos o que "traigan almalafa", etc., estaba relacionado con los signos externos moriscos que se querían extirpar, pero las interdicciones y disposiciones sobre vestido que aparecen en las cédulas de principios del XVI, se repiten a lo largo del XVII y llegan hasta el XVIII con el famoso Motín de Esquilache en cuya génesis no hay ni sombra de moriscos o gitanos.

En 1636 S. M. decreta que todos los hombres se quiten tufos y guedejas, y pregonada la orden en Granada, en 23 de octubre, se los quitaron todos "si no fueron algunos soldados que son algo más licenciosos"[43]. El objetivo de controlar a la población e imponerle hasta los usos cotidianos no afectaba sólo a gitanos y moriscos (por esas fechas ya no había cristianos nuevos en proporciones perceptibles). Con pretextos de orden, facilidad de identificación o evitación de desmanes, se reiteran las mismas normas, señal inequívoca de su incumplimiento o remolonería a hacerlo: que los hombres no lleven tufos o cabelleras

---

otorgadas ante nuestros escribanos públicos" (Capitulación de los moros de Baza para convertirse, en 1500, Gallego y Gámir, p. 164).

[40] Gallego y Gámir, ob. cit., p. 202.
[41] Ibídem, pp. 178, 179, 194, 202.
[42] Sánchez Ortega, *Los gitanos españoles. El período borbónico*, pp. 453 y ss.
[43] Henríquez de Jorquera, II, p. 772.

y que las mujeres no usen el tapado, las pecheras y guardainfantes (18 de abril de 1639) [44]; prohibición de que las mujeres se tapasen "de medio ojo" (28 de marzo de 1642) [45]; de nuevo pregón, en Granada, en 1643 de la cédula real que proscribía guedejas, etc. [46]. Una preocupación constante por dirigir a las personas que se entiende en el contexto de las sociedades del tiempo, aunque incompatible por demás con nuestro propio concepto de la libertad individual.

Algo semejante puede señalarse en la cuestión de la brujería. Cuando P. Mérimée [47] en Andalucía, o Galdós en Marruecos [48], nos hablan de brujas, están suscitando un fenómeno universal cuyas características no lo son menos: los acusados (más bien acusadas: dos mujeres por cada hombre [49] y aun proporciones mayores) pertenecen casi siempre a los sectores más débiles económicamente, o a grupos o minorías vencidas. Si para los árabes el sexo femenino o la raza negra están especialmente dotados para la brujería [50], entre nosotros, cedularios [51], anales [52], biografías de la época [53] o novelas picarescas [54] eligen como protagonistas en primera fila, suministrando bebedizos o practicando sortilegios y ensalmos de toda laya, a moriscas y gitanas (y a veces a los varones de estos grupos). En América los frailes suelen tomar como objeto de sus denuncias de hechicería a los indios/as (ocasionalmente, a mestizas y criollas), así Fr. Diego de Ocaña [55] ofrece páginas deliciosas al respecto, con un desparpajo ingenuo y por tanto veraz (en Nombre de Dios, en Panamá o Lima), pero no mucho después cronistas como el ya mencionado Henríquez de Jorquera [56] o Barrionuevo [57] nos documentan los

---

[44] Ibídem, II, p. 827.
[45] Ibídem, II, p. 907.
[46] Ibídem, II, p. 930.
[47] P. Mérimée, *Viajes a España*, pp. 101-105.
[48] Judía que sopla en once nudos para producir magia negra (Aita Tettauen, *Episodios Nacionales*, IV, p. 647).
[49] S. Behocaray, "Inquisición...", p. 342.
[50] De Marco, "Análisis...".
[51] Supersticiones moriscas, brujería, etc., *vid*. Gallego y Gámir, pp. 119 y ss.
[52] Henríquez de Jorquera, II, p. 559.
[53] "Vida y trabajos de Jerónimo de Pasamonte", p. 41.
[54] Cervantes, *El licenciado Vidriera, Obras Completas*, p. 879.
[55] Fr. Diego de Ocaña, *A través de la América del sur*, pp. 55, 97, 170.
[56] Henríquez de Jorquera, II, p. 803.
[57] *Avisos*, I, p. 71; I, p. 107; II, p. 212.

castigos de prisión, azotes, coroza y vergüenza pública aplicados a mujeres de distintos niveles ("prendieron tres damazas, ricas y de buena cara, por hechiceras", dice Barrionuevo), acordes estos casos con el muy notable de que se llegara a acusar de hechicería al Conde-Duque de Olivares [58]. La represión de la brujería, a manos de la Inquisición (por fortuna y, paradójicamente, en este punto más benévola que sus homólogos europeos) afecta a cristianos viejos y también a miembros de las minorías. Y al lado de moriscos o criptojudíos, aparecen los gitanos porque "son encantadores, adivinos, magos quirománticos, que dicen por las rayas de las manos lo futuro que ellos llaman buenaventura, y generalmente son dados a toda superstición". Claro que también "de pocos se sabe que bautizen sus hijos; no son casados, antes se cree que tienen las mujeres comunes [59]; no usan dispensaciones ni sacramentos algunos, imágenes, rosarios, bulas, no oyen Misa, ni oficios divinos, jamás entran en las iglesias, no guardan ayunos, Cuaresma, ni precepto alguno eclesiástico" [60]. La similitud, pues, terminaba enmarañada en los siempre peligrosos entresijos de la tibieza o impiedad religiosa [61].

Otra supuesta coincidencia entre moriscos y gitanos es la de su parecido físico, que habría coadyuvado a que se les confundiera y persiguiera con rigor parejo. M. García-Arenal escribe: "Se parecían físicamente: de tal modo el monje benedictino francés Bartolomé de Joly, que contempló a los moriscos siervos del monasterio de Poblet, los encuentra 'semejantes a esos gitanos que recorren el mundo'" [62]. Pero esta observación no concuerda con los intentos de M. H. Sánchez por establecer un tipo físico mayoritario —o medio— de los gitanos descritos en los procesos: no halla un fenotipo que sirva de modelo o patrón racial muy generalizado, sino que más bien —como sucede con el traje— los gitanos presentan *un aire* de serlo. Nada más. Por añadi-

---

[58] G. Marañón, *El Conde-Duque de Olivares*, p. 124.
[59] Es de resaltar que ésta es una acusación bastante frecuente dirigida a grupos automarginados o disidentes. V. g., entre los musulmanes se colgó tal sambenito en los siglos IX y X a ciertas sectas heterodoxas orientales como los jurramíes.
[60] S. Moncada, *Restauración política de España* (Discurso octavo).
[61] Sánchez Ortega aporta diversos testimonios de intelectuales y eclesiásticos de principios del siglo XVII en que la remolonería de los gitanos a participar en los actos y vida religiosa católica suscita las peores sospechas y dicterios (Vid. *La Inquisición...*, pp. 17, 19, 37, 39, 53).
[62] García-Arenal, *Mélanges*, XIV, p. 505.

dura, estas expresiones sobre "parecidos" deben tomarse con suma precaución por la relatividad de su validez y exactitud. Los textos antiguos y modernos están plagados de alusiones infundadas de este género, acabando en dislates monumentales. Por no alejarnos mucho de la cuestión, sólo recordaremos que el ya mentado Fr. Diego de Ocaña compara a las indias de las costas colombianas con las moriscas granadinas en su aspecto y capacidad de provocar lascivia.

Entre gitanos y moriscos quizás el mayor punto de similitud —junto a la intención tácita o expresa de mantenerse al margen de la mayoría— y causa de que frecuentemente se les confundiera y pensara que hacían vida en común resida en el modo de vida vagabunda que algunos moriscos desarrollaron después de 1570 y que entre los gitanos fue general: "A ojos de los castellanos, sedentarios hostiles, el morisco aparece como el nómada, causa de inseguridad, a la que se asocia la imagen del pillaje. Ésta es la razón por la cual se asocia automáticamente a los moriscos con los gitanos en el pensamiento de sus coetáneos, como lo documentan numerosos textos de la época [...]. Y los clérigos de muchos pueblos envían informes sobre la inexistencia en el lugar de moriscos. Pero se apresuran a aclarar que sí existen gitanos, como si lo uno fuera indisolublemente asociado a lo otro"[63]. Que cundiera la idea entre los cristianos viejos de que unos y otros eran aficionados a hurtos y buenos asaltantes de caminos no significa que —de cometerlas— perpetrasen juntos sus fechorías. De ahí que se intentase sedentarizar a los dos grupos controlándolos al máximo, dedicándolos a la labranza, en paralelo a la interdicción de ejercer oficios relacionados con el movimiento y el comercio, sobre todo de animales. Las pragmáticas reales y disposiciones de orden menor desde 1499 a 1633 prescriben la expulsión de los gitanos, para luego conformarse con su radicación. Los enormes castigos esgrimidos en caso de contravención evidentemente y por suerte no se cumplieron en toda la línea, aunque lo que aquí nos interesa es resaltar el objeto en ambos casos: la asimilación.

Y si de una banda se procuraba absorberlos, con todas las consecuencias de ser españoles de pleno derecho para bien y para mal, de otra la mentalidad popular —equivocada, a nuestro juicio— propendía a identificarlos, incluyéndolos en un confuso magma junto a ma-

---

[63] Ibídem, p. 504.

leantes verdaderos (marginales, diríamos ahora) y produciendo en los sujetos pasivos del fenómeno (los mismos moriscos y gitanos) reacciones variadas, no siendo la menor la conciencia de los moriscos de que ser gitano en definitiva era menos malo. Sin embargo, es preciso matizar sin extraer conclusiones apresuradas: también existía la realidad —los hechos lo demostraron— de su diferencia. Conocemos el caso de un morisco que intenta en un hospital hacerse pasar por gitano[64]: ¿no estarán los árboles impidiéndonos ver el bosque? Es decir, si el morisco ensaya ese ardid no es por vocación filogitana sino porque *sabe* que de tal guisa se le ha de tratar mejor. Luego había una diferente visión en la sociedad sobre unos y otros.

Ser gitano era un modo de vida, vagabundo, sobre el terreno y sin mucho respeto por la sociedad establecida. Esto era lo que solivantaba a labriegos y autoridades, pero sobre ellos no pendían (en términos generales) graves acusaciones de índole religiosa global, aunque sí reticencias. Pero los textos a nuestro alcance muestran que los funcionarios eclesiásticos que los equiparaban con los moriscos sólo buscaban cargar las tintas para que su fin fuera como el de los criptomusulmanes. Y, pese a todo, con poco éxito. La distinción entre los gitanos avecindados y trabajadores y los nómadas y pícaros es constante. Henríquez de Jorquera[65] lo expresa con toda claridad:

En este año de 1639 se le adbitrió a su majestad que para el serbicio de las galeras se prendiesen a todos los jitanos moços que fuesen para ello no reserbando en ninguna de las ciudades villas y lugares de su majestad y tierras de señorío y para ello enbió su real cedula al correjidor desta ciudad de Granada, el qual los prendió a todos los que pudo aber a las manos en diez y nuebe del mes de diciembre deste dicho año, de parte de noche, cojiendolos seguros para lo qual replicaron las ciudades y en particular para que no se entendiese la cédula sino es con los jitanos de mal bibir y de poco pelo, acetando a los que estan abencidados y con oficios y tratos lícitos, con lo qual se echaron fuera todos los que se hallaron e informaron ser buenos.

Los subterfugios, en ocasiones plenamente fundamentados, a que podían acudir para librarse de tan arbitrarias medidas consistían, por

---
[64] Ibídem, p. 509.
[65] Henríquez de Jorquera, II, p. 839.

ejemplo, en estar casados *in facie Ecclesiae*[66], tener ejecutorias o provisiones del Consejo de Castilla, o esgrimir declaraciones formales de no ser gitanos, a la par que informaciones secretas de alcaldes, vecinos, párrocos y hasta prelados en que se especificara que vivían conforme a las reales pragmáticas, decretos y órdenes del Consejo. Sabemos de gitanos que se salvan de la gran redada de 1749 (Francisco de Anido, de Utrera, por haber "vivido y portádose como castellano español y que no ha tenido trato con semejantes gentes ni ejercitádose en los ejercicios de los referidos Gitanos"[67], pero también aparecen manifiestos abusos padecidos por gentes honradas, como el atropello sucedido a la familia Losada (de Madridejos, Toledo, en 1749), dueños de tierras y ganados, cofrades de varias hermandades religiosas, con sepultura propia en la iglesia y avalistas de alcaldes y, sin embargo, perseguidos por comerciar con gitanos, hablar con ellos en su jerga y por "sin haberse casado con hija de vecino alguno, o payas que ellos llaman y tienen acaso de menos valer"[68]. De nuevo, el resquemor suscitado por la endogamia se vuelve contra sus practicantes. Por el contrario los matrimonios mixtos —en nuestra opinión la verdadera solución de esta clase de problemas, en especial ahora que tanto se habla de mestizaje, fusión de culturas, etc.— constituyen un resguardo eficaz[69]:

Estando casadas las Gitanas con castellanos españoles, deben seguir el fuero de sus maridos, que no son comprendidos en la orden general de Gitanos.

Los primeros gitanos entran en el tercio inicial del siglo XV[70] so color de peregrinar a Santiago de Compostela, por lo que el recibimiento fue bueno, con acogida amistosa, donativos, exenciones de impuestos, etc. Además, el uso de refugiarse en lugares sagrados fue habitual

---

[66] A. Gómez Alfaro, *La gran redada de gitanos*, Madrid, 1993, p. 74.
[67] Ibídem, p. 48. El 10 de enero de 1750, el Consejo de Castilla se asombra de que todos los gitanos detenidos en Utrera merecieran la libertad (14 familias), ibídem, p. 90.
[68] Ibídem, p. 49.
[69] Ibídem.
[70] Documento de Alfonso V de Aragón (1432) concediendo un salvoconducto a Thomás de Sabba, peregrino mendicante que se dirige a Compostela; en noviembre de 1462, según la *Crónica* del Condestable Miguel Lucas de Iranzo, llegan a Jaén un centenar de gitanos conducidos por los condes Thomás y Martín. En 1470 eran recibidos en Andújar (Jordán Pemán, *Religiosidad*..., p. 18).

entre ellos en los desplazamientos, instalando sus campamentos al abrigo de iglesias, monasterios o ermitas. Así encontramos, ya desde los orígenes, dos divergencias notables con mudéjares y moriscos: a diferencia de éstos (buenos agricultores o, como bien puntualiza Caro Baroja[71], buenos horticultores) los gitanos rehúyen el cultivo de la tierra y, sobre todo, eluden el choque frontal con la Iglesia, proclamándose cristianos (aunque las prácticas piadosas tardasen en generalizarse entre ellos) y no haciendo de la religión un caballo de batalla frente a la sociedad.

Que el concepto sobre unos y otros en la conciencia general, en el fondo, era distinto nos lo documenta un hecho incontestable: su expulsión no se produjo jamás. Basándose en la Pragmática de Felipe IV, de 1633, se ha aducido que la causa del diferente final se debió al temor a la despoblación (expresamente mencionada) tras la salida de los moriscos, pero es que las órdenes de expulsión empiezan en 1499, con los Reyes Católicos, y nunca se cumplieron. La pregunta es: ¿por qué? Evidentemente, no por las secuelas del destierro de los moriscos que no se efectuaría sino mucho después. La idea de desterrar a los conversos de origen musulmán no prende y se extiende hasta la Guerra de las Alpujarras, siguiéndose antes al respecto una política no poco errática. En 1530, por ejemplo, y a raíz de fugas masivas, de pueblos enteros de levante, hacia Berbería, se intenta impedir la salida: "Tener pensamiento de pasarse a allende [Norte de África] y ver que tienen disposición para ello, como cada día lo vemos por experiencia, que se les ataje este camino para que, si es posible, del todo pierdan la esperanza [...] es menester que la ciudad de Almuñécar y villas de Motril y Salobreña se provean de alguna más gente..."[72]. Se especuló y argumentó hasta la saciedad con el destierro de los gitanos y las peticiones llovieron a lo largo del siglo XVII[73] y aun se sopesó en 1749 sin que, una vez más, se llevara a efecto. La relatividad de estas medidas, su imposibilidad de cumplimiento, venía ya imbricada en

---

[71] Caro Baroja, *Los moriscos...*, p. 98.
[72] Gallego y Gámir, p. 229.
[73] "Hácense consultas de los mayores teólogos y personas eminentes de toda España para extinguir de ella todos los gitanos de una vez. Los reinos se lo piden al Rey y él lo desea, viendo lo mucho que importa [...]. No sé si han de poder salir con ello" (Barrionuevo, 4 de diciembre de 1655, *Avisos*, I, p. 227).

su misma formulación, pues quedarían exentos quienes observaran buenas costumbres o poseyeran bienes raíces legítimamente adquiridos, o los nacidos de madres gitanas y padres castellanos (en el sentido que aún se denomina en Andalucía, Murcia y La Mancha a la comunidad mayoritaria, es decir los que los gitanos designan como *payos*). Pero no todo eran críticas negativas, algunos literatos puros como Cervantes (en *Pedro de Urdemalas, La Gitanilla, Coloquio de los perros*) y Lope de Vega *(El Arenal de Sevilla)* manifiestan visiones más positivas y comprensivas sobre los gitanos, elogiando la fidelidad de sus mujeres, el respeto conyugal, el orden dentro del grupo, el valor y gallardía que, en suma, presidía una vida libre y, por tanto, digna. No huelga recordar que estos mismos escritores abordan la mera mención de los moriscos de modo muy distinto, cuando no se aplican a ridiculizar su habla y a resaltar su condición de enemigos dentro de casa, atendiendo al estado de ánimo general. Celebran con alborozo su expulsión, sin que los ya viejos romances (incluso parodiados en el XVII) o novelitas como la historia del Abencerraje contrapesen la corriente unívoca de condena, pues responden esas composiciones, aparentemente maurófilas, a una idealización de personajes y escenarios sin ninguna conexión con los árabes o moriscos reales, a base de cultura clásica, galanterías, caballeros perdidamente enamorados y paisajes de égloga[74].

En ocasiones se ha presentado la pobreza de los gitanos como determinante para no ser perseguidos —sobre todo por la Inquisición— al carecer de propiedades que incautar[75], pero M. H. Sánchez (una de los mejores estudiosos del tema gitano) opina en sentido radicalmente contrario al estimar documentadamente la gran cantidad de casos de castellanos viejos paupérrimos acosados y procesados con idéntico entusiasmo que los acomodados[76]. Y también una gran cantidad de moriscos pertenecía al campesinado más pobre, formando de por sí una sociedad sin clases en la que sólo había pobres, por ejemplo en La Mancha. Y, no obstante, sufrieron los envites de la Inquisición. Más bien los indicios apuntan hacia el factor religioso como dirimente en

---

[74] *Vid.* M. S. Carrasco, *El moro de Granada en la literatura*, p. 49; y G. Cirot, "La maurophilie littèraire...", *Bulletin Hispanique*, 1938, p. 282.

[75] Gómez Alfaro, p. 68; también García-Arenal, *Mélanges*, XIV, p. 510.

[76] Sánchez Ortega, *Documentación*, p. 102.

la distinta suerte corrida por una y otra minoría, además de ciertos signos externos que delataban las actitudes profundas (no consumir cerdo, abstenerse de vino o practicar determinados rituales como rapar la cabeza a los niños a los siete días del nacimiento). Mientras los unos se dicen cristianos, los otros adoptan una actitud pasiva o de rebeldía latente frente a la religión, remisos a cumplir y siempre reticentes. Por ende, los gitanos porcentualmente, hasta donde más se concentraban, eran escasos y no tenía sentido considerarles un peligro potencial; por el contrario a los moriscos se les sabía entregados, al menos moralmente, al enemigo nada imaginario del momento (el imperio otomano) y los granadinos en concreto eran "los vencidos de una guerra civil a los que se siente identificados con los enemigos de España. Por ello el conflicto, como lo traslucen claramente los procesos inquisitoriales, no es únicamente religioso, sino además social, cultural y político, 'nacional': ser *moro* es una actitud cultural y política tanto como practicar unos ritos religiosos"[77]. El tono dramático de Mármol, o el más mesurado de Hurtado de Mendoza, al narrar las atrocidades perpetradas por los moriscos en las Alpujarras en las personas de sus prisioneros, en especial sacerdotes (y con más ensañamiento, si cabe, si éstos eran de origen converso) sirvió como argumento para las no menos atroces represalias que padecían y padecieron después de su vencimiento los sublevados y aun buen número de moriscos por completo inocentes y ajenos a la rebelión; crueldades que también contribuyeron a exacerbar el odio de la población española. Y si las pragmáticas sobre gitanos se cumplieron poco, mal y nunca, las disposiciones eclesiásticas al respecto casi brillaron por su ausencia[78]. La Inquisición, tan diligente con judaizantes y criptomusulmanes apenas se ocupó de gitanos. En un lapso de más de tres siglos los miembros de la comunidad procesados no llegaron a los dos centenares, entre todos los tribunales inquisitoriales, pero siempre fijándose en delitos tenidos por menores, tales la blasfemia, bigamia, superstición, hechicería, etc., de los cuales también se acusaba al común de las gentes: "Mientras en el caso de los moriscos y los judíos existía para los inquisidores una figura delictiva concreta —practicar la 'ley de Mahoma' o la de Moisés— entre los gitanos no aparece ningún caso en que algún miembro del

---

[77] García-Arenal, *Inquisición...*, p. 116.
[78] Sánchez Ortega, *La Inquisición*, p. 30.

grupo haya sido procesado por un delito en el que no incurrieran también los castellanos viejos"[79]. De la levedad de los cargos nos ilustran bien[80] las sentencias dictadas: la más dura, pena de azotes; pero también hay reprensión y advertencia; multas; oír una misa; amonestación; destierro temporal, etc. Por comparación con los moriscos, y más aun con los judíos, casi puede hablarse de benignidad paternalista.

La coincidencia parcial en la forma de vida de los gitanos con los moriscos vagabundos —amén de las similitudes arriba expuestas— ha producido entre algunos historiadores la idea —a nuestro juicio un poco traída por los pelos— de que llegaron a fusionarse y a mantener amistosas relaciones cuyo principal desenlace habría sido el trasvase de música y canción morisca, que sometida a evolución más tarde por los gitanos terminaría generando el cante jondo. Pero los testimonios de contactos escasean —aunque sean bien aireados— y en líneas generales se mueven en los términos de las posibilidades, elucubraciones y sugerencias. Por ejemplo, en las *Constituciones Synodales* del obispado de Cuenca[81] de 1603 se hace una larga serie de admoniciones y mandatos dirigidos a los conversos procedentes de Granada y al final se agrega la frase "Y el mismo orden se tenga con los gitanos". Expresiones como "se les supone aliados"[82], o "nos hace pensar que muy probablemente un gran número de moriscos se hizo pasar por gitanos"[83] ayudan poco a clarificar el panorama, dando por plausible ese intento de los moriscos. La cuestión, de nuevo, estriba en fijar las proporciones y el éxito del intento, porque la adopción por gitanos de oficios como alpargateros, buñoleros, esparteros o arrieros no significa necesariamente que fuesen moriscos encubiertos, sino que se trataba de trabajos de pobres, a los que podían acceder y en ellos adiestrarse fácilmente, además de estar así relacionados con el pequeño comercio y con su principal preocupación: el camino. M. García-Arenal esboza la posibilidad de tal relación: "las dos minorías no se asemejan sólo a causa de los problemas que ambas crean, sino por *las relaciones amistosas* [la cursiva es nuestra] que establecen, caso único entre las diferentes minorías españolas. Sabemos

---

[79] Ibídem, p. 52.
[80] Ibídem, pp. 403 y ss.
[81] Cuenca, 1603, *apud*, Sánchez Ortega, *La Inquisición*, p. 27.
[82] García-Arenal, *Mélanges*, XIV, p. 508.
[83] Ibídem, p. 509.

que, ya en Granada, los Gitanos se mezclaban con los Moriscos en compañía de los cuales parecían encontrarse a gusto, enseñándoles trucos de brujería y supersticiones varias. Numerosas cédulas se dictaron a fin de impedir tales contactos"[84]. Pero el problema principal no se reduce a que la autora no detalla y documenta en qué consistieron esas relaciones, sino en que se basa en una cédula recogida en la obra de Gallego y Gámir que, literalmente, dice[85]: "Los gitanos seguían andando entre los moriscos y enseñándoles cosas de hechicería e adivinanzas e supersticiones a más de que les hurtaban las ropas de sus casas y las bestias de sus campos, de lo que se quejan y escandalizan los dichos moriscos de ver que tal se sufre entre cristianos". O sea, lo contrario de relaciones amistosas. Mientras no se ofrezca un *corpus* de cierto volumen de pruebas coincidentes en tal sentido, estimamos que la impermeabilidad de dos grupos tan cerradamente endogámicos como eran ambos dificultaba los contactos más allá de pequeños trueques, burlas y jácaras de los más avispados, los gitanos. Igual que otros se interrogan por la coincidencia, podemos preguntarnos —y con la misma base: la pura especulación sobre posibilidades y ucronías— hasta qué punto la confusión, ignorancia o malevolencia de los labriegos y curas de pueblo no exageró esa identidad entre moriscos y gitanos incluso en los casos conocidos de proximidad física que, por supuesto, sobrevendrían. Pero unos fueron expulsados y los otros no; unos cristianos (más o menos) y los otros no; unos perseguidos por la Inquisición y los otros no (en cantidad y calidad apreciables). Nada más. Apoya nuestra idea la imprescindible obra de Salillas[86], al repasar la intromisión de vocabulario germanesco en el habla gitana: "los gitanos nunca han constituido mancomunidad con los *germanes*, es decir, con la delincuencia asociada nacional. Se señalará el hecho de alguna agregación de individualidades de un grupo en el otro, pero en ningún tiempo aparece comunidad social entre estas dos sociedades afines, aunque independientes entre sí". Si en el DRAE existen bastantes gitanismos, en el caló se cuentan ciento siete voces de germanía que muestran contactos pero no fusión, como no la hubo tampoco en la Baja Edad Media entre cristianos y musulmanes, pese a la intromisión en castellano de léxico de origen árabe.

---

[84] Ibídem, p. 504.
[85] Gallego y Gámir, pp. 117-118.
[86] Salillas, p. 222.

Para terminar —en la España de hoy, generosa y abierta a todas las etnias, culturas y religiones como es— sólo nos queda hacer votos por la integración como españoles en la plenitud de sus derechos y deberes de todas las minorías actuales, ya sean gitanos o inmigrantes de cualquier procedencia. Pero para que tan deseable objetivo se logre no basta una sola voluntad: hacen falta dos.

5. AL-ANDALUS Y LA NOVELA HISTÓRICA

Una revisión somera de los catálogos de los escaparates y mostradores de las librerías nos muestra la profusión abrumadora de novelas del subgénero narrativo denominado novela histórica; sin embargo, su misma omnipresencia quizá nos exime de realizar la incómoda labor de encuesta exhaustiva. La existencia de alguna editorial especializada sólo y exclusivamente en ella corrobora que el volumen de negocio permite su prosperidad y subsistencia. Tal fenómeno sociocultural parece merecer, pues, nuestra atención.

La función lúdica y el placer consiguiente aparece relacionado con el dominio técnico, tanto al crear como al recibir (leer). El lector se procura una satisfacción abordando obras armónicas con sus propias experiencias, emociones, saberes, reconociendo y reconociéndose en el texto. De ahí el sumo grado de identificación y de placer cuando se superan las dificultades iniciales de un texto: el receptor entra en el juego y ve partes de sí mismo reflejadas en la narración. Por ello se incurre, de modo cada vez más descarnado, en el notable abuso expositivo de facilitar y abaratar intelectualmente la trama propuesta y el vehículo de expresión para no alejar compradores. Eso ante todo. El autor *lo cuenta todo*, sin dejar resquicios para la búsqueda: todo está digerido y aclaradito, según la tónica habitual en nuestro tiempo de considerar retrasados mentales a los lectores, explicitando detalles, comentando léxico y convirtiendo la construcción literaria en harina bien molida. Al colmo se llega con la inclusión de glosarios (dentro del idioma, como si no existiesen los diccionarios) o imágenes, tan frecuente, denotando poca confianza en la fuerza y expresividad del texto y desvelando el intento editorial de obviar llamadas a la fantasía o la participación del receptor que toda obra debe pretender. El objetivo, nada enmascarado por otra parte, es conseguir un tipo medio de ciudadano —en este caso, de lector— pasivo, acrítico y fácil presa de la comercialidad dominante. Por añadidura, el arte por excelencia del siglo XX, el cine, que contribuyó a consolidar el concepto de género fijando todo un conjunto de determinadas convenciones temático-formales mediante la presencia de signos visuales y sonoros, ha coadyuvado a entenebrecer el discernimiento del espectador, pendiente ahora de una realidad imaginaria, ente de ficción puro, que superpone a la verdadera y a la cual prima y beneficia con un grado de credibilidad y atención mayor que al mundo auténtico que le rodea. La representación cinematográfica se conviente en realidad y ésta —la tangible— ha de acomodarse a la ficción, al menos en la mente de quien tales evocaciones hace: así se consuma el despropósito y se cierra el proceso alienador.

El primer problema planteado a quien aborda la escritura de una novela histórica es salvar el vano —con frecuencia, abismo— existente entre la cultura de su entorno inmediato y la de la época y la sociedad novelada. Se trata de dotar de credibilidad al texto, dentro de unos límites de seriedad y de la imprescindible garra que todo relato debe revestir para atrapar al lector. Un cometido ambivalente nada sencillo de cumplir. Bienvenida sea la divulgación histórica. Felicitemos al erudito que se acuerda del público de cultura media-baja y a la editorial correspondiente; pero exijamos también respeto en el envoltorio y el contenido del alfajor. Un caso paradigmático es el de Hugh Thomas, historiador hispanista que acomete en *Yo, Moctezuma* mediante la ficción de unas declaraciones autobiográficas, un relato de historia novelada, atraído por el cataclismo social e ideológico que significó la conquista de México, tema que ya concitara con varia fortuna otros intentos similares: desde los más apreciables (László Passuth o Madariaga) hasta otros menos dignos de tomar en serio (el *hamburguesa-Azteca* de G. Jennings). Con soltura, Thomas repasa los materiales que otros autores (Soustelle, Sejourné, Monjaras o Moreno), más convencionales o menos confiados en sus dotes literarias, nos ofrecieron en espléndidas obras sobre la vida cotidiana, el pensamiento y la religión de los aztecas, su organización política y social o las interrelaciones de la nobleza mexicana.

Aunque el género de la novela histórica no es un invento de Mika Waltari, el ejemplo de su éxito ha causado estragos infinitos, en bolsillos e ideas erróneas, porque no basta con ser un buen conocedor de los acontecimientos narrados (dentro de las lagunas e inevitables dubitaciones que toda historia conlleva), además es preciso convertir en creíbles los personajes historiados y —lo más difícil— sus mentalidades respectivas, aproximándolos simultáneamente al tiempo real que viven los lectores. En el caso de *Yo, Moctezuma*, pese a la triunfalista y comercial declaración de la contracubierta ("Cuya mentalidad, magníficamente reconstruida por el autor, retrata de un modo apasionante y vivísimo la época..."), el resultado queda muy lejos del propósito, si tal hubo, y el mismo Thomas —con más modestia o cautela— en una entrevista en TVE reconocía las dificultades del salto.

En la novela el desarrollo de los sucesos se presenta de modo correcto en términos generales y el autor sabe captar el valor dramático de su mercancía, sin embargo el intento hace agua por los cuatro costados en el vehículo expresivo (la lengua utilizada) y en no pocos anacronismos y extrapolaciones a ideas o conflictos de nuestros días que difícilmente pudo ni fantasear Moctezuma, por más peyote que le dieran: tal colocar en su boca la divertida y actualísima observación "¡es sevillano, ¿qué se puede esperar de él?, diría Malinche!", o "son vascos, gentes toscas y primitivas, en su opinión" y, por cierto, ¿de dónde saca H. Thomas, repitiéndolo varias veces, que todos los miembros, ni la mayoría, de la expedición de Narváez eran vascos? No se trata de negar las rivalidades entre los conquistadores de una u otra procedencia, sino de dudar de que el emperador azteca tuviese ni pajolera noción de qué cosa era un vasco o qué le diferenciaba de riojanos o burgaleses.

Al utilizar las palabras con desenfado induce subliminalmente al lector no especialista a forjarse imágenes más que equívocas. Así al hablar de papel, chocolates, uniformes, toma de posesión, colegas, libros, ojos *café*, unos incontrolados, complot, reclutas... Pero no hay sólo anacronismos léxicos: a cada paso saltan párrafos enteros que reflejan un pensamiento imposible de adjudicar a Moctezuma: desde preocuparse por "métodos humanos" de matar, o por el desgaste del cutis de los campesinos hasta "crear nuevos puestos de trabajo".

El comentario de la obra de Thomas sólo constituye un camino para ilustrar y ejemplificar de manera concreta algo que vemos con profusión representado en infinidad de novelas históricas, un pastiche donde se mezclan sistemas de valores, ideologías y hasta formas de expresión lingüística de nuestra contemporaneidad con una superestructura de nombres exóticos y un cauce argumental que sigue, más o menos, el hilo de los sucesos históricos. Entre las motivaciones de los autores para acudir a tales vías de producción cabe señalar el designio deliberado de no presentar un texto con dificultades que exijan un esfuerzo al lector, sino un entretenimiento grato pero intrascendente; y la mera incapacidad, o desconocimiento de la época o los acontecimientos novelados, junto a notables dosis de osadía o desprecio por los lectores. El lector vendría así a admitir una ficción lejana, pero en la justa medida que no se le hiciera en exceso distante, pudiendo verse reflejado en la trama, no porque en ella se aborden inquietudes, emociones o anhelos universales comunes a todos los seres humanos, sino por habérsele acercado la escena con medios espurios o de simple ignorancia del escritor. De tal guisa, la China de la dinastía Ming, la Etruria prerromana, o los taínos prehispánicos de Cuba serían —son, en muchos casos— intercambiables en reacciones, perspectivas vitales e incluso modismos lingüísticos, entre sí y con los habitantes actuales de Berlín, Madrid o Caracas.

* * *

Abordamos a continuación el análisis de algunas novelas históricas especialmente significativas, empezando por una de reciente aparición y que, en el plano cronológico, vendría a cerrar nuestra Edad Media. *El último judío*[1] de N. Gordon oscila entre la historia-hamburguesa y la novetelepizza. Si bien aligera la carga de las largas explicaciones históricas que aquejan a otros de estos libros, el contenido queda tan desleído e inocuo que resulta digerible para cualquier lector-comprador, objetivo de las ganancias editoriales. En nuestra opinión, no se deben complicar innecesariamente la construcción, la lengua y los artificios de estilo, pero al tender a abaratar y despojar de valor literario cualquiera de esos factores no sólo se está haciendo un flaco favor a la literatura, también se impide la mejora del nivel cultural y el gusto literario del lector que —creemos— ha de alcanzar áreas cada vez más profundas y sofisticadas en los distintos géneros, no a la inversa. Y si fomentar la lectura de tebeos y cuentos infantiles entre los niños es un buen medio de iniciación, no parece conveniente confinar y condenar al adolescente y luego al adulto a permanecer en esos grados, divertidos y útiles en su momento pero elementales y nada enriquecedores a la larga para la personalidad y su perfecciona-

---

[1] N. Gordon, *El último judío*, Madrid, 2000.

miento paulatino como ser humano. Esta ¿novela? de N. Gordon reúne todas las características de la literatura de consumo: diálogos abundantes, ningún rigor en la ambientación histórica y social, inclusión de algún capítulo que justifique el escenario de época, como el inevitable del auto de fe, naturalmente no sólo injusto en origen —como eran todos los autos de fe— sino, por ende, equivocado en la víctima, pues se quema a un buen y sincero cristiano. Y tampoco faltan la considerable longitud de la obra (444 páginas) y que justifica el precio de solapa, ni el vocabulario hebraico salpicado, para "ambientar", con su correspondiente glosario incorporado al final. Mal asunto es que el autor se aplique a explicar lo que dice y lo que quiere decir en realidad: por ese camino se acaban las llamadas a la fantasía del lector y su participación más ardua pero también más gratificante; por igual se esfuman los sobreentendidos, el disfrute de metáforas, de hallazgos lingüísticos y de todo intento de realizar y presentar una obra de arte, que es lo que a nuestro juicio debe ser una novela, o al menos pretenderlo. Pero el autor renuncia a toda búsqueda literaria y se lanza en el mejor estilo de las teleseries-basura a concatenar historietas de una notable insulsez. Según su propia declaración en el prólogo (tampoco aquí renuncia a explicarlo todo), a medida que iba fabricando el texto lo remitía a Barcelona para su traducción, tal como hacen los guionistas de teleseries, que ajustan los episodios a contingencias inmediatas, incluso de festividades, calendario o acontecimientos próximos.

Siguiendo una estructura de novela picaresca (por el personaje, la naturaleza de sucesos y el movimiento) va presentando una serie de situaciones y actores con el eje central del proscrito protagonista en su deambular por la España de fines del XV y principios del XVI. Pero ahí se queda su similitud con la picaresca española: es mucho más aburrida y está infinitamente peor escrita. Presenta menos errores que otras producciones de esta naturaleza, quizás por eludir los detalles y las precisiones (excepción hecha de rituales judíos), pero tampoco está exenta de patinazos delatores de un autor que cree suficiente poseer unos conocimientos superficiales sobre España y los españoles para meterse a pergeñar un texto. Tal vez para hacer lo que él ha hecho basten, pero en modo alguno para escribir una obra memorable. Así, en el siglo XV, un personaje reza novenas (p. 32), cuando éstas comenzaron su existencia en el XVII; otro recibe el nombre de Paco (p. 105), en ese mismo siglo, denotando (no sólo en ese nombre) que N. Gordon desconoce la onomástica hispana de la época; en otro pasaje "tres mujeres estaban pisando uva" (en Toledo, ¡en el mes de marzo!, p. 48), etc. Aunque lo más grave, por la secuela ideológica y de falsificación nada inocente que deja, estriba en las cifras de hebreos muertos o convertidos en el curso de los *pogroms* de 1391: "Desde las matanzas del año 1391, en las que habían muerto nada menos que cincuenta mil judíos [...], centenares de miles habían aceptado a Cristo" (p. 31), cuando sabemos (véanse al respecto las cifras del historiador judío I. Baer) que el monto de la población hebrea de España era mucho más modesto y *a fortiori*, el mismo Gordon tres páginas más adelante (¿olvidado ya de lo que escribiera tres atrás?) declara tan tranquilo: "la comunidad judía [en Toledo] era lo bastante reducida como para que todo el mundo supiera quién había abandonado la fe" (p. 34). Estas contradicciones o distorsiones numéricas proliferan entre los autores más ideologizados, así Lion Feuchtwanger (*La judía de Toledo*[2]) refiere que en el siglo XII vivían en Toledo "más de veinte mil judíos y otros cinco mil fuera de sus muros"(p. 63), pero no tiene empacho más adelante (p. 416) en afirmar "los cientos de miles de judíos de Toledo". No parece ser una cuestión baladí, no ya por la seriedad que cabe exigir a un escritor cuyos textos leemos y pagamos, sino por la carga de propaganda política subliminal subyacente.

Y si bien en algún escritor, caso de N. Gordon, no se entra en mucho detalle para que el texto sea ligero en primer término, otros muchos parecen obstinados en reescribir —mal— una nueva historia de al-Andalus, por lo que el didactismo pintoresco, la acumulación abigarrada de datos y descripciones se vuelven de un volumen cargante, según la idea que del "Oriente" tiene el autor y tal como veíamos en el caso del *Manuscrito carmesí*. J. Greus[3] lo explica todo; así, por ejemplo, un capítulo entero (el 5°) está dedicado a contarnos la historia de la conquista de Hispania por los musulmanes, con la consiguiente ruptura del discurso narrativo —por otra parte sumamente endeble— y desconociendo el ineludible equili-

---

[2] L. Feuchtwanger, *La judía de Toledo*, Madrid, Edaf, 1999.
[3] J. Greus, *Ziryab. La prodigiosa historia del sultán andaluz y el cantor de Bagdad*, Madrid, 1987.

brio que debe existir entre ficción argumental y ambientación histórica; mismo abuso de continuo repetido al detallar el ceremonial de juramento ante el nuevo emir (pp. 45 y ss.), la Revuelta del Arrabal (pp. 42 y ss.), la liturgia de la oración (pp. 74 y ss.), la enumeración y descripción prolija de las puertas de Córdoba (p. 36), las del gremio de artesanos o las aclaraciones sin cuento: "mozárabes, es decir arabizados —derivado de *mustaarab*: el que pide vivir como árabe—" (*Ziryab*, p. 70). La minuciosidad para detallar los aspectos de ambientación resulta excesiva, como lo muestra el gran volumen de páginas a ella dedicada. Quizás por el prurito de evitar la acusación de poco cuidadoso con el entorno histórico y social cae el escritor en una hipertrofia de factores "de marco" que, en una novela, estimamos deben cuidarse pero en un plano secundario. Parece como si el autor quisiera demostrar sus conocimientos sobre el tema y en ese punto incurre en farragosidad y en errores de camisa de once varas.

Por fortuna, los arabistas no tenemos el monopolio de los temas árabes ni es nuestra misión extender certificados o licencias para entrar en esos predios, pero sí podemos y debemos emitir valoraciones sobre los trabajos de quien tal haga. Sobre todo por orientar al lector inocente y manipulable. Y es también una circunstancia muy repetida la multiplicación de equivocaciones leves, cuando no de barbaridades morrocotudas, al pretender adornarse el autor con plumas que no le corresponden:

1. En el terreno lingüístico. Dejando aparte los fallos imputables a los traductores —de tratarse de traducciones— que emplean una lengua de llegada que hace agua por todos lados (inadecuación del léxico o los giros actuales para describir el pasado, mal conocimiento de palabras españolas utilizadas, etc.)[4], los intentos de vestir ropajes que vienen grandes al escritor producen:

a) Uso de topónimos en forma actual coexistiendo con formas árabes o arabizadas según un criterio por completo arbitrario y asiste-

---

[4] En *La judía de Toledo*. v. g., encontramos "romanza" por "romance" (p. 177), "alfaquí" (?) del rey de Castilla (p. 26); transcripciones árabes a través del alemán mal vertidas (*chatib* por *jatib*, p. 39); nombres como Rodrigue, infinitas veces, por Rodrigo, etc.

mático, lo cual puede producir en lectores poco avezados confusiones graves [5].

b) Errores conceptuales serios como "califa" por "emir" (*al-Gazal*[6], pp. 13, 27); o hablar de "clérigo musulmán" (*al-Gazal*, p. 13); o de "apariciones teatrales" (*al-Gazal*, p. 25), expresión imposible porque la noción de teatro entre los árabes fue prácticamente desconocida hasta el siglo XIX; o usar *Azora* por "Parte de libro" (p. 45): no creo que los musulmanes, de verlo, aplaudan, más bien pensarán que es una falta de respeto para el Corán; o situar un *subha* (rosario, p. 73) en el siglo IX, o una *medersa* (*madrasa*, pp. 74, 553) en ese mismo siglo.

c) Alardes de conocimiento a base de vocabulario árabe por completo innecesario pues existe la traducción castellana. El objetivo, desde luego, es ambientar e impresionar —sospechamos— con exhibiciones baldías (*jimar* por "velo", *al-Gazal*, p. 15), bien de voces árabes transcritas o con el empleo de arabismos rebuscadísimos y hasta inventados, o mal copiados, por el autor [7]. Porque cuando alguien que no sabe árabe se limita a reproducir topónimos, onomástica o sustantivos árabes tal como los ve escritos, sus trabajos pueden —quizá— resultar incompletos pero difícilmente equivocados; ahora bien, si esa persona se aplica haciendo pinitos a fingir conocer lo que ignora, no sólo se detectan sus errores de inmediato, además el final es lamentable, un ciempiés paticorto y patilargo, todo a un tiempo. Y aparecen: 1.º) Errores en transcripciones que denotan haber tomado los voca-

---

[5] En *Ziryab*, Qashtala (p. 77) / Castilla (en la época, Bardulia); Chilikiyah (p. 65) / Galicia; Zaracosta (p. 63) / Zaragoza; Balansiya (p. 63) / Valencia; Qurtuba (p. 35) / Córdoba; Isbilia / Sevilla; Chesirat al-Jadra (p. 33) / Isla Verde (en realidad, Algeciras), siendo estas transcripciones del árabe poco o nada sistemáticas, por añadidura.

Soslayamos abundar en errores en español que, a veces, resultan cómicos: "juramos y perjuramos por el mismísimo Profeta" (*al-Gazal*, p. 16), dice el protagonista, enormidad inadmisible para un muslim, si es que el autor sabe qué significa "perjurar" en nuestro idioma. También en esta novela "zarcillos" por "ajorcas".

[6] J. Maeso de la Torre, *Al-Gazal, el viajero de los dos Orientes*, Barcelona, Edhasa, 2000.

[7] Moharrache por bufón (*Ziryab*, p. 117); alborgas por alpargatas (*Ziryab*, p. 117); albengala (*Ziryab*, p. 67), viéndose obligado a explicar de seguida el significado para que le entiendan: "tela larga de turbante".

A veces el autor inventa arabismos inexistentes en los diccionarios: azonaicas (*Ziryab*, pp. 62 y 98; y *al-Gazal*, p. 27); y alburma (*al-Gazal*, p. 78) "donde cocía el agua".

blos de textos en inglés o francés [8]. 2.°) Errores en arabismos, como "azud" [9] en vez de "noria" (en realidad azud significa "presa"), o "alifafe" [10] en vez de "almalafa" (en realidad "alifafe" es una enfermedad del ganado). 3.°) Empleo inadecuado de plurales árabes con sentido, en el contexto, de singular [11]. 4.°) Errores diversos imputables a la ignorancia del autor [12], de los cuales aquí sólo destacaremos dotar de artículo determinado al topónimo Qurtuba, que nunca lo tuvo, escribiendo al-Qurtuba (*al-Gazal*, p. 571) e introducir una divertida barbaridad en la jaculatoria *la galiba illa Allah* que aparece (*al-Gazal*, p. 38) en la forma *le galib ibn-Allah* y traducida como "Sólo Él es el vencedor": lo peor no es que trabuque las palabras (*le* por *la* e *ibn* por *illa*) —tal vez por escribir de memoria—, sino que introduce un patinazo conceptual que no hará felices a los musulmanes que lo vean al hablar del "hijo de Dios" (*ibn Allah*).

2. En el terreno temático-conceptual. Las novelas históricas, en líneas generales, proporcionan la reconfirmación de lugares comunes, clichés y estereotipos ya establecidos pues, a causa de la flojera argumental y documental que suele aquejarlas, no hacen sino reforzar esos tópicos, vía fácil para no crearse conflictos con editores y público y que podrían empezar por dificultades para la publicación, caso de po-

---

[8] *Az-zulaj (sic)* por "azulejo", en árabe *zullay, zilliy* (*al-Gazal*, p. 101).
    Mahgrib (sic) (*al-Gazal*, pp. 34 y 119): el autor lo reproduce de memoria a partir del francés *maghrib* al ignorar la innecesidad de la /h/, que coloca mal, en el paso al castellano.
    Ja'far (*al-Gazal*, p. 89), transcribiendo la *yim* por jota española. En realidad: Ya'far.
[9] *al-Gazal*, p. 176.
[10] Ibídem, p. 187.
[11] "La esclava *qiyan*" (*al-Gazal*, pp. 14, 87, 125, etc.); o *saqaliba* (ibídem, p. 59), con el mismo uso equivocado que en el lenguaje periodístico se dice "el paparazzi" o "el fedayyin", etc.
[12] Un personaje se llama Benu (sic) Hudair (*al-Gazal*, p. 79); *Dejenet* (sic) por paraíso (ibídem, pp. 87, 544); *Qars* (sic) por palacio (ibídem, pp. 95, 549); *bagdalí* (ibídem, p. 268); Qasin (sic) (ibídem, pp. 11, 23, etc.), suponemos que por Qasim; yumada al-Qula (sic) (ibídem, p. 11); "mes de mudarán"? (ibídem, p. 15); "el noble *beniatar*" (ibídem, p. 18), ininteligible lo que quiere decir: ¿"beniatar" pretende ser un patronímico o un sustantivo?
    "Oración de *al-mugrib*" (*al-Gazal*, p. 18) por *magrib* (puesta de sol), pues *mugrib* significa "extraño, sorprendente".

ner en tela de juicio las verdades oficiales admitidas, es decir "lo políticamente correcto" de cada momento que, desde luego, cambian. Así pues, si difícilmente un escritor habría osado —caso de ocurrírsele— en el siglo XVII defender, en serio, a los piratas moriscos o norteafricanos porque chocaría de plano con la sociedad circundante, en la actualidad es poco imaginable que alguien corra el riesgo de presentar a la sociedad andalusí sin embellecer la ambientación (es decir, en términos más realistas y razonables que lo habitual), pues el pensamiento único dominante exige abundar una y otra vez en los carriles canonizados por editoriales, medios de comunicación y verdades indiscutibles admitidas por la sociedad. Es obvio que esas verdades oficiales varían con el tiempo en función de nuevas situaciones políticas, socioeconómicas y culturales, pero tales modificaciones no afectan a los hechos del pasado en sí, sino a la manera de abordarlos, comprenderlos y utilizarlos. Y si en las centurias XVI-XVII nadie se atrevería a romper una lanza a favor de los moros, en nuestra contemporaneidad es inusual que alguien se atreva a lo contrario. No ya porque la sociedad española se haya vuelto filoárabe, sino porque en los últimos treinta años se ha generado una imagen por entero edulcorada y victimista que ocupa toda la escena y por tanto raramente se discute en público, so pena —abrumadora en nuestros días— de ser acusado el infractor de racismo, intolerancia, xenofobia, etc.: ahí es nada. Y tenga o no tenga el acusado tales componentes ideológicos.

Por consiguiente, el subgénero histórico suele exhibir:

a) Tópicos. En el caso que nos ocupa los tópicos sobre los árabes son continuos y nada benefician a éstos al insistir en las ideas que circulan sobre ellos, incluidas las positivas [13] o ambiguas. Por supuesto, las ambientaciones estereotipadas de "oriental" se comen la acción y la difuminan hasta convertirla en una sucesión de estampas pintorescas [14], cuando no rechinan por inexactitudes o falacias.

---

[13] "En el más puro estilo árabe, con zalemas y palabrerías respetuosas, no exentas de dobleces" (*Ziryab*, p. 61); "los sensuales andalusíes" (*Ziryab*, p. 60); "hijo de Omeyas y, por tanto, un adicto a la sensualidad y a los placeres" (*Ziryab*, p. 61).

[14] La novela *Ziryab* comienza (p. 21): "A través de la ventana, por encima de las azoteas vecinas, entreveía uno de tantos canales de Bagdad, la tarde caía con un celaje de púrpuras sobre las cúpulas y los alminares de las mezquitas. De lejos llegaba el canto melancólico de un almuédano llamando a la oración del sol poniente. Era un lamento largo y arrastrado, que recordaba a los hombres la infinita grandeza de Alah".

En la novelística "andalusí" (o sobre la España medieval) proliferan los estereotipos hispanos, a partir de la pretensión (mamada en Sánchez Albornoz y A. Castro) de que aquellos habitantes de la Península eran "españoles" y, por descontado, iguales a nosotros en sentimientos, conductas, expectativas, ya por la continuidad *vital* desde Altamira hasta nuestros días (tal vez diría Sánchez Albornoz), ya por la "impregnación" ideológica "semítica", en versión Castro [15]. Es decir, se adjudican a los habitantes de al-Andalus las virtudes y defectos convertidos mucho después en paradigma imaginario del "carácter español" [16], con el añadido de la condición única y exclusiva en la historia islámica y humana de la sociedad andalusí [17].

Pero al otro lado de la frontera, el norteño, también le cae su dosis de tópicos, a base de imágenes forjadas *a posteriori* o sobre la sociedad del siglo XIX: "su pobre y severa Castilla" [18], "en el bárbaro norte sólo se respetaba al guerrero" [19]. Porque no hay razones sólidas para suponer que "en el sur" los criterios básicos de comportamiento fueran distintos de los del "norte". Sin embargo, se extraen conclusiones de interpretación histórica que pretenden ser concluyentes y, en realidad, se quedan en la reiteración de estereotipos construidos a toro pasado y desconociendo la totalidad del coetáneo entorno europeo, mediterráneo e islámico, como si los fenómenos de nuestra Península hubieran constituido casos excepcionales en todos los ámbitos: "Al guerrero religioso musulmán, que esperaba ganarse el paraíso en la 'guerra santa' contra los infieles, los cristianos opusieron las órdenes caballerescas, los monjes guerreros, uno de los fenómenos más nefastos de la Edad Media. La tendencia a la intolerancia y la supremacía de la Iglesia y el Ejército, cargas que España ha seguido soportando hasta el

---

[15] "...acogió al músico con hispana generosidad" (*Ziryab*, p. 188); "los inquietos españoles" (*Ziryab*, p. 111), considerando tales a los del Arrabal emigrados a Alejandría; "la dinastía española" (*Ziryab*, p. 105).

[16] "Acababan siempre por discutir, con esa pasión por hablar y discrepar a cualquier hora y de cualquier cosa que caracterizaba a los andalusíes" (*Ziryab*, p. 62).

[17] "También la cultura, la lengua y el carácter españoles influyeron en los inmigrantes musulmanes contribuyendo a la formación de ese fenómeno único dentro de la nación islámica que era al-Andalus, donde las mujeres gozaban de una libertad inusitada..." (*Ziryab*, p. 70).

[18] *La judía de Toledo*, p. 22.

[19] Ibídem, p. 50.

presente, son herencia de aquella larga lucha que no terminó hasta 1492"[20]. Presumimos esfuerzo baldío explicar al escritor que las etapas de endurecimiento social y refuerzo de la intolerancia religiosa en España corrieron parejas con la pérdida de peso y poder de las órdenes militares y que, por tanto, difícilmente éstas pudieron llegar a influir hasta el militarismo africanista del siglo XX (en el que, desde luego, está pensando), o incluso recordarle que la intransigencia de fe y culto en la España medieval y moderna fue bien acompañada por movimientos similares en Europa. Y no digamos en el norte de África.

b) Paradójicamente, una temática basada por definición en la perspectiva temporal, la ignora en su noción de cambio, sucesión y modificación de los fenómenos sociales. Así, errores cronológicos aparte, el tiempo ambiental está fijo, congelado en un momento ideal que el autor no acota ni define pero que ignora el decurso real de los acontecimientos, la evolución de hábitos y creencias. Y un período tan dilatado como la Edad Media (476-1453) se aborda de manera uniforme, como si los andalusíes del siglo IX fueran intercambiables con los del XV, por ejemplo (la norma implícita vale también para los cristianos), según un tiempo inmutable, endosándose al siglo IX sucesos, productos, ideas del XI, el XII o hasta el XIV o XV. Y viceversa. Y si en el terreno de la vida material esto es relativamente fácil de detectar, en aspectos abstractos, ideológicos, es mucho más dificultoso, con lo que de modo inexorable terminan apareciendo los criterios y opiniones de la actualidad. Es bastante sencillo localizar (v. g. en la novela *Ziryab*) anacronismos como presentar a los personajes ingiriendo té de menta o hierbabuena en el siglo IX[21], situar en ese siglo las inevitables chumberas en Andalucía[22], o azulejos[23] o "cerámica vidriada de Valencia"[24], amén de kiwis[25] y bu-

---

[20] Frank Baer, *El puente de Alcántara*, Barcelona, Edhasa, 1991, p. 706.
[21] Pp. 72 y 112.
[22] *Ziryab*, p. 188. Entre otros productos difundidos en el norte de África por los moriscos a partir de España y traídos de América se cuentan el maíz, el tomate, los frijoles, el pimiento, el higo chumbo (*Opuntia ficus Indica* = *Figue de Berbérie* en francés = *al-hindi* en árabe). *Vid.* art. de Latham "Contribución al estudio de la inmigración andalusí y su lugar en la Historia tunecina", en *Études sur les Moriscos andalous en Tunisie*, pp. 56-57, Madrid, 1973.
[23] Ibídem, pp. 38, 94.
[24] Ibídem, p. 195.
[25] Ibídem, p. 62.

ganvillas [26], o hablar en esos tiempos de "saudíes" [27], pero no lo es tanto percatarse de patinazos conceptuales (con su correspondiente carga ideológica) como afirmar: "Dada la indudable superioridad de la cultura aportada a la Península por los musulmanes, los cristianos acabaron por arabizarse..." [28]. Porque en la época elegida por el autor (primera mitad del siglo IX), la gran cultura árabe se hallaba en fase de formación y a al-Andalus apenas comenzaban a llegar algunos ilustrados orientales. Vayan dos botones de muestra del panorama: la producción literaria local hasta dos siglos más tarde no presenta autores y obras de categoría universal (excepción hecha de Ibn 'Abd Rabbihi), mientras la pobreza técnica así como la ausencia de criterios estéticos propios en arquitectura induce a los constructores de las primeras fases de la mezquita de Córdoba a reutilizar columnas, basas, capiteles de edificaciones romanas, delatando una escandalosa incapacidad, en definitiva comprensible en descendientes cercanos de rudos montañeses norteafricanos o de beduinos árabes nómadas.

c) Una generalizada fantasía idealizadora.— No se trata sólo de inexactitudes [29], de sugerencias difíciles de probar como insinuar, en el siglo XII, la presencia de cuentos de *Mil y Una Noches* en al-Andalus [30] o de afirmaciones inadmisibles imposibles de imaginar en sus enunciadores [31]; las ficciones desmesuradas oscilan entre la ignorancia, la propaganda de grupo o la simple moda andalusista actual. Así por ejemplo, la pretensión de dos judíos alemanes, autores de sendas obras (*El puente de Alcántara, La judía de Toledo*), de presentar el hebreo como una lengua viva en al-Andalus [32] —ficción

---

[26] Ibídem, p. 38.
[27] Ibídem, p. 35.
[28] Ibídem, p. 70.
[29] V. g., denominar "cristianos árabes" a los mozárabes (*La judía de Toledo*, p. 427).
[30] *La judía de Toledo*, p. 180.
[31] "...en mi corazón siempre he considerado la fe de los hijos de Agar (el islam) un brote semiverdadero de nuestra vieja fe", dice Yehudá (*La judía de Toledo*, p. 33), opinión impensable sobre el islam en un judío creyente de ningún tiempo.
[32] "Don Jehudá mantuvo la conversación en hebreo, en un hebreo culto y muy escogido" (*La judía de Toledo*, p. 32); "[Raquel] aprendió con facilidad y pronto pudo leer el Gran Libro" (*La judía de Toledo*, p. 41); "la carta en la que él [el rey] escribía jubiloso en las tres lenguas de su reino" (*La judía de Toledo*, p. 215), como si el hebreo fuera una lengua de uso general en la Castilla del siglo XII, o como si la minoría de judíos hubieran sabido hablarla; "los andaluces bilingües (los andaluces judíos cultos ha-

inaceptable en el plano histórico— se corresponde bien con la explosión nacionalista judía de los años cincuenta, inmediatamente después de la creación del estado de Israel. Exageración notable cuando al irredentismo judío [33] se agrega una mitificación que podemos calificar de desmedida: "—En todo lo que de grande hay en esta tierra de Sefarad, ya sea en el espíritu o en la piedra —dijo con gran convencimiento— han participado los judíos" [34].

Sin embargo, la mayor carga ideológica expresada a través de la imagen sublimada de al-Andalus se centra en torno a la civilización islámica, el imperio árabe, la exaltación mítica de la tierra andaluza (con frecuencia confundida con andalusí, como si fueran sinónimos): "Ochenta años después de la muerte de su profeta Mahoma los musulmanes ya habían construido un imperio [...] los nuevos señores trajeron consigo una rica cultura y convirtieron el país en el más hermoso, populoso y mejor organizado de Europa" [35], imponiéndose de nuevo el recordatorio de las matizaciones temporales antes señaladas; "las artes y las ciencias florecieron como nunca hasta entonces bajo ese cielo" [36], naturalmente si olvidamos los siete siglos de romanización; "...todo aquello había sido mucho más hermoso cuando todavía lo cuidaban los musulmanes" [37], con la subjetividad embellecedora envolviéndolo todo. Los tópicos idealizantes se deslizan por el tobogán de las vaguedades o por la insistencia en mitos hoy día insostenibles, tal el de la "libertad" de las mujeres de al-Andalus [38]; el del trato cariñoso a los esclavos [39] (aunque la mera compra masiva de eunucos de-

---

blaban además el hebreo) poseían gracias a esto un cosmopolitismo raro aun en nuestros días" (*El puente de Alcántara*, p. 712).

[33] "Los oprimidos se convirtieron de pronto en los señores y los anteriores opresores en esclavos" (gracias a la conquista árabe) (*La judía de Toledo*, p. 63).

[34] Ibídem, p. 64; también en p. 14.

[35] Ibídem, p. 11.

[36] Ibídem, p. 12.

[37] Ibídem, p. 52.

[38] Ibídem, p. 52. *Vid.* al respecto el bien documentado y razonado artículo de M. Marín, "Dos caras de un mito: las mujeres andalusíes", *Revista de Occidente*, 224, enero de 2000, pp. 79 y ss.

[39] "En condiciones menos penosas [los esclavos] que bajo los visigodos [...] el esclavo disfrutaba en el mundo islámico de una posición muy diferente a la de otras culturas" (*Ziryab*, p. 63). Aunque en la *fabricación* de eunucos europeos los judíos de Ver-

biera inducir a ser algo más prudentes); la idea, basada en las primeras conquistas del islam, de que "jamás obligaban a convertirse al islamismo, pues confiaban en que muchos se convertirían por mera atracción..."[40]; la absurda fe en que la totalidad de la población gozaba de unos grados de ilustración inigualable[41]; la pretensión de "la estrecha convivencia de musulmanes, judíos y cristianos, de las culturas árabe, judía y occidental, sobre el suelo de la Península Ibérica"[42]... Un conjunto de buenos deseos cuyo voluntarismo gravita sobre la confusión, buscada o fruto de la ignorancia, entre andaluces y andalusíes[43], sobre la irrealidad del presunto mestizaje tolerante[44] y sobre una imagen de coexistencia idílica entre las tres comunidades, forzando al tiempo el concepto de "español" para colar de rondón la idea de que unos españoles (los cristianos) perseguían a otros (los musulmanes), cuando los perseguidos históricos serían los primeros en no reconocerse como hispanos por detestar cuanto la España de la época era y representaba (*vid.* al respecto el capítulo 3 *supra*), aunque, en efecto, una parte del pasado de la Península Ibérica —no de "nuestro" pasado, porque éste depende del grupo humano a que pertenezcamos— fue marcado por la presencia islámica, dando lugar al híbrido sociocultural que —para entendernos— hemos dado en denominar "hispanoárabe", aceptando una terminología convencional acuñada por el uso y fácilmente inteligible por el español culto medio. Lamentablemente, el balance de la novelística que de todo ello se ocupa, entre la fantasía y el victimismo, dista mucho de ser satisfactorio.

---

dún y Lyon marchaban destacados, tan repugnante práctica se encaminaba al *mercado* andalusí y bien sabido es que sin mercado no hay producción.

[40] *Ziryab*, p. 70.

[41] "No menos cierto era que, a diferencia de Europa, la enseñanza primaria se había difundido en la España musulmana hasta el extremo de que la mayor parte de la población sabía leer y escribir" (*Ziryab*, p. 89).

[42] *El puente de Alcántara,* p. 711.

[43] Ibídem, pp. 710 y ss. F. Baer lo hace a sabiendas y hasta lo declara, pese a conocer el error a que induce.

[44] A las prohibiciones de los cristianos, hasta el siglo XV, se sumaban las de los moros en sentido contrario: *vid.* el diálogo entre un clérigo y el autor, referido por al-Hayari, en que el morisco refleja no sólo odio a los cristianos, también un afán proselitista notable (Ahmad Ibn Qasim al-Hajari, *Kitab nasir al-din 'ala l-qawm al-kafirin,* [Libro del defensor de la fe contra los infieles], ed. Van Koningsveld, Madrid, CSIC, 1997, pp. 33-34 del texto árabe); y nota 132 del capítulo 3, *supra*.

6. LOS MORISCOS Y AMÉRICA *

> "Cuando Colón y sus tripulantes gritaron ¡Tierra! sólo descubrieron una isla fenicia: Guanahaní. Semanas después, quizá meses, los descubridores ya estaban en Yucatán: un mundo fenicio de cuarenta ciudades aztecas y mayas, con habla, escritura, mitología y arquitectura fenicia [...]. Develar el misterio del alfabeto y el habla de los precolombinos, comprobando infaliblemente su origen fenicio. No menos orgullo nos causaría el hecho de comprobar que el americanismo o el habla regional americana, fue fundada por los andaluces 'mozárabes y mudéjares', quienes llegaron con Colón y después de Colón hablando, además del español, su lengua árabe [...] para que los investigadores retomen el estudio serio, que los llevará al asombro de que realmente los fenicios y los árabes participaron en el Génesis de América."
>
> (JUAN YASER, *Fenicios y árabes en el Génesis americano* [1])

"Tiemble después de haber reído..." se titulaba una sección de aquella maravillosa revista satírica que se llamó *La Codorniz*. Del mismo modo, el fragmento arriba glosado debe sumirnos en una ineludible meditación una vez recuperados del estupor. Meditación acompañada de documentos, de datos (o de su ausencia), de búsqueda lo más aquilatada posible de cuantos hechos concretos se puedan allegar sobre el tema propuesto. Porque el asunto, lamentablemente, trasciende los

---

* Para la realización de este capítulo hemos contado con la acogida del Archivo Catedralicio de La Habana (Citado *ACLH*), el Archivo Gral. de Indias de Sevilla (citado *AGI*), el Archivo Gral. de la Nación de México (citado *AGN*), el Archivo Histórico Nacional de Madrid (citado *AHN*) y el Archivo Nacional de Cuba (citado *ANC*). De manera muy especial debemos manifestar nuestro agradecimiento a la Dra. Stella Mª González, directora, al Sr. Roberto Beristáin y a la Srta. Mireya Quintos —todos ellos del *AGN*— por la generosísima y eficaz ayuda que me prestaron; también vaya nuestro reconocimiento al Presbítero Ramón Suárez Polcari, canciller del arzobispado de La Habana, cuya autorización permitió la consulta del llamado *Libro de Barajas*, o de bautizos y bodas de la ciudad.

[1] Juan Yaser, *Fenicios y árabes en el Génesis americano*, segunda edición, Bogotá, 1992.

delirios de una o varias personas y constituye la moneda corriente y difundida con pretensiones de divulgación a través de simposios, coloquios y encuentros celebrados por distintas asociaciones árabes y hasta instituciones oficiales en numerosos países a lo largo del continente americano; y sin que los medios de comunicación locales dejen de aportar a la confusión, no ya su granito de arena, sino su arenal completo. Evitaremos los comentarios que de manera obligada se nos vienen a las mientes y trataremos de racionalizar la cuestión, mas no sin empezar recordando que tales inducciones a la carcajada en realidad proceden de una corriente pseudodivulgadora nacida del fértil vientre del chovinismo panarabista[2], de una fantasía fanática a prueba de cualquier evidencia y, a veces, de las muletas proporcionadas por los morófilos hispanos, no menos proclives a los sobreentendidos de puntos suspensivos que nunca se rellenan, al embrujo del duende y a interpretar a su antojo los negros ojos de las sevillanas.

Carece de sentido hablar de árabes en América con anterioridad a la segunda mitad del siglo XIX, si nos referimos a presencia cuantificable y significativa, con algún efecto social, económico o cultural. ¿Por qué, pues, dedicar tiempo y esfuerzo al estudio de los años transcurridos, en las Indias, entre 1492 y las independencias? ¿Merece la pena si, por añadidura, esto implica arrostrar la acusación automática y tan de moda de *negar y ocultar al Otro*? Si el objetivo fuera rebatir desvaríos y polemizar con sus autores, la respuesta sería rotundamente no; ahora bien, si el trabajo se encamina a clarificar y aportar elementos de juicio para su uso por investigadores, estudiosos y personas racionales en un campo poco labrado hasta la fecha y del que —quieras o no— hay poco que sacar, entonces podría admitirse la utilidad del intento, aunque los indicios e impresiones generales se hayan tornado certezas y los supuestos árabes de América anteriores al XIX ocupen su justo lugar en el limbo de las paranoias humanas.

---

[2] El mismo L. Cardaillac, muy educadamente, se limita a transcribir sin comentarios las elucubraciones de un *historiador* argelino, Fakhar de nombre, que en la revista *al-Thaqafa* (1974) avisa al mundo de que América la descubrieron los árabes, a base de pruebas como achacar la denominación del Brasil a la tribu Banu Barzal de Msila ("Le problème morisque en Amérique", *Mélanges de la Casa de Velázquez*, XII, 1976, p. 284, nota 2). No parece útil extendernos en esta clase de ejemplos; por otra parte, sobre interpretaciones cómicas, sin pretenderlo, de coincidencias fonéticas en toponimia, ver nuestro libro *al-Andalus contra España*, pp. 199 y ss.

En *Al-Andalus contra España*[3] dedicábamos unas pocas páginas a suscitar el tema dejándolo en unos términos prudentes, recordando las referencias a moros en las crónicas de Indias, a moriscos o alárabes, dentro del imaginario (no muy favorable) de los españoles del XVI y ante la confrontación con fenómenos culturales nuevos que no sabían cómo definir y describir. De aquella, pensábamos —y pensamos ahora con mayor fundamento— que pudo existir un trasvase clandestino de individuos, aunque no podamos, con la documentación conocida, fijar con exactitud cuáles fueron las dimensiones de ese paso encubierto, sus modalidades concretas o los efectos que se originaron. Es imposible precisar con detalle, pero sí factible identificar elementos que sin riesgo podrían calificarse de hispanoárabes. Sin embargo, no pensamos que su traslado se produjera tanto por emigración directa de moros (en cualquier caso en reducidas proporciones y tratando siempre de evitar a las autoridades), más interesados como estaban los moriscos en cruzar *allende* (es decir, al norte de África, su natural lugar de destino por razones de cercanía y afinidad cultural y religiosa) y adonde finalmente acabaron pasando en su inmensa mayoría, de grado o por fuerza. Creemos que el vehículo de las reminiscencias hispanoárabes fueron más bien los mismos cristianos viejos que habían asimilado rasgos sueltos de la cultura, el ocio, la vida cotidiana, etc. de sus vecinos durante siglos. Así pues, aun hoy en día encontramos en Hispanoamérica rastros de esa civilización que floreciera en al-Andalus a lo largo de la Edad Media, modificados y adaptados por los españoles y criollos, pero de remota raíz andalusí. Tales serían ciertos instrumentos de cuerda, algún tipo de copla, la fabricación y empleo del azulejo, las construcciones de orden mudéjar o el cultivo de la caña de azúcar. Manifestaciones todas ellas nada desdeñables, como parte que son de la gran cultura virreinal entonces y americana después, pero que en modo alguno autorizan —como en el caso de al-Andalus/España— a hipertrofiar la imagen e ir inventando *posos* árabes donde no los hay. Cada quien por sus motivos.

En el caso americano, la observación y análisis de conquista y colonización muestran más bien que "para hacer inteligible a Tlaxcala, se la compara con Granada, a Tenochtitlán con Estambul, a la corte de Moctezuma con la de los moros de Granada"[4]. O se recuerda a Ve-

---

[3] Pp. 82 y ss.
[4] H. Taboada, *La sombra del islam en la conquista de América*, p. 177.

necia para bautizar un lugar de la costa sudamericana: Venezuela. Y etcétera. Pero junto a ese prurito de acercamiento e identificación, siquiera mediante símiles, late una concepción que establece una "identidad básica entre todo aquello que no fuera lo propio"[5]. Y, en efecto, tatuajes, zambras, circuncisión, adornos, mezquitas, nomadismo, *lengua árabe*, descreimiento en Dios, se adjudican a los indígenas americanos con parejas interpretaciones y modos que a los moros del Viejo Mundo. En ocasiones, partiendo de datos concretos más o menos reales; y en otras, por liso y llano desconocimiento. El problema es que, ya en nuestros tiempos, autores que —mientras se atienen a los hechos sabidos— presentan un cuadro coherente y racional[6], en cuanto se dejan arrastrar de las suposiciones, hasta épicas[7], acaban desbarrando de manera inaceptable, extrayendo conclusiones opuestas a lo que recuerdan en concreto: "Evidentemente, sobre um movimento clandestino nâo ha documentaçâo; e em conseqüência, só dispomos de evidências indiretas [¿cuáles?] de que realmente houve tal emigraçâo ilegal, mas, nem por isso, abundante. Muitos de tais muçulmanos disfarçados chegaram ao Brasil como marinheiros [¿?]. Os portugueses precisaram de muitas gentes com conhecimentos náuticos que eles nâo possuiam em quantidade suficiente..."[8]. A continuación, se enjareta una ristra de afirmaciones sin otra base sino su mera enunciación, como señalar que los portugueses carecían de pericia naval, cuando sus experiencias eran ya notables; o que se valían de la ayuda de mo-

---

[5] Ibídem, p. 177.

[6] "Como nos demais países latinoamericanos, e ao contrario do que aconteceu nas Güianas, os muçulmanos no Brasil jamais lograram constituir mais do que uma minoria insignificante. Deste minoria houve tres representantes, nos 469 anos da historia brasileira; e estes sâo de uma diversidade que nâo se pode imaginar mais heterogénea. Na verdade, o único laço que os une, é a religiâo do Islâo; pelo demais, nâo têm pràticamente ponte algum de tangência..." (Rolf Reichert, "Muçulmanos no Brasil", *Almenara*, 1, 1971, p. 27).

[7] "...a Conquista do Novo Mundo que coincidiu precisamente com a expulsâo dos mouros e mouriscos da Peninsula, decia oferecer aos perseguidos uma chance sem par. Escapando-se da Peninsula e seus sofrimentos, podiam esperar encontrar lá, em ultramar, novas possibilidades para voltarem à prosperidade e ao prestigio perdidos. A Conquista também podia reanimar os velhos impulsos árabes, fácilmente arrastados por esperanças fantásticas e ilusôes utópicas, os velhissimos sonhos de façanhas..." (art. cit., p. 31).

[8] Ibídem, p. 31.

riscos/musulmanes, cuya dedicación marítima y dominio del Atlántico en ese momento eran escasos, como en épocas anteriores. Además, R. Reichert, de asertos no probados y puntuales, extrae conclusiones generales: si Colón era judío y Magallanes morisco (¿?), para el autor está claro que los barcos portugueses rumbo a Brasil iban pilotados y gobernados por moros. Que la lógica más elemental rechine no le arredra y prosigue por la misma vía: "Chegados ao Brasil, os mouriscos deviam, forçadamente, continuar o seu disfarce de cristâos velhos. Porque estavam sob dupla ameaça: a de deportação, e a de serem perseguidos e processados pelo Santo Oficio da Inquisiçâo. Desta maneira nâo devemos estranhar que nâo se encontre documentação alguma relativa a comunidades muçulmanas em cualquer cidade brasileira do século XVI ou XVII" [9]. Con lo cual acaba como empezó: de la inexistencia extrae la certeza de la existencia. Metodología nada nueva pero poco sólida, en especial si —como veremos— de otros *prohibidos* y hasta de contados criptomusulmanes sí hay referencias probadas.

Hernán Taboada en su bien documentada y razonada obra *La sombra del Islam en la conquista de América*[10] enumera de forma casi exhaustiva todo el catálogo de "rasgos" e "influencias" árabes: desde la dulzura del trato a los esclavos en Brasil —a partir de una supuesta benignidad islámica que obvia, por ejemplo, la minucia de la *fabricación* de eunucos a lo largo y ancho de toda la historia del islam— hasta el gusto por los dulces, las gordas o la limpieza (¿?). En tanto otros países aportarían las tapadas limeñas, la legislación (¿?), la música (¿?), el gaucho (¿?), pseudohistorias sobre "colonias muslimas en América", las similitudes de lenguas indígenas con hebreo-turco-persa-árabe-beréber (¡!)[11], la confusión —escrita, claro— de *iudios* con *indios* en documentos españoles, la interpretación abusiva de topónimos hispanoamericanos devenidos con toda lógica en antropónimos (Matamoros, Tarifa, Mezquita, etc.)[12], o viceversa; o la práctica de la clitoridectomía (bien entendida por Taboada: se trataba de esclavos africanos que

---

[9] Ibídem, p. 32.
[10] México, FCE, 2003.
[11] Algunos frailes se hacen eco de tales pretensiones, a partir de superficialidades nada científicas.
[12] Con no poca perplejidad oímos a una señora siria, en Tucumán (1988), afirmar el origen árabe del político y escritor argentino del siglo XIX D. Sarmiento "porque una abuela suya era de Albarracín (Teruel)".

la realizaban en sus lugares de origen). A estos ejemplos, recordados por el estudioso argentino, podemos agregar otros no menos inconsistentes y que, por lo mismo, nada afectan a nuestra tesis general, como extrapolar consecuencias de apellidos españoles procedentes de sustantivos ya castellanos que no implicaban pertenencia étnica o religiosa alguna sino descripción de oficio [13], o las observaciones, incluso tardías, de viajeros o naturalistas que percibían coincidencias *a la mahometana* [14]. Nada de todo esto reviste mayor interés que el meramente anecdótico y jocoso y, en el mejor de los casos, documentaría la vigencia universal de la poligénesis en tanto no se aporten las pruebas intermedias, los eslabones documentales, entre lo observado y lo afirmado. Por desgracia, el vistoso volumen *Al-Andalus allende el Atlántico* [15] añade poca luz al asunto por extenderse —con excepción del cubano M. Moreno Fraginals— en cuestiones marginales o de escasa relación con el continente americano, tal vez por no haber mucha materia que investigar, pese a la buena voluntad de quienes participaron en la obra.

Pero la misma documentación escrita puede inducirnos a errores de interpretación si nos quedamos en noticias aisladas y desconocemos el conjunto social en que se producían los acontecimientos. Dos ejemplos adelantaremos por ahora: el primero es el expediente de proclamarse herejes, moros o renegados, a que acudían innumerables esclavos al ser flagelados por sus amos, tanto en España como en las Indias, porque sabían que eso cortaba el castigo en el acto y se pasaba

---

[13] "Arráez es un término de hondo sabor marinero que significa capitán o patrón de un barco y en tal sentido resulta equívoco en determinados contextos, ya que en compañía de un nombre propio pudiera indicar el oficio del individuo. Pero también lo hallamos como apellido familiar. Y en Palos de la Frontera sabemos que en los siglos XV y XVI una familia de marineros llevaba este apellido. Pedro Arráez y su hijo Juan Arráez viajaron en *La Niña* en el primer viaje del descubrimiento" (M. C. Mena García, *Sevilla y las flotas de Indias. La gran armada de Castilla del Oro (1513-1514)*, Sevilla, 1998, p. 182).

[14] Nuestro muy admirado —y bien desconocido en la España actual— Félix de Azara refiere, a fines del XVIII, acerca de los indios guaná, al oeste del río Paraguay: "Algunos se rapan toda la cabeza menos un mechón a la mahometana, y otros afeitan todo lo que está delante de la sutura coronal o la mitad anterior de la cabeza" (F. de Azara, *Descripción gral. del Paraguay*, Madrid, Alianza, 1990, p. 127). No faltará quien interprete que estos indios eran muslimes sin remisión.

[15] Granada, El Legado Andalusí, 1997, promovido por la UNESCO.

el caso al tribunal inquisitorial más cercano, donde la víctima podía retractarse. Así pues, Domingo Negro, de Guinea, de 18 años, esclavo de Andrés Pérez, estando azotándole su amo "avia dicho que Renegaba de Dios Nro. Sor. y de los bien abenturados Santos Apostoles Sant P° y Sant Pablo..." (año 1612) [16], idéntica escapatoria pretendida por Antón Bañón y Juana de Aranda, esclavos negros que fueron sacados al auto de fe de 1614 en Cartagena de Indias porque "estándolos sus amos azotando, dijeron que renegaban de Dios: se les dieron además cien azotes a cada uno" [17]. En múltiples ocasiones las denuncias se basaban en pretextos que, sin exagerar, podemos calificar de especiosidades hasta cómicas si no implicase peligrosos efectos para los acusados [18], y sin que por ello podamos inferir verdadera condición de moros o judíos en sus conductas.

Como tampoco se puede entender el término "morisco" en el estricto sentido de "converso de moro" (que se empezó a usar desde la rebelión de los agermanados y en especial a partir de mediados del siglo XVI) sino más bien en la acepción sexta que recoge DRAE y, precisamente, en México. Tanto en ese país como en Perú hemos recogido un buen número de alusiones a "moriscos" perseguidos por la Inquisición local, pero el contexto, el contenido de los procesos (que no se incoan por "seguir la secta de Mahoma" sino por otras razones) y, a veces, la aclaración explícita del texto nos evidencian que de ningún modo estamos ante criptomusulmanes infiltrados en las Indias. La palabra designa al hijo de español y mulata, o viceversa, o sea cuarterón. El tono aceitunado o ligeramente moreno de estas personas les asemejaría a los moriscos o, más bien, a la imagen que a distancia se tenía de

---

[16] *AHN*, Inquisición, Relaciones de Causas, leg. 2075, n° 22, f° 1 r. La picaresca desesperada no siempre daba buenos resultados: el negro da con sus huesos en la Inquisición de Sevilla donde le procesan, propinan otros 50 azotes y le devuelven a su amo. Cf., *infra*, con numerosos casos similares en México.

[17] J. Toribio Medina, *La imprenta en Santa Fe de Bogotá y la Inquisición en Cartagena de Indias*, p. 161.

[18] "...Y era que cuando pasava el Santíssimo Sacramento por la calle no se avia quitado el sombrero. Y que por no le mirar en la iglesia se tapava la cara y hacía como que dormía y que avía ayunado ayunos de moros [...] y que en Almería avia dado dineros para rescatar a los Moros que cautivaban los xpianos y que avia comido carne en viernes y savados y vestido en ellos camissa limpia y guisado la olla de carne con açeyte y comido en el suelo a uso de moros..." (mayo de 1601, *AHN*, Inq., Rel. Caus., leg. 2075, n° 12, f° 10 r).

ellos en Nueva España. El vocablo aparece en documentos relativamente tempranos y con claro significado de tipo racial, en Perú en la década de 1570 [19] o en México, antes y después [20], con sentido de "cuarterón" y se mantiene hasta el siglo XIX [21]. Entre medias, disponemos de una larga lista de "moriscos" procesados por asesinato, por bigamia, por blasfemia, por supersticiosos, por testigos falsos, etc. Es decir, las causas habituales entre el común de la población [22], sin que falte algún caso en que el consabido fenotipo del cuarterón se opone al de "español" como sinónimo de blanco [23].

---

[19] Véase F. de Toledo, *Disposiciones gubernativas para el virreinato del Perú*, vol. I (1569-1574), p. 406.

[20] Un caso notable —por las connotaciones socioculturales que subsume, *morisca*, mujer libre y soltera con hijos— es el de Beatriz de Padilla reseñado por Solange Alberro (*Inquisición y sociedad en México*, p. 458). Primer caso documentado (1539) el de Isabel *morisca*, en *AGN*, Grupo documental Inquisición, vol. 38, exp. 9, fojas 207 r-208 v.

[21] El último documento que hemos hallado en tal sentido es la denuncia (1805) que hace Pablo Antonio Vega, morisco, natural de México, oficial de sastre, contra Domingo Figueroa por haberle oído decir que había leído en la Sagrada Escritura que los hombres éramos mortales en tres ocasiones y que otras tantas hemos de resucitar (*AGN*, Grupo documental Inquisición, vol. 1427, exp. 18, fojas 94-95).

[22] En 1601, un tal Pedro Martín Calbo testimonia contra Juan Alonso *morisco* y contra Graciana de Ávila mestiza, por públicamente amancebados durante tres meses al menos; afirma que "los ha visto dormir y comer juntos en una mesa e cama como si fueran marido e muger causando nota y escándalo en la vezindad" (*AGN*, Grupo documental Bienes Nacionales, vol. 810, exp. 130 bis, s/folio).
1621, auto de prisión contra Alonso de Molina, morisco (*AGN*, Grupo documental Inq., vol. 337, exp. 11, foja 58); en 1667, en una real provisión, un Gerónimo de Alva, "morisco", aparece inculpado por la muerte de dos indios en el partido de San Juan de Teotiguacan (*sic*) y se pide a los alcaldes del crimen que envíen un tanto de las causas (*AGN*, Grupo doc. Tierras, vol. 2984, exp. 116, f° 267-268); en 1717, Marcos Pizarro, mulato morisco, acusado de bigamia en Cuernavaca (*AGN*, Grupo doc. Inq., vol. 767, exp. 20, foja 421); en 1720, Marcos de Castañeda, "mestizo o morisco", "por casado dos veces", en Real y Minas de Santa Eulalia de Chihuahua (*AGN*, Grupo doc. Inq., vol. 781, exp. 35, fojas 373 a 393); en 1749, "El Sr. Inquisidor fiscal contra Tomás de Machuca, de casta morisco, por supersticioso" en Querétaro (*AGN*, Grupo doc. Inq., vol. 912, exp. 68, fojas 292-295). Hay muchos más casos semejantes en el *AGN* de México, así pues sólo reseñaremos las referencias del Grupo doc. Inq.: vol. 980, exp. 12, fojas 171 a 191; vol. 941, exp. 3, fojas 10 a 30; vol. 946, exp. 25, fojas 238 a 248; vol. 948, exp. 30, fojas 454 a 457; vol. 1.046, exp. 14, fojas 204 a 213; vol. 1.299, exp. 13, fojas 179-187; vol. 738, fojas 137 a 245; vol. 1.141, exp. 1, fojas 1 a 8; vol. 1.212, exp. 15, fojas 265 a 276, etc.

[23] Francisco de Ledesma (en Coyoacán, marzo de 1711), morisco —condenado a penitencia de ayuno, oración y mordaza por tres días— por haber renegado de Dios

Como es sabido, durante los siglos XVI, XVII y XVIII hubo una prohibición expresa de que pasaran a Indias moros, moriscos, judíos, marranos, gitanos y sus descendientes hasta la tercera generación. No menos conocidas son las órdenes que, a las claras, prescribían a los virreyes, gobernadores, generales, corregidores, etc. para que cuantas personas de tal condición fuesen habidas en las Indias —pese a las prohibiciones— de inmediato fueran reexpedidas para la Península, incluyéndose en tal capítulo a los esclavos moros y sus hijos. Ya Nicolás de Ovando, en 1501 [24], recibió instrucciones para que impidiese el paso de tales gentes a su gobierno de La Española. A partir de 1518 se establece formalmente la limitación para "que ningún reconciliado, o nuevamente convertido a nuestra Santa Fe católica, de moro, o de judío, ni hijo suyo, ni nietos de persona que públicamente huviese traido sambenito, ni nietos de quemados, o condenados por hereges pudiesen pasar a las Indias", norma reiterada en 1522, 1530, 1539, etc. De todo ello tanto la *Recopilación de leyes de los reynos de Indias* como el *Diccionario de gobierno y legislación de Indias* recogen unas cuantas disposiciones en tal sentido. Y también es cierto que ni el *Índice (Índice geobiográfico de más de 56 mil pobladores de la América hispánica, 1493-1600)* de P. Boyd-Bowman, ni el *Catálogo de pasajeros a Indias* nos aclaran casi nada sobre la posible identidad de conversos de las personas que cruzaban el Océano en las flotas. No obstante, hay varios indicios que parecen descubrir que las contravenciones debían acaecer con más frecuencia de la deseada por los poderes públicos, multiplicándose los *llovidos*: en primer término, la misma reiteración de las prohibiciones en momentos distintos durante más de dos siglos puede indicar que las normas se cumplían mal; en segundo lugar, hay constancia de procesos a judaizantes por parte de la Inquisición en Lima y México, con el consiguiente incumplimiento de las penas de extrañamiento por parte de los condenados. Refiere S. Alberro cómo durante el período 1642-1649 se condenó a 103 judaizantes a abandonar México, de los cuales sólo embarcaron 26 y la mayoría de ellos se fue quedando en las escalas de las diferentes islas. Por último, las mis-

---

Ntro. Señor y de Sta. María, con advertencia de que, de no enmendarse, recibiría castigos mayores (*AGN*, Grupo doc. Inq., vol. 767, exp. 37, fojas 559 a 562).

[24] M. J. de Ayala, *Diccionario de gobierno y legislación de Indias*, XI, ed. M. Vas Mingo, Madrid, 1993, pp. 46 y ss.; y *Cedulario Indiano* de Encinas, I, pp. 440 y ss. y I, p. 455.

mas recopilaciones legales recogen noticias cuya base parece verídica en términos amplios, por ejemplo: "...aquella tierra estava llena de vagamundos y mugeres perdidas mediante haber ido tantos sin licencia que los mismos oficiales le escrivieron que en la flota pasada fueron más de 600"[25].

Tanto las autoridades civiles como las eclesiásticas, incluidas las de la Inquisición, encargadas del cumplimiento de las disposiciones legales de interdicción, dejaban no poco que desear, no ya en su virtud sino en su misma eficacia, por añadidura a las dificultades materiales de los tiempos (comunicación y movimiento). Por consiguiente, la falta de celo, las simples coimas o la propia naturaleza de los viajes facilitarían esas entradas clandestinas. Si los oidores de Lima "el día antes [del auto de 15 de noviembre de 1573] enviaron a decir que si no se les ponía dosel como a los inquisidores no asistirían a la ceremonia"[26], Gonzalo de Torres, comisario de Popayán del Santo Oficio "daba mal ejemplo de su persona, no sólo con la mala vida que hacía, sino en muchas partes escandalizando al pueblo, acuchillándose de noche y bendiciendo la bragueta, diciendo que le sustentaba y le daba de comer"[27]. Y sin que faltaran las querellas y suspicacias entre los propios religiosos por rivalidades de jurisdicción y poder[28].

---

[25] Cédula de 13 de julio de 1594, *Cedulario*, tomo 35, fº 199 v., nº 189, en Ayala, *Dic. de gobierno*, tomo XI, p. 50.

[26] Toribio Medina, *Hª del Santo Oficio de la Inquisición de Lima*, I, p. 57.

[27] Toribio Medina, *La imprenta en Bogotá y la Inquisición en Cartagena de Indias*, Bogotá, 1952, p. 106.

[28] Al respecto es bien expresiva la carta de Eusebio de Arrieta, secretario del tribunal de Lima (26 de junio de 1569): "aunque se tomaba con gran voluntad el Sancto Oficio de la Inquisición, he entendido de algunos religiosos, en especial agustinos, que por una parte les parece bien i por otra no lo querrían, por la mucha libertad que en estas partes tienen" (citada por Toribio Medina, *Inq. De Lima*, I, p. 18).

En este capítulo de competencias e intervención exterior la isla de Cuba resultaba especialmente conflictiva, así en La Habana el comisario del Sto. Oficio, fray Francisco de Carranco, de la orden de San Francisco "ha pretendido el dicho padre extenderse no sólo a la isla de Cuba, pero aun a la isla de Jamaica y a estas provincias de la Florida, para lo cual supliqué a aquellos señores de México", pide parecer el obispo —fray Juan— por temor de *novedades*, en 23 de mayo de 1606 (Toribio Medina, *La Inq. En Cartagena de I.*, p. 403). De la fricción entre Carranco y el obispo ("a de castigar y echar a galeras al comisario de este Santo Oficio que assiste en La Havana") nos informa otro documento de dos años más tarde (*Catálogo de textos marginados novohispanos. Inquisición: s. XVII*, nº 1.167, *AGN*, México, 1997). Y de nada sirvió que cambia-

En este clima, no es extraño que tuviera su asiento todo género de contradicciones, sobre todo en la aplicación de las leyes. En conjunto, dentro de la jungla de normativas referentes a las Indias, promulgadas o remitidas hasta fines del XVIII, las que atañen a moros son pocas proporcionalmente, pero significativas por su alcance ideológico y político. En la muy minuciosa encuesta —recogida por Pedro de Valencia [29]— que se formulaba en los pueblos y ciudades de las Indias se enumera un elenco de 355 preguntas dirigidas a desarrollar las distintas temáticas económicas, religiosas, sociales, naturales, etc. y entre ellas hay varias alusiones, muy pormenorizadas, a "españoles, indios y negros", sus circunstancias, etc. pero no existe ninguna relativa a gentes sospechosas de herejía, gitanos o moriscos, lo que podría sugerir que la incidencia de estas minorías era escasa y sólo el exceso de celo legislador y burocrático habría inspirado las pocas Leyes de Indias a ellos concernientes. Y en los casos concretos, de reclamaciones y hasta persecución —sobre todo contra marranos acomodados en Perú y México— es imposible discernir cuánto había en realidad de rencillas personales y pugnas por el poder y cuánto de intolerancia religiosa estricta. Quizás lo grave fuera que la situación general, el *totum revolutum*, permitiera arbitrariedades y abusos por encima —y por debajo— de las ordenanzas oficiales: el memorial —sin fecha— de un franciscano contra el gobierno de Pedrarias Dávila exige el cumplimiento de lo que sería norma, a saber "que ningún hijo de quemado, ni reconciliado, ni tornadizo pueda pasar ni estar en aquellas partes y porque algunos por servicios y cautelas se sufren y disimulan y de ello resulta escándalo y ser ellos muy bulliciosos y haber dicho palabras en ofensa de Dios y de nuestra Santa Fe y no son castigados por no haber Inquisidor; pide que sean echados y no vayan otros y se provea de Inquisidor" [30].

---

ran los personajes: años después (en 1621) la tensión persistía entre "fray Francisco de Bonilla, del orden de San Francisco, a quien por sus malas costumbres estos años pasados embarcaron sus prelados para esos reinos y se volvió sin licencia y en hábito de marinero [...] usurpando el oficio de los curas y viviendo licenciosamente, perdiendo la obediencia a sus superiores, dando mal ejemplo y escándalo" y fray Alfonso, el nuevo prelado (Toribio Medina, *Inq. En Cartagena de I.*, p. 405). Todavía en 1777, el obispo a la sazón continuaba quejándose al Inquisidor General por los desmanes de los comisarios (ibídem, p. 406).

[29] *Obras Completas, Relaciones de Indias*, II, *México*, León, 1995, pp. 329-339.

[30] I. Friede, *Documentos inéditos para la Hª de Colombia*, doc. 17, Bogotá, 1955, p. 93. El mismo Pedrarias Dávila "dio indias a Gonzalo de Montoro, mercader, nieto

La normativa, varias veces repetida, es clara:

Ninguno nuevamente convertido a nuestra Santa Fé Catolica de Moro, o Iudio, ni sus hijos, puedan passar a las Indias sin expressa licencia nuestra. (El Emperador, Valladolid, 15 de septiembre de 1522)[31].

Incluso se ordena su regreso a España[32], con el muy relativo cumplimiento que más arriba veíamos. Desde la instrucción dada a Ovando, a lo largo de todo el siglo XVI se suceden las provisiones, cédulas y capítulos de cartas, en diferentes tiempos, para que los virreyes, gobernadores, audiencias y otras justicias de las Indias puedan desterrar y enviar a España a "personas inquietas" —no sólo a moros— por causas justas, tratando de evitar la discrecionalidad[33], con expresa petición (1559) en cédula dirigida "a todos los perlados de las Indias que mandasen informe, cada uno en su diócesis, si ay en ella luteranos, Moros o Iudios y procedan contra ellos"[34]. Sin embargo, en lo referente a moros encubiertos o descendientes de ellos, los datos reales son escasos, por el contrario de lo que ocurre con criptojudíos, de los

---

de Antón de Montoro, que quemaron los huesos en Córdoba, y a otro hermano suyo le quemaron en Sto. Domingo [...] y a otros muchos que son notorios confesísimos..." (Friede, p. 161, doc. 40).

[31] Ley XV, Libro IX, Tít. XXVI, fol. 3, *Recopilación*, IV, Madrid, 1681; reimp. Madrid, 1973.
También: "Que no pasen esclavos Gelofes, ni de Levante, ni criados entre Moros. Tengase mucho cuidado en la Casa de Contratación de que no passen á las Indias ningunos esclavos Negros, llamados Gelofes, ni los que fueren de Levante, ni los que se hayan traido de allá, ni otros ningunos, criados con Moros, aunque sean de casta de negros de Guinea, sin particular y especial licencia nuestra, y expression de cada una de las calidades aquí referidas". (El Emperador, Sevilla, 11 de mayo de 1526), Ley XIX, Libro IX, Tít. XXVI, fol. 4, *Recopilación*, IV).
[32] Cédula de 14 de agosto de 1543 (Ayala, *Diccionario de gobierno,* II, Madrid, 1988, p. 138) y cédula de 13 de noviembre de 1550, etc.
También: "Que sean echados de las Indias los esclavos Berberiscos, Moriscos, è hijos de Iudios. Con grande diligencia inquieran, y procuren saber los Virreyes, Audiencias, Governadores, y Iusticias, qué esclavos, ó esclavas Berberiscos, ó libres, nuevamente convertidos de Moros, é hijos de Iudios, residen en las Indias, y en qualquier parte, y echen de ellas a los que hallaren, enviándolos a estos Reynos en los primeros navíos que vengan y en ningún caso queden en aquellas Provincias. Valladolid, a 14 de agosto de 1543, El Príncipe" (Ley XXIX, Libro VII, Tít. V, fol. 290, *Recopilación,* II).
[33] *Cedulario Indiano*, I, pp. 422-423.
[34] Ibídem, I, p. 454.

cuales ha quedado un cierto número de procesos y condenas, probados todos documentalmente. Por nuestra parte, hemos encontrado casos aislados en diversos países, que corresponden a musulmanes de origen y más abajo los reseñamos, pero sugerimos prudencia a la hora de interpretar el significado y alcance de esos ejemplos (estamos hablando de tres siglos en un continente inmenso) y hacemos tal llamado porque incluso investigadores —cuya seriedad global no ponemos en duda— incurren en galopadas a las ancas del entusiasmo: L. Cardaillac[35] entiende, a partir de una carta de Felipe II (20 de mayo de 1578) a la Audiencia de México a propósito de los moriscos granadinos llegados a esa tierra por orden expresa del rey, que el paso debió ser múltiple; y basándose en esta cédula[36], a través de una lectura interesada y muy superficial, insinúa que *pudo* haber muchos más. Pero la realidad del texto —que Cardaillac omite— a nuestro juicio, no permite sacar tal conclusión:

Carta que Su Magestad escrivio a la audiencia de Mexico, en veinte de Mayo de setenta y ocho, que manda que los esclavos del Reyno de Granada que estuvieren en la Nueva España, los embien a estos Reynos y a sus hijos.
En quanto a lo que dezis que está por nos ordenado, que no passen a essas partes esclavos Berveriscos, so pena de perdellos los que los llevaren, se ha executado hasta que agora han passado algunos Moriscos del Reyno de Granada, con licencia nuestra, con los quales ay los mismos inconvinientes que con los Berveriscos, y convernia que de aquí adelante no passen, por las razones que referís. Y porque tenemos ordenado que ansí se haga, y se terná cuenta con que no se den mas estas licencias. Luego que veais esta, haréis embarcar y embiar a estos Reynos todos los esclavos y libres, ansí Berveriscos como del dicho Reyno de Granada, sin que por ninguna vía quede allá ninguno dellos ni delos hijos que les huvieren nacido, sin embargo de qualesquier cédulas y licencias nuestras que para ello tengan: y de lo que hizieredes nos daréis aviso, y lo mismo hareis de los Moriscos.

Es decir, el rey se corrige a sí mismo y anula el permiso puntual concedido —probablemente a resultas de la dispersión de granadinos

---

[35] L. Cardaillac, "Le problème morisque en Amérique", *Mélanges,* XII, p. 291; y (caso de Mª Ruiz) "A travers le récit aventureux de sa vie, nous pouvons deviner l'existence agitée de maints morisques..." (ibídem, p. 294).

[36] *Cedulario Indiano*, IV, pp. 383-384.

por los reinos de España tras la rebelión de las Alpujarras— e insiste en la línea de la normativa prohibicionista anterior. Inferir lo contrario de lo que el documento completo señala parece, como mínimo, exagerado. A propósito de granadinos en general, sabemos, según los *Libros de asiento* de la Casa de la Contratación, que pasan a Indias a lo largo de todo el siglo XVI 543 personas, no obstante quien nos proporciona el dato insiste en lo mismo que otros: "a lo que hay que sumar el enigma del, sin duda, fuerte porcentaje de pasajeros clandestinos, dato siempre a tener en cuenta" [37], pero si es un enigma, ¿por qué *no hay duda*? ¿Cómo un enigma va a ser un dato? La imagen mítica por encima de todo.

Todavía en 1702 se ordena devolver a España a un Juan Francisco, "moro de nación y decirse ser cristiano" por reniegos en el Real y Minas de Tasco (Taxco) [38]. Reproducimos abreviado el caso por ser paradigmático en cuanto al cargo de *reniegos*, repetido en otros más: el acusado, esclavo del Sargento Mayor D. Joseph Pérez de la Calle, Alcalde Mayor de la ciudad, " a quien el vulgo llama Moro y el dicho Alcalde Mayor 'Mulato', por nombre Juan Francisco [...] a el rrezebir por preso a un hombre llamado Juan Francisco [...] de nazion moro de quien se dize estar baptizado y ser christiano, al tiempo de ponerle unas esposas le oyó dezir *Reniego de Dios*, a lo qual todos los que estaban presentes le reprehendieron y a la reprehension no respondió cosa alguna [...] por andar dicho moro fugitibo y aver hecho fuga con otros presos de la carsel lo aprisionó y entonzes fue quando después de aprisionado le oyo dezir *Reniego de Dios* y que lo dixo tan rrezio que con ser el declarante algo sordo le pudo oyr" [f° 267 r]. Otros declarantes niegan haberle oído y hasta un mestizo testifica que le oyó invocar a la Virgen de Guadalupe, lo mismo que otro le habría oído llamar a la de los Dolores y que "dixo estas palabras *reniego de Dios* fue al tiempo que por mal puestas las piesas de el sepo le estaban lastimando las espinillas. De el qual trabajo le libró el declarante basandole los pies a otros agujeros mas olgados y hecha esta diligenzia se sosegó el dicho Juan Fco." [f° 273 v]. El amo asegura

---

[37] J. L. Barea Ferrer, "Granada y la emigración a Indias en el siglo XVI", en *Andalucía y América en el siglo XVI*, vol. I, Sevilla, 1983, pp. 161-162.

[38] *AGN*, Grupo doc. Inq., vol. 721, exp. 20, fojas 263 a 280.

[fº 278 v] "que es tan Christiano como él y que havia de hazer traer su feé de Baptismo", pues fue bautizado a petición propia en Veracruz *in articulo mortis*. El mismo juez-comisario de Taxco advierte que lo diría por la "presión de las prisiones" y que una vez sosegado invocó a la Virgen y a Dios para salir con bien, por lo que considera debió ser un acto indeliberado [fº 278 v], a lo cual el inquisidor fiscal se dirige al comisario [fº 279r] "para que le absuelba de la censura en que puede haver yncurrido y juntamente le reprehenda y amoneste se contenga para en lo adelante en prorrumpir semejantes reniegos [...]" [fº 279 r]: "otrosí dize el Inquisidor fiscal que por quanto el dicho Juan Franco. es moro de nación según dizen los testigos de la sumaria —por lo que esta prohibido de que pueda estar en estos Reynos según leyes de ellos, por tanto siendo V.S. servido, podrá mandar se assegure la persona del dicho Juan Franco. Y hecho, en la primera ocassion se remita a España" [fº 279 v]. No conocemos el final de la historia y entra en lo posible que el procesado permaneciera en Nueva España, pero lo más destacable es la confluencia de varios factores, recurrentes en casos similares: un moro, de origen verdadero, por un incidente nimio se topa con la Inquisición, el amo —temeroso de perder su propiedad— certifica su carácter de buen cristiano, la maraña judicial —tal vez por presiones del propietario— opta por la benevolencia, pero al tratarse de un *prohibido*, todavía en el siglo XVIII, dictamina la salida del acusado. Que se cumpliera o no el dictamen entra en otro terreno.

La política general de la Corona fue de interdicción, mas en este campo —como en otros relacionados con los moriscos— a veces hubo marchas y contramarchas, un zig-zag no poco contradictorio que en la actualidad da pie a conclusiones un tanto traídas por los pelos. L. Cardaillac[39], en su ya mencionado trabajo, refleja un cúmulo de minucias en que los contados casos referidos, con alguna excepción, son muy tangencialmente de moriscos auténticos. Como el autor carece de materia, acaba incluyendo como "moriscos" a los *moros* de Filipinas[40] que son, obviamente, otro cantar, aunque las islas

---

[39] L. Cardaillac, "Le problème morisque en Amérique", en *Mélanges*, XII, 1976.
[40] Ibídem, p. 297. Hay casos de Filipinas en el Tribunal de la Inquisición de México, como el de un tal Piña —contra el que se envía testificación— por haberse ido a Brunei y una vez allá vuelto moro y casado con una mora "parienta del Rey de

estuvieran incluidas en la jurisdicción del tribunal inquisitorial de Nueva España. El historiador francés —citando a Bermúdez Plata [41]— recuerda un solo caso de un viajero registrado como "cristiano nuevo", por lo que admite la imposibilidad de ofrecer cifra ninguna sobre el paso de moriscos a las Indias, al tratarse de un movimiento clandestino. Si lo hubo.

Las disposiciones legales son variopintas: en 1511, cédula que manda a los oficiales de Sevilla "que dexen passar a las Indias a todos los que quisieren con solo escrevir sus nombres en la casa de la contratación" [42]; pero de ahí se salta a otra (1552) que ordena "cómo y donde han de hazer los que passaren a Indias sus informaçiones y lo que han de provar" [43]; entretanto, un reconciliado de Nueva España (1534) —no sabemos si judaizante, luterano o qué—, por carta del Emperador a la Audiencia de allá, se dispone que permanezca en México "porque se conozca la emienda de su vida" [44]; y una provisión de la reina Juana (1511), refrendada (1565) por Felipe II, prohíbe que los incursos en interdicción tengan oficios reales, públicos ni concejiles, lo cual parece indicar que pasaban y había constancia, al menos oral, de ello. Bien es cierto que los incumplimientos abarcaban muchos más grupos [45] y mayor número de motivaciones que el muy re-

---

allí" (*AGN*, Grupo doc. Inq., vol 486, exp. 53, fº 263). Evidentemente, estos *moros* no son el objeto de nuestro estudio.

Sobre *el bautizo a la usanza mora, durante su cautiverio*, de Andrés de Palma. Ms. de Manila, 19 de julio de 1642 (*Catálogo de textos marginados novohispanos. Inquisición: s. XVII*, nº 1.298).

Contra Alejo de Castro, por abuso sexual y *celebrar ceremonias de moros* (ibídem, nº 1.340 y 1.341).

[41] *Catálogo de pasajeros a Indias (1509-1559)*, I, nº 1.496, p. 106.
[42] *Cedulario Indiano*, I, p. 396.
[43] "...informaciones hechas en sus tierras y naturalezas [...] donde conste si son casados o solteros, y las señas de edad que tienen y que no son de los nuevamente convertidos [...] y con aprovación de la justicia de la ciudad villa o lugar donde la tal información se hiziere" (ibídem, I, p. 397).
[44] Ibídem, I, p. 456.
[45] Cédula real (9 de octubre de 1549, de Valladolid) al presidente y oidores de la Audiencia Real del Nuevo Reino de Granada para que se castigue a un Antonio Hernández por falsedad al pasar con licencia falsa (a nombre de Bautista Zimbron) y con otra mujer distinta de la suya (Friede, X, p. 156, doc. 2.239, Audiencia de Santafé, leg. 533, lib. 1, fº 100); real cédula por la cual se hace merced a Colasa Catalina Rodríguez de una esclava blanca, secuestrada en Cartagena, por pasar sin licencia, a 3 de

ducido caso de los moriscos, empezando por los luteranos [46], continuando con los gitanos [47] y rematando con cualquier fratría o individuo que llevase mala vida: "...noticioso el Rey del descuido y remisión que havia avido en su observançia por continuarse aun el desorden de pasar los generales, almirantes, capitanes de las armadas y los maestres de los navíos de ellas a muchos por intercesiones, ruegos e intereses que les daban, de que resultaba hincharse las Yndias de hombres ociosos, y no necesarios en ellas, y sí en estos reynos. Mandó..." (Cédula de 16 de julio de 1597) [48].

Y, no obstante, se mantenían los resquicios y las excepciones:

Que la expulsion de los estrangeros, que residieren en las Indias, no se entienda en quanto á los que sirvieren oficios mecanicos, utiles á la Republica. (Felipe IV, en Madrid, 18 mayo 1621) [49].

---

agosto de 1535 (Friede, III, p. 295, doc. 738, Audiencia de Santafé, leg. 987, lib. 1, f° 100); carta al rey de Juan Bautista de Abendaño alcalde mayor de la Veracruz (22 de mayo de 1562) solicitando que en Canarias se vigile mejor el paso de libros y personas ("...lo peor de todo es que vienen muchos pasajeros sin licencia de vuestra majestad ni de sus oficiales, y clérigos por marineros, y franceses entre ellos: yo he prendido aquí un clérigo que venía por marinero y dos franceses", F. del Paso y Troncoso, *Epistolario de Nueva España*, IX, doc. 520, p. 183).

[46] "...en lo que toca a la pestilencia luterana esta tierra está buena, hasta agora muy poco se ha sentido en ella y eso poco que ha habido con el favor de Nuestro Señor luego se ha puesto remedio" (Carta al rey del arzobispo de México, 16 de julio de 1561, en Paso y Troncoso, IX, doc. 505, pp. 132-133); pero unos años más tarde (10 de junio de 1575) en una misiva similar se habla de la sospecha de que hayan pasado herejes luteranos (Paso y Troncoso, XI, doc. 683, p. 261).

[47] "Que los gitanos, sus mugeres, hijos y criados sean echados de las Indias. Han passado y passan á las Indias algunos Gitanos y vagabundos, que usan de su trage, lengua, tratos y desconcertada vida, entre los Indios, á los quales engañan facilmente por su natural simplicidad..." (De Felipe II, en Elvas, a 11 de febrero de 1581, *Recopilación*, II, libro VII, Tít. IV, Ley 5, f° 284); también en Ayala, *Diccionario*, VII, pp. 31 y ss.; y en *Cedulario Indiano*, I, p. 452. No obstante, hallamos noticias de gitanos en plena actividad, por ejemplo La Maldonada, gitana hechicera que "echaba las habas" en Ciudad de la Nueva Veracruz (11 de junio de 1607), en *Catálogo de textos marginados, AGN* (vol. 467, 1ª parte, exp. s/n°, f° 52 r-53 r); o "gitanas que andan mirando las rayas de las manos y haçiendo superstiçiones" (en Celaya), ibídem (caja 168, carpeta 4 [exp. 58], f° 86 r).

[48] Ayala, *Diccionario*, XI, p. 51.

[49] *Recopilación*, Libro IX, Tít. XXVII, Ley X.

Desde principios del siglo XVI, la Corona había seguido una línea errática respecto a la solución precisa para el problema morisco, más allá de forzarles a bautizarse y la política de atracción se alternó con la represiva y las prohibiciones de salir con las órdenes de expulsión. Los motivos de interés económico chocaban con los políticos de neutralizar a un peligroso enemigo interior, al tiempo que se intentaba conseguir la anhelada unidad religiosa. Pero desde la perspectiva de los mudéjares-moriscos las cosas tampoco estaban del todo claras. Las numerosas causas [50] seguidas en los años 1609-1611 (los del destierro) contra moriscos y berberiscos cautivos que pretendían fugarse *allende* prueban actitudes muy variadas —seguramente por intereses dispares— acerca de la salida de España: unos querían quedarse a toda costa y otros se arriesgaban por escapar; y hasta los había que regresaban tras exiliarse voluntariamente. Antes y, sobre todo, después de la sublevación de las Alpujarras proliferan los casos de moros apresados por huir al norte de África o por otras razones [51]. Pero lo interesante para nuestro trabajo es la presencia de algunos que huían a África para evitar que sus amos los llevaran a las Indias:

Hernando Negro esclavo de Juan de Morales vezino de Triana, natural de Tituan de Berbería, fue testificado por seys testigos de que huyendo de Sevilla se fue con otro moro a la costa de la mar y allí andavan buscando en qué passarse a Berbería y allí los prendieron y con esta testificación fue traydo a este Sancto Offº y en las primeras audiencias confessó que avia 8 años se avia vuelto xpiano y porque su amo le quería enviar a las Indias se avia huydo con otro moro con animo e intençion de passarse a Berberia a vivir como tal creyendo que en observançia de la dicha secta se avia de salvar y quedó reduçido. Votóse en conformidad a que en aucto fuese admitido en reconçiliaçion en forma de habito y confiscaçion de bienes. El qual se le quite luego y se le den por Sevilla çient açotes y que no llegue a la mar con diez leguas [Auto de fe de 13 de abril de 1586] [52].

---

[50] *AHN*, Inq., Rel. Causas, leg. 2.075.
[51] *AHN*, en Inq., Rel. Causas, leg. 2.075, nº 6, los numerados del 56 al 61 se refieren a detenidos por intento de fuga. Hay moriscos granadinos, esclavos, y también berberiscos.
[52] *AHN*, Inq., Rel. Causas, leg. 2.075, nº 7, fº 68 r.

Puestos a escapar de los cristianos, lo normal es que buscaran tierra musulmana, por ende tan próxima, no que se embarcaran —material y metafóricamente— en una empresa azarosa y dura como los viajes al Nuevo Mundo y para seguir a la postre sometidos al poder español, que podría repatriarlos o encausarlos. Así pues, obraban con toda la lógica que falta a quienes, en nuestros días, imaginan un flujo desbordante de moriscos hacia América:

Gonçalo de Toledo morisco de los revelados natural de las Cuevas en el Reyno de granada, esclavo de Rodrigo López mercader vezino de Cadiz, de edad de 25 años, de la misma complicidad tuvo la testificación que los demás en las primeras audiencias confesó el hecho y conçierto declarando los conplices y la intençion que llevava de ser moro la qual reboco respondiendo a la acusacion diciendo que en su coraçon llevava intento de ser xpiano y vivir en Verbería con los xpianos que le deçian avia de paz y no llevava intento de ser moro, concluso el pleyto fue votado a tormento sobre la intención [...] fue votado a que en auto publico de la fee fuese admitido a reconciliacion con habito y carçel por tres años, los quales sirviese en las galeras al remo sin sueldo y cumplidos fuese vuelto a su amo para que dispusiese dél y que no pudiese llegar a la mar con diez leguas alrededor y en çient açotes[53].

Si el delito era sólo de fuga, el castigo, con reconciliación, no iba más allá de hábito, azotes, cárcel o remo (o todo junto), lo que no era poco, amén de prohibirles acercarse a las costas. Y menudean los ejemplos[54]. Otras veces eran cristianos pasados al enemigo y desencantados por el trato recibido. La situación y acogida que encontraban estas pobres gentes en el darislam no siempre era boyante y feliz: sospechosos en su fe, parcialmente aculturados y, con frecuencia, escasos de recursos, se adaptaban o... regresaban. De tal suerte, 27 re-

---

[53] Reconciliado en 1583, *AHN*, Inq. Rel. Causas, leg. 2.075, nº 7, fº 21 r.
[54] Sevilla (26 de abril de 1562), reconciliados por la secta de Mahoma: Andrés morisco esclavo "porque se quería pasar a Berbería"; Andrés morisco esclavo (otro) "porque se quería yr a Berbería"; Jerónimo morisco esclavo "porque se quería pasar a Berbería" (*AHN*, Inq. Rel. Causas, leg. 2.075, nº 2, fº 9 v). También los casos (28 de octubre de 1562, Sevilla) de Gaspar Caraballo, Sevastian morisco y Pedro Negro (*AHN*, Inq. Rel. Causas, leg. 2.075, nº 2, fº 19 r y v); y los de Francisco Cotino y Juan morisco, en Sevilla, 19 de marzo de 1564 (*AHN*, Inq. Rel. Causas, leg. 2.075, nº 4, fº 7 r). Otros reconciliados en 1574, en *AHN*, Inq. Rel. Causas, leg. 2.075, nº 5, fº 5 r.

tornados por su propio pie y gusto "Este año de 1612 an venido de su voluntad a este Sancto Officio [Sevilla], de Berbería, las personas siguientes. Confesaron ceremonias y hechos de moros, negaron la intençion, fueron absueltos *ad cautelam*"[55]. De este grupo, en ningún caso se especifica "morisco", como en otros. Parecen cristianos viejos casi todos, del norte, portugueses, franceses, de las Azores, etc. procedentes de las fuerzas destacadas en Larache.

NUEVA ESPAÑA

En el virreinato novohispano —incluida la actividad monástica y episcopal— se manejaron unos 12.000 trámites inquisitoriales que dieron lugar desde 1571 (año del establecimiento oficial de la Inquisición) a algo menos de 2.000 procesos instruidos hasta 1700, lo que arroja un promedio anual de unos 15 y queda lejos de las cifras alcanzadas por Zaragoza, Valencia, Granada, Logroño, Llerena, Toledo o Barcelona pero por encima de Murcia, Valladolid, Santiago, Mallorca, Córdoba, Canarias, es decir, en un término medio[56]. En ese período fueron relajados en persona entre 34 y 37 reos (1,7 %) y en estatua entre 96-107 (5,1 %), "en otras palabras, la mayor parte de los herejes escapó de la hoguera y fue sometida las más de las veces a la abjuración *de vehementi*, a la vergüenza pública, pérdida de bienes total o parcial, destierro, cárcel perpetua, etc."[57] o, como ante otros tribunales, las condenas se limitaron a penas *suaves*: oír misa "en cuerpo" con velas, hábitos de penitentes o reconciliados y azotes, hábitos con demonios pintados amén de coroza y mordaza..., porque más de la tercera parte del total corresponde a delitos menores como en otros lugares[58]. A saber: blasfemias, reniegos, palabras y accio-

---

[55] *AHN*, Inq., Rel. Causas, leg. 2.075, nº 22, fº 17 r-18 r; véase también ibídem, nº 17, fº 8 r-12 v.
[56] S. Alberro, *Inquisición y sociedad en México,* p. 168.
[57] Ibídem, p. 195.
[58] Véase cuadro general de Henningsen, p. 564. En un lugar alejado física y culturalmente del México del XVI como es Sicilia, el mismo autor ofrece (p. 562) resultados similares, aunque en los autos de fe de 15 de agosto de 1584 y 1 de mayo de 1586 no hay judíos, ni moros, ni luteranos, ni alumbrados (p. 550), aunque sí ejemplos de bocalanes —como en México— que lo pasaron mal "por relapso de lengua [...] quien no

nes escandalosas, un conjunto de coacciones represivas no relacionadas directamente con la fe sino con las *buenas costumbres*, la pudibundez exagerada o el simple deseo de perjudicar al prójimo levantándole falsos testimonios, puesto que la situación general lo permitía.

En segundo plano se hallan las infracciones de índole sexual: poligamia y bigamia, solicitantes, pecado nefando, dichos contra la castidad o la virginidad y favorables a la fornicación y el amancebamiento. La herejía figura en tercera posición por delante de las prácticas de magia erótica; y, por último, vienen los delitos civiles cometidos por agentes de la Inquisición (robo, estupro, asesinato). La idolatría casi no aparece representada al no estar los indios sujetos al fuero inquisitorial y cuando asoma se trata de negros, mulatos o mestizos que siguieron un camino de aculturación opuesto al que generalmente se cree[59], asimilándose a la cultura indígena en vez de a la dominante de la "república de los españoles" según la línea mayoritaria y habitual de los esclavos llevados a América. La hechicería fue poco perseguida, como en España[60], y tales actos alcanzan proporciones equiparables a los de la Península; también coincide la notable cantidad de delitos religiosos menores, pero sí hay divergencias grandes en dos capítulos: herejía y moral sexual. O dicho de otro modo, en Indias escasean los herejes y abundan los transgresores sexuales. En palabras de Solange Alberro "en tierras americanas no es común el nuevo cristiano que practica ocultamente la religión de sus antepasados a pesar del bautismo que recibió, y menos aun *el morisco o el luterano*[61]; en cambio, abundan el bígamo, el polígamo, el eclesiástico solicitante o el fulano que profiere palabras escandalosas acerca de los fundamentos de la moral sexual enseñada por la

---

era nefando no era cristiano [...] quien era bujarrón le había de adorar", o porque "Nuestro Señor cabrón cornudo y Ntra. Señora puta bagaza [...] sean muertos todos los santos".

[59] Alberro, ob. cit., p. 170.

[60] A. Campos Moreno, *Oraciones, ensalmos y conjuros mágicos del archivo inquisitorial de la Nueva España, 1600-1630*, pp. 23-26. Sin embargo, algunos casos de magia amorosa tenemos documentados, como el de Isabel, *morisca*, que en Oaxaca (1539), esclava de Gregorio de Monjaraz "...le quiso dar hechizos por mano de una negra del dicho Monjaraz que a la sazón era su esclava de la dicha doña Teresa, la qual negra queriéndola Dios liberar a la dicha doña Teresa los descubrió como apareçido, de lo qual está presa, etc." (*AGN*, Grupo doc. Inq., vol. 38, exp. 9, fojas 297 r-208 v).

[61] La cursiva es nuestra.

Iglesia"[62]. Y, como en todas partes, también actúa la presencia aleatoria y arbitraria de influencias o rivalidades personales, de intereses políticos inmediatos o venganzas peor que mejor soterradas bajo el manto de la fe. Así, en 1528 los acusados de judaizantes Hernando Alonso y Gonzalo de Morales —quemados— eran partidarios de Cortés, en tanto los reconciliados Diego de Ocaña y Diego de Morales, casualmente, le eran contrarios. Después de la institucionalización del Santo Oficio siguió la misma tónica, v. g. en el caso de los corsarios ingleses y franceses naufragados en las costas de Nueva España entre 1570 y 1580: el enemigo era, además, el hereje[63]; y en el de los judíos portugueses tratados con más benevolencia (relativa) a principios del XVII, para luego sufrir un endurecimiento general, hasta llegar a las persecuciones de 1640-1650 al consumar Portugal su secesión. No obstante, con anterioridad, había pasado un centenar de familias judías exentas de probar sus orígenes gracias a Luis de Carvajal y de la Cueva el Viejo, conquistador y pacificador de Pánuco y del Nuevo Reino de León del que se le nombró gobernador. Este judeo-converso inicialmente aprovechó su amistad con Antonio Pérez, pero tras la fuga de éste pagó las consecuencias de tales relaciones y, también, el haber invadido territorios propiedad del virrey. Entre las gentes que trasladó a México se contaba la familia judaizante de su hermana, incluido su sobrino Luis de Carvajal el Mozo. Al tío nunca se le pudo probar nada y más bien fue siempre un buen cristiano, pero se le acusó de proteger a sus parientes, lo que le abocó a fallecer encarcelado por la Inquisición. La familia se vio arrastrada en el asunto y el proceso tuvo lugar en 1590, aunque las sentencias no fueron muy duras y Luis de Carvajal el Mozo pudo cambiar la prisión por ciertos servicios en el Colegio de Tlatelolco, siendo amnistiados pronto mediante influencias en la Corte. Sin embargo, al sentirse impunes por la amnistía, insistieron en su criptojudaísmo, lo cual motivó la prisión incondicional de muchos de ellos en 1595 y el gran proceso de 1596, rematado en el Auto Grande (8 de diciembre de 1596) en que Carvajal el Mozo, sentenciado a la hoguera, vio conmutada su pena por la de garrote al haberse arrepentido[64].

---

[62] Alberro, ob. cit., p. 170.
[63] Ibídem, p. 154.
[64] Véase Estudio Preliminar a Pedro de Valencia, *Obras Completas. Relaciones de Indias. II. México*, León, 1995, pp. 179-180.

Fines del XVI y el decenio 1640-1650 son los períodos de mayor presión contra la comunidad judeo-conversa de México, que prácticamente se volatilizó a causa de la persecución; por radicarse en lugares alejados de los centros administrativos de poder (México, Puebla, Veracruz o Guadalajara) para salvarse a cambio de desaparecer como judíos, absorbidos individualmente por el medio cultural; y porque —como señala S. Alberro [65]— "los capitanes negreros, a menudo portugueses judaizantes, en la época que nos interesa, mantienen entre dos viajes relaciones con católicas, con las que tienen a veces hijos, cosa que deploran las mujeres de la comunidad marrana puesto que los vástagos habidos de tales uniones no pueden ser criados por su madre en la religión mosaica". Con todo, la cifra de 380 judaizantes a los que se abrieron diligencias (muchos procesos de los siglos XVI-XVII no se concluyeron) es enorme si la cotejamos con los casos de moriscos. Por ejemplo, Alfonso de Toro [66] menciona 75 procesos contra judíos a lo largo de todo el siglo XVI en México, en tanto en la nómina de procesados entre 1527 y 1571 sólo aparecen tres casos relacionados en muy pequeña medida con la condición de conversos de moros [67]. Y entre los 181 sambenitos renovados y colgados en junio de 1632 (de condenados hasta esa fecha desde 1528) en la catedral de México, de relajados y reconciliados, hay judaizantes, luteranos y calvinistas pero no figura ningún *moro* [68].

Sí encontramos unos cuantos casos de hombres que en circunstancias airadas, por irritación, borracheras, lances de juego o simples malos modales profieren palabras que les comprometen, bien por acusaciones difusas y hasta chistosas ("que ayunen los santos, que no tienen tripas", protesta un Pedro García [69]), bien por responder —como veíamos más arriba— a actitudes de rechazo hacia la sociedad dominante de parte de negros y mulatos (libres o esclavos), postura que se alterna, hasta en las mismas personas, con la contraria de profundo deseo de identificación e integración [70]; o por picaresca de quien carece

---

[65] Ob. cit., p. 426. Más información sobre judíos en América en Caro Baroja, *Los judíos en la Edad Moderna y Contemporánea*, I, pp. 359 y ss.
[66] A. Toro, *Los judíos en la Nueva España*, doc. n° 2, México, FCE, 1982, pp. 9 y ss.
[67] Ibídem, doc. n° 4, pp. 89-161.
[68] Ibídem, doc. n° 3, pp. 71 y ss.
[69] Ayotzingo (Edo. de México), 1573. Proceso contra Pedro García por afirmar que él no ayunaba (*AGN*, Grupo doc. Inq., vol. 76, exp. 58, fs. 269-272).
[70] Alberro, ob. cit., p. 478.

de otra arma para escapar, siquiera por un instante, de obrajes y minas declarándose herejes o renegados y el reniego constituye un resumen simbólico de toda la cultura y forma europeas de vida impuestas [71], tocando todas las teclas posibles: "Francisco Jasso, quien, antes de fingir que era judío, había declarado que 'más quería ser moro porque el Santo Oficio le prendiesse y le librasse del obraje en que estava', intentó ganar tiempo alargando el pleito ante el Tribunal gracias a las fábulas de prácticas judaicas" [72]. En otros casos, de españoles libres, la pretensión de *proclamarse moro* y cantar las excelencias de la *tierra de moros* no parece deban tomarse en serio, en especial si faltan datos adicionales que corroboren semejantes declaraciones. La relativa frecuencia con que se repiten esos exabruptos nos sugieren casi un motivo folclórico en la sociedad del tiempo, una especie de *desiderata a contrario* de gentes resentidas, marginales o exasperadas con un panorama social en que les caía la peor parte. Con las sempiternas rencillas por telón de fondo: Bernal Díaz acusaba a otro español de que "por un vaso de vino aceptaría a Barbarroja como gobernador" [73]; o Marcos Rodríguez, notario del Santo Oficio en Veracruz, dirige una misiva (1578) a los inquisidores de Nueva España querellándose contra Alonso de Brizuela por llamarle "morisco" [74]; o se testifica (1620) contra Gaspar de los Reyes, condestable de la artillería en Acapulco por decir que no era cristiano y "que parece que es hijo de un morisco de Triana" [75].

Blasfemias, frases malsonantes, amancebamiento y condición morisca (real o imaginaria) confluyen en ocasiones para complicar la vida a individuos más bocalanes que culpables, por lo cual, lógicamente, salen bastante bien parados. El proceso de Hernán Núñez (1536) —que resumimos— es buen ejemplo: "jugando a los naypes dixo el dicho Hernando Núñez que si estubiera junto de aquí tierra de moros se saliera de tierras de xpianos y se tornara moro y fuera el mejor moro que obiera en los moros [...] y que asimesmo este dicho denunciante ha oydo dezir a Hernando Díaz que el dicho Hernán Núñez abia dicho

---

[71] Ibídem, p. 463.
[72] Ibídem, p. 474.
[73] H. Taboada, *La sombra del islam*, p. 101.
[74] *AGN*, Grupo doc. Inq., vol. 84, exp. 19, fº 103.
[75] *AGN*, Grupo doc. Inq., vol. 328, exp. 25, fs. 106-111.

que la passion de Xpô era fabula..."[76]. Las deposiciones de los otros testigos son similares ("dixo no creo en Dios"[77]) pues el tal Hernán Núñez —sevillano de padre asturiano y madre de Jerez, llegado con Narváez y sin más oficio que el de jugador— parece acostumbraba a soltar baladronadas parejas por cualquier parte: "dixo estando jugando en una casa 'juro a Dios, antes me tornase moro si cada vez tengo de perder, que no ser xpiano' [...] Fue preguntado si sabe de que generaçion es; si es de generaçion de moros o de judios. Dixo que no lo sabe mas que tenya a su padre por hombre honrrado y buen xpiano"[78]. Por ello y "attento que pidio misericordia y confeso espontaneamente su error y que antes lo abia confesado y pidió penitençia [...] condenamos a que mañana domingo que se contarán diez y seis del presente esté en la iglesia mayor desta çiudad en el medio de la nave mayor en el lugar que el secretario deste Sto. Oficio le pusiere toda la missa mayor dende el prinçipio della fasta ser acabada en pie y en cuerpo y descalzo y con una candela en la mano y descubierta la cabeça haziendo penitençia y mas le condenamos en treinta pesos de oro para prisiones y edefiçios deste Sto. Ofiçio"[79]. Pero nos quedamos sin saber si, al ser denunciado, iba ganando la partida.

Otros casos semejantes son los de Hernando Beltrán[80], morisco herrado en la cara, al que, en 1560, se acusó de blasfemo y amancebado —no por "ceremonias de moros"— y también se condenó con benignidad; o el de Joseph Ferruto[81], que en 1763 fue denunciado ante el cura de Mazatepec (Cuernavaca) de manifestaciones heréticas y ofensivas para la fe, así como de proclamarse "moro de naçión". Quizás lo avanzado de la fecha hizo que el clérigo ordenase al denunciante "callar la boca" hasta que sometiera el asunto a sus superiores, mientras tendía a disculpar al implicado principal por tratarse de vagabundos.

El debilitamiento de la presión inquisitorial, al no permitirla ya el ambiente, se ve reflejado en las diligencias: el denunciante, Joseph Antonio Arenas, de oficio zapatero "diciéndome que, como juez eclesiás-

---

[76] *AGN*, Grupo doc. Inq., vol. 30, exp. 2, fº 21 v.
[77] Ibídem, fº 22 r.
[78] Ibídem, fº 23 v.
[79] Ibídem, fº 24 v.
[80] *AGN*, Grupo doc. Inq., vol. 16, exp. 7, fs. 316 r-325 v.
[81] *AGN*, Grupo doc. Inq., vol. 1.071, exp. 5, fs. 123-124.

tico pusiera remedio en el escándalo que a las doze del día habían tenido Joseph Ferruto y Jacinto Cárdenas con él porque habiendo entrado en casa de Juana (conocida como *la pitrotera*) en donde viven todos, les oyó estar parlando y dezir Ferruto que él era moro de nación y hasta pocos años lo habían cogido los xpianos y se había baptizado en España, pero que en su tierra había mucho oro y plata y no tanta pobreza, que renegaba de la fe de Dios y que con ella se limpiaba el transportín, a cuyas palabras replicó Joseph Antonio Arenas: Pues si Vm. Dize eso no será christiano y le respondieron Joseph Ferruto y Jacinto que quién lo metía en eso, que él no entendía de nada. De esto se fueron enrredando en varias razones hasta llegar a las manos y se maltrataron y fue necesario los apartaran [...] Habiéndome hecho cargo de su denuncia le pregunté '¿Estaban bebidos?' Dijo que no. '¿Tenía de antes algún pleito con alguno de todos?' Dijo que no, porque Jacinto era su compañero desde Tasco y el otro había quatro días lo conoze, que solo biene mobido de las palabras que oyó y porque es Christiano. Mandéle se callara la boca y no dijera nada, que yo lo compondría, por lo que sabiendo que estos son bagabundos noticio a V.I. para que [lo] dexamine y como siempre será lo mejor".

Sin embargo, en lo tocante a Nueva España, no todo son figuraciones o interpretaciones torcidas de las autoridades, los inquisidores o los vecinos. Hemos hallado algunos casos de verdaderos moros de origen, o que presentan sospechas razonables de serlo, infiltrados en el virreinato voluntaria o involuntariamente (caso de los esclavos). Son los siguientes:

En 1574 (en Zacatecas) se procesa a Gonzalo Sánchez, zapatero [82], sospechoso en la fe y "de moro". Fue capturado y liberado por el Xarife de "Marruecos" (Marrakech), lo que le convertía en sospechoso. Incomprensiblemente, Toribio Medina —que también recoge este caso— señala "de generación de judíos" [83] y añade: "salió con vela, soga, coroza blanca por embaidor, y los hábitos cosidos al sayo, en significación de su delito: recibió doscientos azotes y seis años de galeras".

En 1580 se abre proceso contra Alexandre Testanegra [84], griego, denunciado por Diego Díaz del Castillo. El manuscrito recoge las

---

[82] Véase *infra*, texto nº 2.
[83] Toribio Medina, *Hª del tribunal la Inq. de México*, p. 51.
[84] Véase *infra*, texto nº 3. AGN, Grupo doc. Inq., vol. 125, exp. 95, fs. 355-365.

aventuras mediterráneas del reo, y en ellas se le muestra "oficiando de mujer", primero en una galera turca y luego en otra veneciana que lo capturó. El extremo que más nos interesa ahora es cómo cruzó el Atlántico: "Preguntado que diga y declare qué tanto tiempo [h]a que pasó a estas partes de las Indias y si pasó a ellas con liçençia de S. Mt. o no, y en qué navío y cómo se llamaba el capitán y maestre y de qué vino cargada y quién vino por general entonçes dixo que puede aver mas tiempo de doze años, quando vino el liçençiado Muñoz a esta tierra pasó él a estas partes y que vino por marinero en una nao de un capitán llamado Titón Ynglés e por maestre venía Fco. Melchor". Respecto a este criptomusulmán, Alfonso de Toro [85] comete un error inexplicable al referirse al caso que nos ocupa como "Alejandra Testa, por hereje y judía". No vemos más explicación sino que se limitara a leer —y mal— la cubierta exterior del manuscrito, pues los demás datos coinciden (año y número de volumen, el 125). De tal guisa, incluye a la supuesta Alejandra Testa en la lista de judíos procesados por la Inquisición en México durante el siglo XVI.

En 1589 [86] se abre información y "proceso contra Francisco López, africano, portugués, minero y vezino de las Minas de Copala, provinçia de Chiametla, del obispado de Guadalaxara, por sospechoso de moro en sus actos" y, sobre todo, se resalta en esta información una de las preocupaciones fijas de los cristianos viejos: el uso de la algarabía, cuya peligrosidad se reforzaba por su carácter ininteligible.

De 1626 data el testimonio de Luis Orosco de Sta. Cruz, que acude voluntariamente a testificar sin que le llamen, siendo notario público y apostólico del pueblo y vecino de él y de edad de 48 años: "[fº 318 r] estando el Sr. Obispo don fray Baltazar de Cobarrubias visitando en este pueblo se mobió caussa y pleyto entre el capitán Pedro de Cruzmendi Gogorrón, difunto, y el bachiller Andrés de Quezada benefiçiado que agora es de las Minas de Guadalcaçar [...] [fº 318 v.] e començó a articularle el dicho Pedro de Gogorrón al dicho Andrés de Quezada de que era desçendiente de moros, nieto de una morisca de Çacatecas y el dicho Andrés de Quezada le articulava que era cassado

---

[85] En su muy estimable obra *Los judíos en la Nueva España*, p. 10.

[86] El ms. está fechado erróneamente, en realidad —y como se desprende de todo el texto— se trata de 1584 (*AGN*, Grupo doc. Inq., vol. 127, exp. 14, fs. 402-414). Véase texto nº 4 *infra*.

fuerzos que significaban los viajes desde Panamá a El Callao, aunque quizás ofrecía a los disidentes religiosos una mayor seguridad, precisamente por hallarse sus territorios más aislados y fuera de control. Sin embargo, las constantes son análogas a las de México en cuanto a fecha de establecimiento del Santo Oficio y respecto a las causas y circunstancias, en términos generales: bigamia [92], solicitantes [93], blasfemia [94], supersticiones [95], etc. Los procesados en el período 1570-1635 fueron 1.046 [96] y los cargos más graves, también, el luteranismo [97] y el judaizar [98], hasta el punto de provocar, a principios del XVII, la persecución de portugueses judaizantes un breve de Clemente VIII para que cesase, a petición del rey, por haber tomado el asunto unas proporciones exageradas [99]. Fray Diego de Ocaña [100] refiere embelesado su asistencia al auto de 1605: "En el año de 1605 se celebró en Lima un auto de Inquisición, al cual yo me hallé, y se celebra con mucha más majestad que en España [...] Salieron en este último auto veintitrés judíos, todos portugueses, de los cuales quemaron a los tres vivos que no se quisieron convertir y todos los demás judaizantes con sambenitos reconciliados. Hay también por acá muchas hechiceras, parti-

---

[92] Entre 1570 y 1635 fueron penitenciados en Los Reyes 90 hombres y 13 mujeres (Castañeda-Hernández, *La Inquisición de Lima*, I, p. 343).

[93] En las mismas fechas, 55 penitenciados por solicitantes, de los cuales 41 eran españoles (ibídem, p. 398).

[94] El 26% de los reos de reniegos y blasfemias son esclavos que cometían el delito al ser azotados, para —como en México— librarse del castigo. Las blasfemias más usuales son: "reniego de Dios, de la Virgen y de los santos", "reniego de la fe", "no creo en Dios", etc. Todos los penitenciados (1570-1635), 126, negaron la intención, aduciendo el dolor o borrachera. El 20% del total son jugadores que blasfeman cuando la suerte les es contraria (ibídem, pp. 286-287).

[95] Por supersticiones fueron penitenciadas (1570-1635) 63 personas, de las cuales 38 (2/3) eran mujeres (ibídem, p. 373), proporción similar a la de los tribunales de Valencia, Toledo, Cuenca o México.

[96] 790 sancionados con diversas penas (75,52%), 46 absueltos (4,39%), 27 de sentencia desconocida (2,58%) y 183 causas suspendidas (17,49%) (ibídem, p. 511).

[97] Mateo Salado, primer relajado en persona (15 de noviembre de 1573) por contumaz en el luteranismo (Toribio Medina, *La Inq. de Lima*, I, p. 62).

[98] Castañeda-Hernández, I, p. 431.

[99] Toribio Medina, *La Inq. de Lima*, I, pp. 303 y ss. Sobre el auto de fe (con dos quemados) de 10 de diciembre de 1600, en Lima, véase ibídem, I, pp. 295-297.

[100] Ocaña, p. 97. De este auto también nos informan Castañeda-Hernández (ob. cit., I, p. 424), añadiendo el dato de que hubo ocho relajados en estatua.

cularmente indias y negras, que engañan con embustes a otras mujeres que fácilmente y de ligero se creen de ellas; y se tuvo por buen orden no sacarlas al auto a estas mujeres, sino allá en la capilla las penitenciaron, porque cuando les leen los procesos aprenden otras aquellos embustes". Es decir, como en otros lugares. En los años subsiguientes (1612, 1625, 1631, 1635) se prosiguió en la misma política de altibajos, cargando la mano contra los marranos [101], de los cuales quemaron a 11 en 1639. Sin embargo, los moriscos siguen brillando por su ausencia; concretamente, entre 1571 y 1600 no hallamos en el tribunal de Los Reyes ni un solo caso de moros o similares. Descartadas por absurdas las hipótesis de que éstos se ocultaran mejor o gozaran de impunidad oficial o extraoficial, no parece aventurado inferir su escasa o nula presencia física y, en todo caso, su irrelevancia social y cultural. El mismo Cardaillac abunda en la idea y, pese a intentar engrosar el número de casos, como veíamos más arriba, acaba reconociendo que con anterioridad a 1571 hay poco que decir: "Nous n'avons pu retrouver que quelques cas de Morisques condamnés par la primitive Inquisition, celle qui relevait de la juridiction des évèques, et seulement pour le Pérou" [102]. Aparte de esos escasísimos casos de sospechosos de criptoislamismo, hemos podido localizar algunos más que reseñamos.

El primero es el de Cristóbal de Burgos, siervo de Francisco Pizarro "igualmente analfabeto, ampliamente reputado como morisco", según Lockhart [103], que no da pista ninguna para su afirmación [104].

Toribio Medina [105] recoge dos ejemplos más en verdad irrelevantes: "Maestre Andrea, carpintero italiano, porque afirmó que los moros se salvaban en su ley, después de abjurar *de levi*, salió a la vergüenza pública" (Auto de fe de 30 de noviembre de 1587, en Lima); y "Juan de Rodas se denunció en Huánuco de que yendo a Roma fue cautivado por una galeota de moros, que le llevó a Constantinopla,

---

[101] Toribio Medina, *La Inq. de Lima*, II, pp. 112 y ss.
[102] Cardaillac, *Mélanges*, XII, p. 292.
[103] Lockhart, I, pp. 49 y 157.
[104] G. Lohmann Villena, en *Francisco Pizarro. Testimonio. Documentos oficiales, cartas y escritos varios* (Madrid, CSIC, 1986) recoge varios documentos en que se menciona a Cristóbal de Burgos, obviamente sin indicar sus orígenes moriscos, si los tuvo (véanse pp. 59, 94-95, 102, 190, 254, 269).
[105] Toribio Medina, *La Inq. de Lima*, I, p. 233.

donde después de permanecer doce años y de renegar de su fe de cristiano, había cultivado relaciones con una mora, y por haberse hecho ésta embarazada fue sorprendido por su amo, dándole tantos azotes que le dejó por muerto; siendo absuelto *ad cautelam*" (abril 1606). Muy poco, como se ve.

Y volvamos a la novela. Bartolomé Arzáns de Orsúa en su *Historia de la villa imperial de Potosí* (cap. IX, I, pp. 117 y ss.) refiere la muy sugestiva biografía de Emir Cigala, alias capitán Georgio Zapata, turco encubierto llegado a Potosí en 1561 y donde habría vivido muchos años enriqueciéndose a costa de las minas del Cerro Rojo; regresado de modo clandestino a Estambul y nombrado "gobernador" de Argel, en esta ciudad acabaría reconociendo y liberando a un su antiguo socio (Rodrigo Peláez) cautivo de los piratas argelinos. Y este último sería quien habría dado cuenta del muy novelesco y estupendo relato. Verdaderamente toda la narración puede ser calificada de novelesca, tanto por el tiempo tardío en que escribe Arzáns (siglo y medio más tarde) como por el tono general que la preside, por la inverosimilitud de los lances en ella referidos o por múltiples detalles elementales: por ejemplo, el idioma, al parecer, no delataría la condición de extranjero del tal Zapata; ni sus misteriosas aparición y desaparición en Potosí resultan creíbles en un tiempo y continente en que los desplazamientos eran todo menos fáciles. Por añadidura, Luis Capoche [106] —contemporáneo de los supuestos sucesos, entre 1560 y 1580— no sólo no recoge alusión ninguna que pudiéramos relacionar en una u otra medida con la historia de Cigala, es que tampoco menciona en las muy completas listas que detalla de beneficiarios de las vetas argentíferas de Potosí a ningún Zapata, ni siquiera a los dos supuestos amigos y socios del turco encubierto, Rodrigo Peláez y el alemán Gaspar Boti. Que Ricardo Palma recogiera el cuento en sus *Tradiciones peruanas* [107], si bien con ciertas variantes, ha podido contribuir a su difusión [108] por el atractivo mayor que la fantasía siempre ejerce y abonada la siembra con algunos datos reales llegados, sabe Dios cómo, a oídos de Arzáns: así la existencia de un pirata argelino —pero ya muy viejito, si fuera la

---

[106] *Relación general de la villa imperial de Potosí*, ed. L. Hanke, Madrid, BAE, 1959.
[107] Pp. 149-150.
[108] H. Taboada, *La sombra del islam,* pp. 81 y 87.

misma persona, en 1602— de nombre Cigala y del que habla Cabrera de Córdoba ("...la armada con que paresció Cigala en Rigoles, se volvió con hacer tan poco daño, que no es de consideración", 5 de octubre de 1602) [109]; y, sobre todo, podrían admitirse en el terreno de la posibilidad los eventuales sobornos a los oficiales reales que extendieran pasajes y licencias; o podrían aducirse los huecos que la burocracia presentaba y, desde luego, la existencia en la época de vidas azarosas y aventureras, como refleja buena parte de la documentación contemporánea o, incluso, los textos que ofrecemos al final de estas líneas. Ocurriera o no, la historia es bonita pero incrementa poco la presencia de moros en Perú.

CUBA

La isla —por su posición estratégica como llave de la América española hasta que las derrotas hacia el Río de la Plata empezaron a cobrar importancia— constituyó un lugar de paso casi obligado para la reunión y guarda de las flotas. Esa característica, más el descuido y despoblación en que se mantenía casi todo el territorio fuera de las principales villas, pudieron ser motivo de atracción para gentes que buscasen esconderse o pasar desapercibidos. Sin embargo, tampoco en la antigua Fernandina encontramos proporciones significativas de moriscos. Ni siquiera se estableció en ella el Santo Oficio, dada su escasa población y la proximidad de otros tribunales (México y Cartagena de Indias), contentándose con mantener comisarios cuya discutible santidad más arriba veíamos. La presencia de esclavos negros, de mulatos y viajeros propiciaba la aparición de la hechicería y de otras corruptelas perseguibles según las normas coetáneas, pero, al parecer, las denuncias internas de la Iglesia o la burocracia hacían poca mella en la sociedad local o en los muy lejanos poderes hispanos: "pues no sé que en toda la tierra de Logrono y Vizcaya [coincide en el tiempo con la fama de los procesos de Logroño en 1610] haya tantas [brujas y hechiceras], y como son mujeres todas y el notario Juan Bautista Guelisasti [a la sazón omnipresente en los Protocolos notariales] ha estado

---

[109] Cabrera de Córdoba, p. 157.

amancebado dieziocho años ha y más con una mujer casada y ella y el dicho son muy emparentados con muchas mujeres de esta isla, que es harto inconveniente para que use el dicho el tal oficio"[110].

Al regir para Cuba la misma normativa que para el resto de las Indias en cuanto a inmigrantes, en la práctica operaban idénticas salvedades e incumplimientos, parecidas marchas y contramarchas, como venimos viendo para otras tierras. De este modo, la Cédula de 21 de julio de 1567[111] otorga mandato a los oficiales reales de la Casa de la Contratación de Sevilla para que autoricen el paso a Indias de las personas acompañantes del Doctor Zayas, previa consulta e información en sus lugares de origen, por ver si son, o no, "de los proividos"; de la misma suerte que se permite a Pero Menéndez de Avilés que pueda desterrar a los individuos que estime conveniente para el buen servicio del rey[112], aunque mucho antes, en fecha tan temprana como 1518 la persecución de los conversos dejaba ya sus huellas[113].

Aparte las menciones —a nuestro juicio irrelevantes— de turcos y moros enrolados, o forzados, en las escuadras de piratas ingleses o franceses[114], hallamos algunas referencias de musulmanes, o conversos de moros, en relación con la mar, por lo general en condiciones nada envidiables. La piratería desarrollada en el Caribe por las potencias enemigas indujo a lo largo del siglo XVI a buscar medios para de-

---

[110] Carta de Fr. Alonso Enríquez, La Habana, 17 de enero de 1619, en Toribio Medina, *La Inq. en Cartagena*, p. 177.

[111] Leída en cabildo de 19 de noviembre de 1568, *Actas Capitulares del Ayuntamiento de La Habana,* II, p. 84.

[112] Cédula real leída en cabildo de 19 de noviembre de 1568, ibídem, II, p. 79.

[113] Real cédula fechada el 13 de octubre de 1518, en Zaragoza, donando a Gonzalo de Guzmán hasta doscientos pesos de los bienes dejados por el judío Juan Muñoz. "...q en la dha Ysla quemaron Vn Yudio español que se llamava Juº muñoz y me suplicastes y pedistes por md os hiziesse md de sus bis que podra baler fasta en quantia de dozientos pesos..." (C. García del Pino y A. Melis Cappa, *Documentos para la Hª colonial de Cuba: s. XVI, XVII, XVIII, XIX,* doc. I, p. 3).

[114] En el asalto francés contra Sta. Marta (16 de julio de 1543) "creemos debían venir entre ellos turcos o gente fuera de nuestra ley, según las cosas que hicieron, como por los pertrechos de armas que traían que eran flechas turquesas..." (Friede, *Documentos inéditos para la Hª de Colombia*, VII, doc. 1.693, Bogotá, 1960, p. 99).
O: "sacó [Drake] de Cartagena trezientos indios la mayor parte mujeres, dozientos negros turcos y moros de que se sirven y llevan que en su tieRa no son menester" (Carta al rey de 27 de junio de 1586, en I. Wright, *Hª documentada de San Cristóbal de La Habana en el siglo XVI*, II, Apéndice doc., nº 70, La Habana, 1927).

fender las embarcaciones y las costas. Una de las soluciones que se arbitraron fue enviar o fabricar *in situ* galeras al modo mediterráneo, pese a su utilidad relativa en aquellos mares [115], por lo cual en 1581 se solicita al rey que "ynbie dos galeras a la española e puerto rrico y otras dos a esta ysla ques la de mas ynportançia a vuestro Real Serviçio" [116]. Y prosigue el documento, de manera nada casual, "yten sera de grande efecto al serviçio de dios nuestro Señor y de Vuestra magestad que un ynquisidor de los que se proveyeren para la nueba spaña desenbarque en santiago de Cubba y visite toda la ysla questa dañadissima con grandes livertades ynçestos y pecados publicos e por mis pecados hasta oy no e visto que ayan castigado ninguno". Tras repetidas peticiones y unos cuantos años de espera, al fin arribaron a La Habana el 23 de septiembre de 1586; eran la *Brava* y la *San Agustín*, y en ellas bogaban galeotes *moros*, en toda la amplitud del término. Incluso alguno ascendido y mejorado de condición: en 1588, en el testamento de Nicolás de Villafranca (de Niza, en el ducado de Saboya), cómitre de la galera capitana (la *San Agustín*), se menciona a un Jerónimo Muça, cómitre de la galera *Brava*, para que actúe de albacea junto con Marco Antonio, patrón de la misma nave [117]. Mas la utilidad de estas embarcaciones no fue mucha y los regidores de la ciudad se dirigen al rey para pedir su licenciamiento, ya en 1594 [118], pero mientras éste llegaba dedican a los galeotes a trabajar en las obras de las fuerzas en construcción en la ciudad y en el Morro, al otro lado del inolvidable Canal de la Bahía. En el alarde de 28 de febrero de 1595 se detalla la relación de 149 forzados, de los cuales 45 son "esclavos moros", es decir, turcos, berberiscos y moriscos y de éstos sólo dos (Lorenço Lanis y Alonso Gallego) aparecen como tales, pudiéndose agregarles otros cuatro cuyos nombres podrían indicar que también lo eran (Visente Batista Pintado, Antonio Negro de Lisboa, Sebastián de Melo y Antonio, renegado portugués). Junto a ellos figuran Hamete de Fez, Hamu

---

[115] Véanse al respecto las páginas dedicadas a la armadilla de Cartagena de Indias por M. C. Borrego Plá en *Cartagena de Indias en el siglo XVI*, Sevilla, 1983, pp. 78-82.

[116] De Francisco Calbillo al rey (Wright, ob. cit., doc. n° 37 del Apéndice, p. 240).

[117] 7 de diciembre de 1588. M. T. Rojas, *Protocolos del ANC*, III, n° 431, IV, f° 604 r-607 v.

[118] "Otras veces e significado a vuestra magestad el poco provecho que se sigue de esta galera si no fuese por lo que los forçados sirben en el Morro en lo demás es echar el dinero a la mar" (en Wright, ob. cit., II, Apéndice, doc. n° 153, p. 212).

de Mostagani, Hamete de Constantina, Almançor de Marruecos, Ramadan de Negroponte, Mostafá de Rodas, Ysufe de Anadolia, etc. [119].

La onomástica habitual en los Protocolos notariales de La Habana no aclara nada, por tratarse en su inmensa mayoría de nombres españoles. En los contados ejemplos en que alguna indicación añade detalles sobre la condición o el origen de los mencionados se hace alguna luz, confirmándose la falta de relevancia social, la exigüidad numérica de estas personas (en relación al volumen de documentos existentes) y su procedencia norteafricana o turca más que morisca, y el carácter impuesto de su viaje al Nuevo Mundo; y así sabemos que en un testamento de Francisco de Rojas, negro horro, aparecen citados como testigos "Juan Berbeçí e Duarte e otros negros del Vyanó [evidentemente, Luyanó]"[120] o que el dos de noviembre del mismo año 1579 ese Juan Berbeçí es vendido por su amo Bartolomé de Morales a Manuel Pérez junto con otra negra llamada Catalina [121]. El Archivo Nacional de Cuba (Registro de Protocolos Notariales) conserva varias noticias como la carta de libertad otorgada por "María Manuel, vecina de esta villa, a favor de su esclava Ana de nación berbesí, de edad de 60 años"[122], quien unos días más tarde [123], ya como "morena horra", contrae una obligación de pago a favor de su dueña para terminar de saldarle en agosto de 1593 los 450 reales que acordaron por su liberación y de los cuales sólo había entregado 320; o la adquisición por don Luis Fajardo, "a cuyo cargo está la Real Armada" de "un esclavo de los de Su Majestad, que está en las galeras, nombrado Mostafá de Antolí, que está quebrado, por lo que debe dar 100 pesos [1.000 reales] a la Real Caja del situado de las galeras"[124]; o la mención de un Amarejo "y otro moro viejo llamado Malaventura" que retienen unos enseres míseros y algunas aves de corral de un soldado de La Punta [125].

---

[119] García del Pino y Melis, ob. cit., p. 63, doc. XII.
[120] 10 de junio de 1579, en Rojas, ob. cit., I, n° 221.
[121] Ibídem, n° 457.
[122] *ANC*, Registro de protocolos notariales, 19 de octubre de 1592, GJB.– 01.380, f° 550 r-551 r.
[123] *ANC*, Registro de protocolos notariales, 20 de octubre de 1592, GJB.– 01.381, f° 551 r-552 r.
[124] *ANC*, Registro de protocolos notariales, 4 de junio de 1595, GJB.– 01.736, f° 1.057 v-1.060 r.
[125] *ANC*, Registro de protocolos notariales, 6 de julio de 1596, f° 0403 r-0404 r.

La última fuente documental son los archivos eclesiales. El deterioro que a lo largo del tiempo han producido la humedad, los insectos y el descuido ha mermado en grado sumo los fondos existentes. De tal suerte, en la Parroquia del Espíritu Santo, la más antigua todavía en pie, los libros de registros están destrozados por el comején y faltan los de la primera época, los que más nos atañen. Los libros de la Catedral proceden de la parroquia de san Cristóbal de La Habana, destruida por la explosión de un navío (siglo XVIII) surto en sus inmediaciones, ya que se hallaba ubicada en el actual emplazamiento del Palacio de los Capitanes Generales. La sustituyó la Parroquia del Sagrario, convertida en catedral a partir de 1793.

En La Habana empiezan los registros de bautismos [126] el 20 de enero de 1590, los de matrimonios el 16 de julio de 1584 y los de entierros el 24 de enero de 1613. A través de ellos poco se puede extraer: los apellidos y nombres de pila son castellanos o castellanizados y raramente se indican la procedencia [127] o circunstancias especiales y si éstas revisten algo anómalo, se señalan de pasada (casos de Juan de la Cruz, converso de moro, o de Juan Inglés); sí se especifica la condición de indio, mulato, moreno, horro, etc. lo cual parece corroborar la práctica inexistencia de "moros" al no haber gentes clasificadas como tales. Se consignan la fecha, los padres (si se conocen), los padrinos y el nombre del cura o beneficiado que realiza el bautizo; el caso de Juan de la Cruz (berberisco) es casi excepcional: "Lunes primero de noviembre de este año de mil quinientos noventa y tres años, el licenciado Francisco Bargas de Carrión baptizó a Juan de la Cruz nuevamente convertido, natural que dijo ser de las partes de África en Berbería. Fue su padrino el Governador D. Juan Maldonado Barnuevo [128]", así pues, a sabiendas directamente de las autoridades permanece en la Isla este converso, que aduce a su favor el edificante hecho de haberse convertido, así como el ser protegido del gobernador. En *ACLH* aparecen unos pocos

---

[126] *ACLH, Libro de Barajas o de Matrimonios de la Catedral de La Habana* (1584-1622).

[127] En el caso de los negros podemos conocerla por los apellidos que les imponen (Angola, Congo, Carabalí, etc.).

[128] En otros documentos aparece como Barrionuevo. *Libro de registros de bautismo*, ACLH, Libro 1º (1590-1600), fº 4 r, nº 14; repetida la inscripción en libro 1º, fº 39, nº 286.

más apellidados De la Cruz sin observación ninguna de condición de cristianos nuevos o viejos, como tampoco lo sabemos respecto a un Jerónimo de la Cruz (citado "grmo de la cruz") asentado (9 de enero de 1586) en la compañía del capitán Alonso Velázquez de Cuéllar, de infantería de La Habana [129].

CARTAGENA DE INDIAS

Como reconoce el mismo Cardaillac [130], la fundación tardía (1610) del tribunal del Santo Oficio en Cartagena de Indias no permitió que se ocupara apenas de casos de moriscos, sin que el fugaz paso en mayo de 1569 de los inquisidores que iban en dirección a Lima para fundar allí la Inquisición nos ofrezca sino algunos casos intrascendentes para nuestro estudio [131]. Por otra parte, sabemos que entre 1593 y 1599 residían en la ciudad 70 extranjeros (58 portugueses, 8 italianos, 2 franceses y 2 indeterminados) [132], algunos de los cuales aun seguirían allá en 1610 y pudieron ser víctimas de pesquisas o persecución, en especial los portugueses por el consabido cargo de criptojudaísmo. También aquí se dieron los subterfugios y condicionamientos de los negros esclavos —idénticos a los que veíamos en otros lugares de España y América— respecto a la brujería o los reniegos mientras se les castigaba; y de los amos, temerosos de que se les prendiese y condenara a cárcel perpetua, con pérdida de lo gastado en ellos —del mismo modo que si se hubieran empalencado— y por añadidura las diligencias corrían a costa de los propietarios: al primer golpe empezaban a blasfe-

---

[129] García del Pino y Melis, ob. cit., doc. VIII, p. 43.

[130] *Le problème morisque en Amérique*, p. 297.

[131] Eran el licenciado Serván de Cerezuela, el Dr. Andrés de Bustamante, el fiscal Pedro de Alcedo y el secretario Eusebio de Arrieta. Su estadía fue tan breve que, arribados a la ciudad el 8 de mayo, el 1 de junio ya estaban en Nombre de Dios, y en esta "Cerezuela condenó en Nombre de Dios a Martín Romero, vecino de Gibraltar, marinero, por haber dicho, riñendo con otro, 'por la fe que tengo de moro, que me lo habéis de pagar'", a que en la iglesia mayor oyese una misa rezada "en cuerpo y descalzo de las rodillas abajo y sin gorra, con una soga a la garganta...", etc. (Toribio Medina, *La imprenta en Bogotá y la Inq. en Cartagena de Indias*, p. 98).

[132] M. C. Borrego Plá, *Cartagena de Indias en el s. XVI*, Sevilla, 1983, pp. 437-438.

mar y renegar y "sus amos no se atrevían a proseguir con el castigo, con lo que se habían puesto tan licenciosos" [133].

Tras su fundación en 1610, el primer auto de fe tuvo lugar el 2 de febrero de 1614 y en él no encontramos alusiones a moriscos. Tampoco en los sucesivos de 1618, 1621, 1622, 1626, 1627, 1628, aunque ya desde el principio se enviaran unas directrices o advertencias a los fieles a fin de que pudieran identificar a los supuestos moros que hasta allá hubieran llegado: "que hayan hecho algunos ritos y ceremonias de la secta de Mahoma, por guarda y observancia della, así como si hubiesen guardado los viernes por fiesta, comiendo carne en ellos o en otros días prohibidos por la santa Madre Iglesia, diciendo que no es pecado, vistiéndose en los dichos viernes camisas limpias y otras ropas de fiestas, o hayan degollado aves o reses u otra cosa, atravesando el cuchillo, dejando la nuez en la cabeza, volviendo la cara hacia el alquibla, que es hacia el oriente, diciendo Vizmelea..." [134]. Mismas preocupaciones de otras latitudes. Sin embargo, en la colocación de los sambenitos de los reos reconciliados o relajados en todo el distrito en 1658, es decir, en 48 años, —"cuyo número ascendió a sesenta y ocho" [135]— no hallamos nada de interés. Disponemos —en 1624— de algunas alusiones de moriscos relacionados, para su mal, con las galeras. Como en el caso de Cuba. Se trata del "morisco Francisco Míñez [¿Núñez?], natural de Murcia, que andaba también por esclavo en las galeras" y no se entregó para doctrinar [136]; y de "dos moriscos de los expulsos que están en la galera de esta costa, fueron absueltos *ad cautelam*" [137]. Más adelante, en 1650, sabemos del procesamiento de Santiago Peregrino, turco, porque "fue testificado de hacer mover unas varillas con ciertas palabras que nadie entendía" [138] y cuyo final desconocemos, aunque no hay por qué suponer una punición muy distinta de las penas, relativamente leves, que se aplicaban en este tribunal.

* * *

---

[133] Toribio Medina, *La Inq. en Cartagena de I.*, p. 178.
[134] Ibídem, p. 131.
[135] Ibídem, p. 307.
[136] Ibídem, p. 206.
[137] Ibídem, p. 207.
[138] Ibídem, p. 286.

A la vista de lo expuesto, creemos poder extraer algunas conclusiones:

1.—Reiteramos la idea central: pese a los casos por nosotros buscados, encontrados y expuestos, su proporción sigue siendo ínfima en el conjunto espacio-temporal de las Indias, incluso en comparación con otros grupos clandestinos.

2.—En casi todos los casos nos hallamos ante las vidas airadas de infelices que intentan sobrevivir al momento adverso que les cae encima, dentro de niveles económicos bajos o resueltamente serviles y desde los cuales poco podían influir.

3.—Se trata de personas aisladas, ni siquiera coordinadas y organizadas en comunidades más o menos prósperas, influyentes y estructuradas, como los marranos.

4.—La aculturación y absorción de estos individuos fue un hecho inevitable (no digamos la de sus descendientes) y su incidencia política y social, nula.

5.—Al contrario de los criptojudíos, que carecían de unos países donde dominase la ley mosaica y a los que acudir, los moros encubiertos preferían emigrar a tierras del islam por razones obvias de proximidad y afinidad.

6.—Tal vez pudieran añadirse algunos casos más, de peinarse *todos* los archivos existentes. Esfuerzo excesivo que —de verdad creemos— sería baldío, para los resultados a que podría llegarse.

7.—No hay apoyatura histórica real para persistir en las fantasías habituales de las distintas Uniones Árabes del continente acerca de moros, moriscos, árabes, musulmanes en América antes del siglo XIX.

TEXTOS

1. GUADALAJARA (NUEVA GALICIA, 1560)

[fº 317 r] "...contra Hernando Beltrán morisco herrado sobre çiertas palabras que dixo contra nra. Sta. Feé Catholica y para la ynformaçion de lo susodicho el dicho Sr. Vicario mando pareçer ante sí a Alonso Berdugo y a Miguel Galindo para que sobre lo susodicho digan lo que sobre el caso supieren los quales pareçieron ante el dicho Sr. Bicario e lo que dixeron e declararon cada [fº 317 v] uno por si secreta y apartadamente es lo siguiente [...] eran estas: Que estando el liçençiado Joan garcía cura y bicario de estas dichas minas diziendo misa cantada en el paso del Pater Noster quando dizen 'sicu dinçelo e dinterra' [*sic*] dixo el dicho honbre que el dicho Anton Catalán dize al tiempo e dixo 'e dinterra ya no es tienpo'. Dixo el dicho honbre ya no es tiempo".

[fº 318 r] "y que el dicho Anton Catalán volvió la cabeza [...] que el que lo avia dicho hera Hernando Beltrán morisco porque el dicho Berdugo se halló presente y el dicho Beltrán estaba detrás del dicho Berdugo [...] no sabe si es buen christiano ni malo mas de que le ha visto yr a misa".

Otros testigos corroboran que dijo "Ya es tarde" y el sumario relata la vida del acusado [fº 319 v]: "En Beas, çinco leguas de Baeça, naçio en casa de un cavallero que se llama Sancho Rrodriguez y que es hijo de una morisca y su padre es español y se llama Jhoan Carrillo Beltrán". Salió de España 20 años antes, residió en la Florida 4 o 5 años y "el demás tiempo a estado en esta Nueva España en algunos pueblos della". Casado, su mujer en México, no vio a ésta en 8 años por ser propietario de minas y por estar enferma de enfermedad peligrosa [fº 320 r]. Se declara cristiano, asiste a jubileos y misas, confiesa, comulga, etc. Y prosigue el documento: "dixo yendose a lebantar para estar en pie como no se avia lebantado al prinçipio 'Ya es tarde' y que este confesante lo dixo por esta bia y por no se aver lebantado en tiempo y no por ofender a Dios Ntro. Sr. [...] Oyó la misa entera salvo que no aguardó a la bendiçion porque como dicho tiene estubo [fº 321r] mirando un rrato a su casa y fue paseando hasta quando acavó la misa por ver si abia entrado alguna persona en su casa".

Fue acusado de blasfemia: "...y que Diego Berdugo de Vega estando jugando a la bola le oyó dezir que Dios Ntro. Sr. ni los santos no le podían hazer bien y que no save si a sido asuelto y librado deste pecado y que desto son testigos Pedro de Hermosilla y Jhoan Alvarez y Pedro Ruiz y Pablo de Torres y que esto es la verdad".

[fº 321 v] "Antonio Catalán confirma que está herrado en la cara el dicho Hernando Beltrán". Se ordena prender [fº 323 r] a Hernando Beltrán, morisco "y preso sea entregado a la justicia seglar y esto se cunpla luego so pena de escomunion mayor" [Minas de S. Martín, 24 de abril de 1560]. Y el vicario dio sentencia definitiva a 30 de abril de 1560 [fº 324 r]: "Mando husando de misericordia atento que pareçe lo que el dicho Hernando Beltrán dixo ser más ynorançia que no maliçia quel primero día pasando el día de S. Felipe santiago salga a una misa rezada descaperuçado y en cuerpo con una candela en la mano hasta tamto que se diga la dicha misa y más le condenava en diez pesos de minas para la obra desta yglesia y ansí mesmo le mandava y mando que ante todas cosas dé fianças legas llanas y abonadas que dentro de quatro meses conplidos primeros siguientes traerá o enbiará a estas minas a su muger atento que pareçe no aber hecho vida maridable con ella ocho años ha o que traerá recaudo bastante del justo ynpedimento que la dicha su muger tiene para no poder benir a estas dichas minas y así mismo que una yndia que tiene en su poder en la qual pareçe tener un hijo e luego la quite de su poder y que no tenga más querer con ella en público ni en secreto so pena de descomunion mayor y doçientos pesos de minas para la obra desta yglesia en los quales desde luego le dava por condenado so lo contrario haziendo y más le condeno en las costas deste proçeso y ansí lo pronunçio e mando, todo lo qual haga y cunpla antes que salga de la carçel e prisión en que estaba enmendado. 30 de abril de 1560, Liçençiado Joan García, etc."

(*AGN*, Grupo doc. Inq., vol. 16, exp. 7, fojas 316 r (f) – 326 v).

2. MÉXICO, 1574. CASO DE GONZALO SÁNCHEZ

[f° 45 v] "...dixo que él no a fecho ni dicho cosa contra le fee y vuelto a amonestar fue mandado llevar a su cárcel". Pero insisten en el interrogatorio, ofreciéndole misericordia si confiesa y él sigue negando "la confesión [de sus culpas] disminuiría su pena si clara y enteramente confesase la verdad, por tanto que se le amonesta las diga".

[f° 46r] Preguntado por si dio información del cautiverio de su mujer y hijos, "dixo 'Sí, señor, porque me pidieron que diese informaçion de cómo quedaban cautivos y dila'. Preguntado ante qué secretario dio la dicha informaçion y quién fueron los testigos y en qué lugar se hizo, dixo que yendo de Canaria a España iba en su navio un Fulano Carrillo que vivía en Tenerife, de donde lo echaban a España por ser casado en Burgos, honbre de pluma que soliçitaba pleytos, el qual dicho Carrillo a riesgo deste declarante y por dos reales y medio que le dio le hizo una informaçion falsa de cómo yendo éste y su muger y gente de su casa por la mar avian aportado al puerto de S. Vartolomé que es entre Lançarote y la costa del Xarife donde avía dado el navio al través y que allí lo havían cautivado los alarbes de aquella costa del Xarife y que le [ilegible] de ellos que llaman el xeque que es como alcalde, avia dexado a este que fuese [f° 46v] a España por rescate para su muger y gente y que avia salido de Bervería en un navío de portugueses que allí avía llegado a contratar y aportado a un puerto de la Ysla de la Canaria que se llama Güimar donde sonava la fecha de la dicha ynformaçion y el dicho Carrillo la hizo conforme a esta relaçion que este le daba viniendo por la mar a España poniendo el mesmo Carrillo un pedimento por cabeça y tres o quatro testigos y los nombres y firmas dellos y un nombre de alcalde ante quien sonava averse hecho y la auctorizó con signo y firma. No save si puso su nombre de Carrillo como scrivano u otro y la çerró y se la dio a este declarante. Y la presentó ante los señores del dicho consejo con la dicha petiçion y luego proveyeron que se le diesen siete u ocho avitos de reconçiliados y el secretario Alonso de Doriga le dio la provisión dello con la qual acudió a la dicha Ynquisiçion.

"—Preguntado qué otras cosas más pasaron entre éste y el dicho Carrillo para que se hiciese la dicha información falsa dixo que no otra cosa así Dios le dé de su [ilegible].

"—Preguntado qué nombres de testigos puso en la dicha informaçion dixo que no lo sabe porque el dicho Carrillo se [fº 47 r]apartó al mástel postrero del navío a hazella.

"—Preguntado si llegados a Sevilla o en otra parte este comprovó la dicha información con otros scrivanos o hizo alguna otra diligencia para que pareçiese verdad lo en ella contenido, dixo que la dicha informaçion era falsa como Judas, pero que no hizo esa diligencia en Sevilla porque yendo navegando a sanlucar de Barrameda los apartó el tiempo a la Ysla de la Madera que es del Rey de Portugal y de allí fueron a desembarcar a Lisboa y en ninguna parte hizo esa diligencia.

"—Preguntado si en el dicho Consejo de la General Inquisiçion se advirtió ser la dicha información falsa, dixo que él no lo sabe porque no entró en el consejo, mas de que yendo a cobrar la dicha provisión a la posada del dicho secretario Alonso de Doriga miró la dicha información y le dixo que no le pareçía bien porque la letra de los testigos, alcalde y scrivano era toda una.

"—Preguntado entonçes qué diligencia este en Madrid para quitar el dicho escrupulo al dicho secretario dixo que ninguna.

"Fuele dicho que no es de creer lo que este dize antes se presume que devio hazer mas informaçion y usar otras cautelas para sacar la dicha provisión la qual no es de creer que se la diera el secretario [fº 47 v] con sospecha de la dicha falsedad [...] por reverencia de Dios se le amonesta diga la verdad.

"Dixo que él la a dicho así le libre Dios [de] las cárçeres en que esta y no hay otra cossa.

"—Preguntado si este juró la petición que dio en [¿ello?] o el secretario Alonso de Doriga le mandó jurar lo contenido en la dicha información dixo 'No, Sr., ni me lo pidieron tampoco'.

"—Preguntado dónde está al presente el dicho Carrillo y en qué partes y lugares darán razón del, dixo que no save mas de que dezía que en Burgos y no save si tenía allí su muger o dónde y luego dixo que de un pueblo de Burgos.

"—Preguntado si el dicho trato entre este y el dicho Carrillo para hacer la dicha información fue secreto entre los dos o lo entendieron también algunas otras personas del navío dixo que fue secreto entre ellos dos.

"—Preguntado si de la dicha información hizo sacar algunos traslados auctorizados, dixo, aviendo estado suspenso un poco, no save y luego dixo que no se acuerda.

[fº 48 r] "—Preguntado si de aquella información iso otras vezes en otros tribunales y ante otros juezes para efecto que se le iciese alguna limosna, dixo que no pidió otra limosna mas de la que tiene dicha.

"—Preguntado si en Portugal usó de la dicha ynformaçion y por virtud della pidio se le hiziese alguna merçed o limosna para el efecto del dicho cautiverio dixo que no se abrio la informaçion hasta que entró en Madrid.

"Fuele dicho que en este Sto. Officio ay informaçion que con la dicha cautela de que usó en el Consejo de la General Inquisición usó también con el Rrey de Portugal y con su Magestad del Rey don Filipe nuestro Señor haziendole falsas relaçiones de sus trabajos con muy grandes lloros y lástimas, mediante lo qual el uno y el otro le hizieron merçedes y limosna. Por tanto que por reverençia de Dios diga la verdad y acabe de descargar en esto su conçiençia.

"Dixo: no tengo más que dezir, Sr., que si más oviera, más dixera.

"Preguntado si ya que no lo hizo como dize para mover a compasión a otros y inçitarles a que le diesen limosna dezía en algunas partes de España que los dichos reyes le oviesen fecho algunas limosnas.

"Dixo que no dezía tal ni se le hizo más limosna de la que tiene dicha que pluguiese a Dios no se la hizieran ni él la pidiera.

"Preguntado si en el Consejo de las Yndias para el dicho efecto y usando de la mesma falsa causa, relaçion e informaçion ganó algunas liçençias para pasar a estas partes algunas personas, dixo que no.

"Preguntado qué avito traya este quando tratava los negoçios.

"Dixo que su capa y sayo como agora negro y cabello largo que también lo trae agora porque nunca en su vida se a hecho la barva sino fue una vez en lamar cuando venía a México.

"Preguntado qué otros travajos dezía este aver pasado en la mar y en el cautiverio de su persona, muger e hijos para mover a más piedad y compasión.

"Dixo que no se acuerda que dixese más de que avía estado cautivo y que también le quedava su muger e hijos y si dixo otra cosa no se acuerda.

"Preguntado cómo dezía este que le avian soltado así libremente para que fuese por el rescate dixo que contaba y fingía que el xarifee avía tomado grande amor a una niña nieta deste..." [Ms. trunco]

(*AGN*, Grupo doc. Inq. vol. 58, exp. 3, fojas 45-48).

3. ATUCUPA, [¿ACTOPAN, HIDALGO?] 14 DE FEBRERO DE 1580

Diego Díaz del Castillo, alcalde mayor en él por S.M. denuncia a Alejandre Testanegra, mesonero griego por sospechas de moro:
[fº 357 r] "...en conversación con Martín Larios y Fco. Amaro y Jorje Martín españoles y otras personas y hablando todos juntos vino a dezir el dicho Alejandre quel avia estado en la China y en la Ysla Felipina y currido medio mundo y que hiba en la flota que está al presente surta en San Johan de Ulua de esta Nueva España a Castilla solo con pretensión de hazer una nao para entrar en esta tierra por parte que nunca xamas a entrado ninguna persona porque llevaba pintada toda la tierra e mares e puertos dellas de lo qual todos tomaron en sí escándalo y prencipalmente porque algunas personas le tienen por moro rretajado y en su abla el lo dar [sic] a entender y que ansí mismo su merçed lo a oído dezir en este dicho pueblo y para que si fuere como dicho es Su M. Ponga rremedio antes que se haga el dicho daño y el dicho Alejandre sea castigado y sepa el rremedio que conviene para lo qual dixo que convenía que se hiziese la inffomaçion siguiente y que conforme a ella probeirían en el caso justicia y lo firmó de su nombre".

Acusan a Testanegra, levantisco de naçión, de querer ir a España para "hazer una galeota e hacer mal a los cristianos [...] puto rretajado que a servido de muger en una galera la qual tomó un capitán cristiano que se dezía Alejandre el qual le tornó a bautisar otra vez y le puso su mismo nombre de Alejandre y este testigo le dijo al dicho Alejandre 'mirad que esto dize de vos Marco vuestro compañero' y a esto le respondió el dicho Alejandre: 'Mira, Martín Larios, todos somos hombres'. Y el dicho Alejandre a todas estas palabras calló después de le aver dicho lo que dicho tiene y lo metió en su aposento junto a una ventana que tiene la comunidad [358 r] del mesón deste dicho pueblo y le enseñó su natura y este testigo vido que tenía el dicho Alejandre toda su natura cortada el capullo y muy bien serçenado que le paresçio a este testigo aver sido cortado a mano de lo qual este testigo se escandalisó y el dijo el dicho Alexandre que se lo abian cortado en Sanlúcar por tenerlo malo, mas este testigo le paresçio muy mal estar tan llanamente serçenado y conformar con lo que el dicho Marco le avia dicho".

Preguntan si había algo sobre meter gente turquesca en Nueva España y el testigo dice no saber pero añade que el acusado decía "que no se pondría el habito de romero en esta tierra si no era para cobrar su hacienda e ir salvo a España". [358 v] Jorge Martín, español, vecino del pueblo, repite la denuncia de Marco, griego, de que "Alejandre se quiere hacer de mi tierra siendo jitano"[...] "toda su vida a andado en galeras de moros y a servido de puto y le cautivó un capitán cristiano que se decía Alejandre el qual le puso su mismo nombre y lo bautizó". También le acusa de querer pasarse al turco para hacer mal a los cristianos, tras ganar mucho dinero en cinco meses como mesonero [359 r] "agora que tiene fecha la muchilla a tomado un havito de peregrino con bordón de dezir que va a romería e a resgatar a un hermano suyo por causa que ninguna persona le ponga enbargo ni en pedimiento, mas que a este testigo no le pareçe bien ni da buena espina por causas que ha visto en él según están dichas y que en ello se afirma e ratifica".

15 de febrero de 1580 [359 v]. Declaración de Francisco Amaro. En Cuautitlán, en el tianguez, con el dicho A. Testanegra y con un español que se dice Baltasar Marín, vecino de México, les dijo el dicho Alejandre, votando a Dios, "yo tengo de hirme a meter en galeras para vengarme destos putos bujarrones españoles". El Marco, griego, acusaba a Alejandre de ser de Berbería —según este testigo— "y que andando en unas galeras de moros siendo muchacho le cautivó un capitán llamado Alejandre que hera cristiano [360 r] y que todos los que havían cautivado de la parte del dicho capitán llamado Alejandre los hizo pasar a cuchillo y que este Alejandre Testanegra por ser muy moço y bonico y bivillo lo avia dejado para su paje y en aquella sazón luego lo hizo bautisar y le puso su mismo nonbre de Alejandre prencipalmente por berle rretajado".

19 de febrero de 1580 [fº 361 r]. Preso en la cárcel de Atucpa el A. Testanegra por ser acusado de lo anterior, declara ser de casta de cristianos, de Grecia, llamándose sus padres Joan Testanegra y Isabel del Aguila, "bautizados según orden de la Sta. Madre Iglesia de Roma y que él no conosçio a sus padrinos porque salió muy pequeño e de poca edad para España donde a estado y en estas Yndias e que es de edad de más de treynta e çinco años, poco más o menos tiempo". [fº 361 v] Niega todo lo de Constantinopla, haber servido al turco y ser retajado por moro. Cree en Dios, como lo tiene la Sta. Fe Católica

y asegura no haber estado nunca en tierra de moros, sólo "retajado por estar enfermo de su miembro" [...]. "Preguntado qué tantos años estuvo e residió en Turquía y de qué servir e ofiçio tenía dixo este confesante que nunca ha estado allá como dicho tiene mas de que quando salió de su tierra se vino derechamente a España donde a estado y que siempre a usado el ofiçio de marinero por la mar en la carrera de las Yndias. Y esto responde".

Niega haber sido marino y soldado en las galeras turcas y haber salido a robar navíos cristianos, etc., "e que se lo levantan". [fº 362 r] "Si es verdad que andando este confesante en una galera de los turcos encontró con otras de los christianos en la mar de Veneçia donde obieron batalla canpal y al cabo bençieron los christianos a los turcos donde en aquella sazón fue cautibo este confesante por el capitán de la dicha galera de los christianos llamado Alexandre, el qual dicho capitán le hizo bautizar y le puso su mismo nonbre de Alexandre y le tomó para su serviçio e a todos los demás turcos que venían en la dicha galera los pasó a cuchillo de muerte y a el le dexó de matar por ser moço, donde anduvo mucho tiempo sirviendo de moço y si es verdad que sirbía allí o en otras partes donde a estado de bardaje pecando contra natura, que diga e declare lo que açerca desto pasa.

"Dixo que niega todo lo que le es preguntado porque él es buen christiano, themeroso de Dios Ntro. Sr. y que la persona que le a levantado tales testimonios es su enemigo capital. Y esto rresponde.

"Preguntado que diga y declare qué tanto tiempo a que pasó a estas partes de las Indias y si pasó a ellas con liçençia de S. Mt. o no, y en qué navío y como se llamaba el capitán y maestre y de qué vino cargada y quien vino por general, entonçes dixo que puede aver mas tiempo de doze años, quando vino el liçençiado Muñoz a esta tierra pasó él a estas partes y que vino por marinero en una nao de un capitán llamado Titón Ynglés e por maestre venía Fco. Melchor e por piloto Antón de Fuentes, españoles estos dos naturales de España que venían de las islas de Canaria cargada de vinos para el puerto de San Joan de Ulua donde dieron al través con la dicha nao por ser ya vieja aviéndola descargado primero e por esta causa se quedó él en esta tierra. Y esto rresponde." [...] "Si es verdad que este confesante ha corrido y andado todas las çiudades, pueblos y puertos de mares de las Yndias y espeçialmente desta Nueva España y puertos de la China, marcándolos y pintando las entradas y salidas de todos los puertos de mares diziendo e publicando este confesante que lo avia de llevar todo pintado al dicho turco y si tiene en su poder o fuera de él las dichas pinturas que las esiva e muestre porque por ello se le harán todas merçedes por Su Mt. conforme a las leyes del Rreyno, que diga e declare lo que çerca desto save e pasa.

"Dixo que niega todo lo que les preguntado e que en el tiempo que a hestado e rresidido en esta Nueva Spaña siempre anduvo hecho mercader de buxerías y visto que no ganaba nada se fue a las Çacatecas y al Maçapil [Mazapil, Zacatecas] y después volvió a esta çiudad de México y en ella sirvió a Alonso de Villaseca y de allí se vino a servir de alabardero al muy excelente Sr. visorrey desta Nueva Spaña y de allí se salió y se fue a servir a S. Mt. a la China por marinero y volvió a esta tierra e tomó el ofiçio de mesonero en este dicho pueblo de Atucpa. Y esto le rresponde.

[fº 363 r] "Preguntado que diga e declare si es verdad, como lo es que él y otros quatro compañeros naturales de Greçia entremetidos en casta de turcos pasaron a estas tierras de las Yndias e a marcarla e llevar de todo notiçia al gran turco su señor, que diga e declare quién son y cómo se llaman y a donde están porque descubriendo la verdad S. Mt. le hará toda merçed conforme a la ley y si es verdad que pasaron a estas dichas partes por mandado del dicho Turco o de otros reyes estranjeros.

"Dixo que lo niega todo lo que le es preguntado y que se lo levantan algunas personas que le quieren mal porque tiene planchas de plata. Y esto responde.

"Preguntado si conoçe a Marco griego natural de Greçia y si a sido e es su compañero, que diga adonde está y rreside y que si pasó junto con él a estas partes, dijo este confesante que conoçe muy bien al dicho Marco y que es natural de Veneçia y que no es greçiano y que no sabe donde está y ques su henemigo mortal. Y esto rrespondio a todo ello." [...]

[fº 364 v] Finalmente se le acusa de andar vestido de romero con hábito franciscano para sacar limosnas so color de rescatar cautivos y contesta que es por una promesa durante una tormenta de vuelta de la China. [Fin del ms.].

(*AGN*, Grupo doc. Inq., vol. 125, exp. 95, fojas 355-365).

4. MÉXICO, 1584. CASO DE FRANCISCO LÓPEZ

La información comienza el 31 de agosto de 1584 —aunque los documentos de denuncia son de julio de 1583— en México, ante los inquisidores licenciados Bonilla y Sanctos García, petición presentada por el fiscal Lobo Guerrero. Los inquisidores solicitan más información "y dada, se proveerá justiçia". Se trata de "Francisco López, africano, natural de Ceuta cerca de Africa", acusado y preso por mal cristiano y de haber "invocado el nombre de Mahoma en las oraciones que haze cruzando los braços y llamando a Dios en nombre arábigo siguiendo y aprobando la secta falsa de Mahoma y sus çeremonias".

[fº 405 r.] El 7 de julio de 1583, Juan de Santiago, vecino de la villa y minas de Chiametla, de más de cuarenta años, natural de Xerez "çerca de Vadajoz" [Jerez de los Caballeros] comparece como testigo. "preguntado si se acuerda de una denunçiaçion que hizo ante el provisor deste obispado y lo que en ella se contiene. Dixo que sí se aquerda y que lo que en ella se contiene es declarar que a oydo dezir como un Francisco Lopez africano vezino de las Minas de Copala, el qual nasçio en Berveria, que estando algunas vezes haziendo oraçion en su casa delante de una ymagen ymboca el nombre de mahoma cruçando los braços delante de los pechos diziendo 'O mahoma, O mahoma' dos y tres vezes.

Preguntado si lo a bisto Dixo que no lo ha visto, mas de que publicamente lo conto un Pº de Torres Arze vezino de las dichas Minas de Copala y un Juan Nuñez de Sayavedra vezino de las dichas Minas. Los quales saben que lo dixo y las personas que se lo oyeron dezir y que esto es la verdad."

[fº 410 v] "...abía bisto que estando el dicho Francisco López en el molino del dicho Juan Núñez que en aquel tiempo administraba y tenía a su cargo rezando en unas quentas le bio y abía bisto algunas vezes cruçar los braços, el braço derecho sobre el ysquierdo y deçir 'a Mahoma' y este declarante le dixo afeandoselo mucho el haberlo disimulado que por que no había denunçiado dél o echado mano a la espada y muértole y el dicho Juan Nuñez respondio que a eso quería yr a Mexico y que este declarante no a bisto al dicho Francisco Lopez hazer lo susodicho salvo aberlo oydo deçir como tiene declarado" [...] "un portugués llamado Juan Fernandez que residía en estas minas y era mercader deçia en conbersaçion preguntandole algunos si conozía a Francisco López ser de Çeuta respondía que no, sino de mas adentro, dando a entender alguna maliçia en perjuyçio del dicho Francisco Lopez y que esta es la verdad" [...] [fº 411 v.] "...se acordaba de que un Francisco López que dize ser de Africa, estando a la puerta de su casa paseandose y rezando en unas quentas al cabo de aber reçado començo ha hablar en lengua que a este declarante le pareçio ser morisca y hablo un buen rato como rezando y al cabo acabo con deçir dos o tres bezes 'Ala y Mahoma' y quando esto deçia tenia cruzados los braços y este declarante le preguntó que lengua era aquella que hablava y que quería dezir y el dicho Francisco Lopez le respondio que era lengua morisca y que no era nada sino que alla en su tierra ablavan aquella lengua y este declarante le preguntó que qué tanto estaba su tierra de la de los moros y el dicho Francisco López respondió que una legua o dos estaba su tierra de la de los moros y que este declarante oyo deçir a un negro llamado Pablo esclavo de Pedro de Torres Arçe que el susodicho Pablo abia oydo deçir a su muger Gyomar esclava tanbien del dicho Pedro de Torres que una yndia que ahora está en la probinçia de Çinaloa llamada Ynes que entonzes servia en la casa del dicho Pedro de Torres yendo esta dicha yndia a dormyr con el dicho Francisco López con quien andaba amançebada, deçia algunas bezes a la dicha Giomar su muger que Francisco López no era como los otros españoles porque quando dormia con ella, al prinçipio de la noche quando se acostaba no reçaba y despues a media noche quando cantaban los gallos se lebantaba de la cama y se yncaba de rodillas y reçaba un rato en una lengua [fº 412 r.] que aunque ella era ladina y hablava muy bien español no la entendía y que en esta lengua ablaba un rato y benía a hacabar en dezir 'Ala, a y Mahoma' [sic] y que esto hazía todas las bezes que hiba de noche a dormir con ella y esto dize este declarante aberselo dicho el dicho Pablo pocos días [h]a..."

Declaración de Juan Núñez [fº 412 r.]: "Fuele preguntado diga y declare quantos años a que conoze al dicho Francisco Lopez y que diga lo que sabe de su vida y costunbres y naturaleza. Dixo que abrá çinco años poco mas o menos que le conoze [roto] trato y conversaçion porque desde que le conoze a sido mercader en estas minas el dicho Francisco Lopez y este declarante [fº 412 v.] de tres años a esta parte le a tenido y tiene por mal cristiano porque muchas vezes le a oydo hablar en algarabía y continamente trata de Mahoma y que lo que arriba en el primer dicho tiene dicho se lo oyo deçir abra poco mas de un año. El qual como tiene dicho le oyo hablar un rato en algarabía o lengua morisca y tiniendo cruzados los braços ynbocar al cabo de lo que deçia el nonbre de 'Ala a y Mahoma' [*sic*] y que teniendo el dicho Francisco López la hazienda deste declarante a su cargo como la tubo dos años hasta hazerse pagado [*sic*] de cantidad de pesos de oro que le devia, el dicho Francisco López —porque tenía poder bastante deste declarante— recibio por mayordomo de la hazienda a un Domingo de Torres, Vizcayno, que sigue entiende este declarante reside ahora en las Minas de Xocotlan o Conpostela o en aquella comarca; el qual Domingo de Torres dize este declarante aberle dicho dos vezes estando los dos tratando que era morisco o moro y diziendo este declarante que tenía sospecha que no era chriano. El dicho Francisco Lopez, dixo el dicho Domingo de Torres 'No se yo nada de eso pero el dicho Francisco López me a dicho muchas vezes que estando en casa de su padre en Çeuta siendo muchacho quiriendole açotar su padre, que el se abia huydo a tierra de moros que estaba de allí muy çerca y que abia estado alla entre los moros mas de seys años y que este declarante y el dicho Torres entranbos se deçian el uno al otro que tenían sospecha de que no era christiano y que a oydo deçir que con la yndia que se llamaba Ynes referida en el dicho primero estubo mucho ttiempo amançebado y que no sabe otra cosa y siendole leydo este su dicho y declaraçion en el se afirmó y ratificó...".

Declaración de la negra Guiomar [fº 413 r.]: "Fuele preguntado si conoze a Ynes yndia ladina que estaba abra un año poco mas o menos en serbiçio del dicho Pedro de Torres su amo dixo que conoze a la dicha Ynes yndia de mas de ocho años a esta parte y que la dicha yndia estubo amançebada algun tiempo con el dicho Francisco López y que algunas vezes esta declarante reñía a la dicha yndia diziendole que por que siendo casada bivia amançebada y en desserviçio de Dios y que la yndia deçia a manera de disculpa que el dicho Francisco López la llevava por fuerça muchas vezes y deçia a esta declarante, que es su madrina de a dicha yndia, [fº 413 v.] 'Madre, no es Francisco López como los otros chrianos, porque a media noche se levanta a rrezar y se hinca de rodillas delante de las ymagenes y reza en otra lengua no como la querreçan [*sic*] los chrianos. Que aunque yo se hablar en Castilla no la entiendo y ansí no se lo que dize' y que esta declarante sabe que esta la dicha Ynes en la provinçia de Çinaloa Pedro de Montoya y que no sabe otra cosa ni la respondio aunque se le hizieron mas preguntas y que es la verdad...".

Declaración de Pedro de Torres Arçe: "...diga y declare lo que sabe de la vida y costunbres del dicho Francisco Lopez y si le a tenido y tiene por buen chriano. Dixo que no le tiene por honbre que aya bivido bien porque [f° 414 r.] a andado con chismes y revueltas de unos con otros y a este declarante le rebolvio con un Juan Antonio Brambila, vezino y minero destas minas y binieron a tanto rompimiento que le mando este declarante a un negro suyo que hiziese una grande ynjuria al dicho Juan Antonio y si no llegara la justiçia este negoçio le costara muy caro a este declarante y de todo esto fue causa el dicho Francisco López por no haber dicho lo que pasaba sino en contra de la verdad y que le tiene por mal christiano porque a oydo deçir que de noche va a las minas agenas y muchos mineros se an quexado dél, que les toma los metales. Y el tiene este declarante por honbre de malos tratos y que en su conçiençia entiende ser el que tiene dicho porque an faltado algunas mulas deste Real que se sabe las a tomado él y que por su mal bivir le tiene en esta posesion y esto es lo que sabe..."

(*AGN*, Grupo doc. Inq., vol. 127, exp. 14, fojas 402-414).

5. VERACRUZ, 1663. CASO DE CRISTÓBAL DE LA CRUZ

Es significativo el relato y compendio de las culpas de Cristóbal de la Cruz, pese al carácter reiterativo del lenguaje procesal, o tal vez por eso, extensibles las acusaciones a otros coetáneos, en el fondo y en la forma. Se trata de un moro de nación, de "Tremeçén, o de la çiudad de Argel en Berbería" —esclavo de Pantaleón Fernández, vecino de Veracruz— y que empezó sus andanzas con el Santo Oficio "reconciliado con hábito" en el principado de Cataluña en 1654, con amonestación y confesión general de sus culpas, con advertencia de ser relapso si volvía a apostatar. Bautizado en la parroquia de la Magdalena de la ciudad de Sevilla en 1633 cuando contaba más de diez años de edad, había apostatado juntándose con otros moros ocho años más tarde. No se nos explica cómo llegó a Sevilla pero no es difícil imaginarlo si se pormenoriza que en una primera etapa, ya renegado, vivió en Madrid "como moro y entre otros delitos de su apostasía confessó que siendo huésped en Madrid de una mora avia comido con ella y con otros moros carne y avia dicho que renegaba de Dios y de su Sta. Fee Catholica y de su Santa Madre y que otro viernes Santo havia dicho a los moros haçiendo burla de los penitentes que eran unos brutos que derramaban su sangre por un pedaço de palo que llebaban allí..." [f° 188 r.].

Los tiempos se alternan y entremezclan en el ms. de modo confuso, pero "estando en galera yba a comulgar con mucha repugnançia y que haviendo passado a servir al Marqués de Leganés en Badajoz por ser tenido por Moro infiel le baptizaron segunda vez y él se dejo baptizar sin declarar su primero bautismo". A instancia de otros moros se dejó el cabello "como moro, diciendo con animo deliberado y resuelto 'venga lo que viniere, aunque me han de quemar en la Inquisiçión yo é de ser Moro' y que estando en Cadaqués en la galera San Miguel dijo haberse dejado el copete como Moro y vivió como tal" y "movido de las reprehensiones de un fraile y de otros xptianos avia tenido animo de dejar de serlo y que en otros seis messes dijo muchas veçes hablando con xptianos 'reniego de vtra. Fee' más con animo de renegar y otras sin esta intençion y que por dicho tiempo llebando este Reo un difunto a enterrar y pasando el Santissimo Sacramento por la calle dejó caer en tierra el difunto y se metio en una cassa hasta que passasse el Santísmo y que preguntandole el Alguazil de la galera que por que se avia retirado le respondio que por qué veía el duende, diciendolo por el Santissimo y que a las reprehensiones y palos que le dio el Alguaçil respondio este Reo 'Reniego de ti y del. De tu Padre y de tu Madre' ", etc.

No cree en la capacidad del sacerdote para perdonar los pecados, ni en la transustanciación de la Hostia consagrada, ni confiesa más que las faltas leves en sus confesiones y no cumple la penitencia y "estando en la galera havia renegado tantas veçes que no era fáçil decir las que havian sido [...] y que en tres años que avia estado en galera siempre havia estado dudando si era la çierta la ley de los Moros" [f° 189 v.].

"...se hallaba con las mismas dudas que antes en quanto al Sacramento de la Eucharistia y Extrema Unçion, y que tambien havia creído despues de baptizado entonçes, que no havia infierno ni gloria para los moros sino que alla les esperaba otro mundo donde comer y beber como en este según lo enseñaban en Turquía".

Reconciliado en 20 de febrero de 1654, "ficta y simulada su conversión. Y que como perfido y por observante de la perversa secta mahometana volvió a recaer en todos los errores anteçedentes referidos contra ntra. Sª Fee Catholica apostatando della e incurriendo en relapsia; por veinte y tres de Mayo del año siguiente de çinquenta y çicno se denunçio al Tribunal del Sto. Ofiçio de la Inquisiçión de Sevilla donde declaró que luego despues que fue despachado en la de Barzelona y que por su mandado lo havia entregado un familiar della en la Galera, por haverse huido del Hospital donde havía sido puesto y que a persuaçion de los Moros que havia en ella volvió a apostatar de ntra. Sta. Fee y seguir la secta de Mahoma y sus ceremonias labandose los ojos, codos y oydos y partes verendas por observançia de su secta y que muy de su corazon se avia vuelto Moro..."

De nuevo interrogado por el comisario del Puerto de Sta. María calló su prisión y causa contra él seguida en Barcelona y ya en Sevilla confesó todo lo referente a esa causa y añadió que "sirviendo como libre al Marqués de Mortara le avia dado a este Reo una hechura de Sto. Xpto. para que la pusiere a la cavezera de su cama y que riñendo con un Moro la havia hecho pedaços tirandole con ella y los pedaços los havia echado en la basura. Y aunque despues en otra Audiençia dijo estar firme, que para salvarse le ymportaba ser Catholico Xpiano, como lo era [...] y que el aver dicho antes lo contrario avia sido por temer le despacharian y volverían a la galera y por tener por çierto que por deçir estaba en las dudas que avia propuesto le quemarían y conseguiría no volver a las galeras. Haviendosele dado un religioso para que le instruyesse en los misterios de ntra. Sta. Fee, éste con juramento declaró lo poco que aprovechaban sus pláticas con este Reo porque estaba moro pertinaz y que se havia resuelto a deçirle que no se cansase, que si ingiriessen una caña en un peral, caña se avia de quedar, dando a entender que siempre avia de ser moro y que quisiera ser poderoso para poner al Papa dentro de Argel y que le pessaba haverse vuelto Catholico. Y esta pertinaçia no era por defecto de talento [...] no quería misericordia y que maldita fuese el alma que se la diesse, que quería le quemassen y que por averle querido reduçir y sossegar le amenazo diçiendole que le retorçeria el pesquezo y que se fuesse a prediçar a los hereges".

Vuelto a amonestar con amenaza de relapsia, el reo vuelve a apostatar. Se siguen más causas contra él (en Sevilla y Barcelona): "Le acuso en general y en particular de lo siguiente: que como pérfido enemigo de la Fee Catholica [...] no ay otro remedio que relajarlo. Y esto [ilegible] lugar. Y se debe hazer, supuesta la nueva y terçera relapsia del reo. Y que sea constante que el sussodicho aya incurrido en ella. Se ajusta con evidençia por las confessiones deste Reo. El qual despues que fue reconçiliado por la dicha Inquisiçion de Sevilla y abjurado en ella por sus errores en diez y seis de Mayo del año pasado de mil y seis çientos y cinquenta y siete ha vuelto a hazer el *zahalá* según los ritos y çeremonias mahometanas [...] invocaçion que a acostumbrado a hazer en lengua de Moros diziendo 'Mahamet y *Arçolhá* [¿al-hamdu li-l-lah?] que quiere deçir en castellano Mahoma junto a Dios: Abdel Cadher poderoso acuerdate de tu siervo Abdel Cadher Xilale: no lo olvides'. Creyendo que este perverso y maldito enemigo de Dios y de su Fée Catholica podía valerle en sus tribulaçiones teniendolo por verdadero Propheta, que es la consumaçion de la Apostasía deste Reo, (cap. 3) y que en el todo niega el fundamento de ntra. Sta. Feé Catholica y los sacramentos de nra. Sta. Madre Iglesia Romana. Porque diçe que conocçe a Xpto. por un hombre bueno hijo de María pero que no lo conoçe por Xpto. y que tiene por sin duda que si fuera Dios no muriera, con que negando como niega el prinçipio infalible de la encarnaçion del verbo divino en las virginales entrañas de la Sma Virgen María Nra. Sra., la muerte y passion de Jesuxpto nro. Sr. Dios y hombre verdadero, es çierto falta a toda la fée Catholica mayormente quando como va dicho tiene y cree por verdadero propheta a Mahoma y le invoca como a tal y à usado de los ritos y çeremonias de su pestífera secta como va dicho" [...] [fº 193 r.] "luego que pudo hallarse con otros moros y huirse de entre Catholicos despues que fue reconçiliado por la Inquisiçion de Barzelona se passo a Berbería y desde el puerto de Xarxali [Cherchell] salía con otros moros a corso a las costas de Mallorca y Oran donde hizo en compañía de los demás pressas de navíos xptianos, haviendo ya en esta ocassion apostatado, con que se ajusta la enemiga a los Catholicos xptianos" [...] "aver dicho que las dudas que tiene declaradas en este Sto. Offº las comunicó en la isla de Sto. Domingo con un moro sin bautizar que era coçinero de un navío, como si deste moro pudiese esperar el remedio que le convenía y la satisfacçion de sus dudas y lo mas çierto que fue por hazer escarnio de la Sta. Fée Catholica [...] haviendose encontrado con otro de su depravada secta [...] a pretendido dar a entender que sus presentaçiones y manifestaçiones en las Inquisiçiones del Prinçipado de Cataluña y Reino de Sevilla fueron voluntarias y por haverse tenido por tales no le fueron puestas maiores penas, se debe entender que no fueron sino involuntarias y hechas por temor" [...] [f° 193 v.] "y porque estando este reo travajando en el Puerto de Barçelona a donde havia ydo con las galeras de España despues que se rindió dicha çiudad a la obediençia de su Magtad del Rey nro Sr. le conoçió un cavallero llamado don Fernando de Carvajal el qual se llego a hablarle reprehendiendole que cómo andaba en trage de moro, siendo xptiano, porque el dicho Don Fernando le avia visto bautizar en Sevilla y le amenazó de que le havia de acusar a la Inqon. Porque este reo entonçes se avia dejado criar copete como Moro" [...] "haviendo huido como va dicho de las galeras desde el puerto de Denia con los demas moros y passadose a Berbería y apostatado de nra. Sta. Fee Catholica y hecho la zalá y los demas ritos en observançia de la secta de Mahoma andando y pirateando con otros moros le cogieron y cautivaron las galeras de España con otros renegados y llevándolos a la Inquisiçion de Sevilla se adelanto a denunçiarse por un papel o carta, de suerte que tampoco en esta ocassion se puede llamar voluntaria su denunçiaçion pues concurrieron las çircunstançias referidas".

(*AGN*, Grupo doc. Inq., vol. 1545, exp. 5, fojas 188 r.-194 r.).

6. PUEBLA, 1688. CASO DE JOSSEPH, MORO DE NACIÓN

"Denunçiaçion y examen de testigos contra Josseph, de naçion moro, por haver renegado de Dios Nuestro Sr. y de la Virgen Santíssima. 15 de mayo de 1688.

"[f° 159 r] Serían las diez horas de la mañana poco mas o menos, ante el Sr. Doctor D. Franc° Flores de Valdés racionero desta Sta. Iglesia Cathedral y comisario del Santo Oficio en ella.

"Pareçio sin ser llamado y juró por Dios Ntro. Sr y la señal de la Cruz en forma de derecho un hombre que dixo llamarse Onofre de Arteaga, español, soltero, administrador del obraje de Don Juan Paz de la Vaña, natural de las Islas de Canaria, de edad de treinta y tres años poco mas o menos. El qual por descargo de su conçiençia dise y denunçia que el día Juebes que se contaron trese deste dicho mes y año; estando en el dicho obraje del dicho Don Juan Paz, entre dies y onse del día, llamó Pedro Nolasco Español y mayordomo en dicho obraje a Josseph (que no save su sobrenombre) *de naçion moro* [cursivas en el original] (al qual le llaman en dicho obraje el morito y de edad de beinte años al pareçer) para que trabajara y le respondio al dicho mayordomo que no podia que estaba malo aviendo preçedido el que le biese el Medico el qual dixo que no tenía achaque ninguno y por esta bellaquería y averse huido de la Iglecia llevandolo a Misa, le mandó este declarante asotar y abiendole dado sinco asotes por mano de un *mulato esclabo en dicho* obraje llamado Juan de Alarcon, le oyó este declarante que el dicho Josseph Dixo en voz alta *Reniego de Dios y de la Virgen mi madre* y susesibamente bolvió a repetir *Reniego de Dios y la Virgen mi madre,* sin que entre la repetiçion se le diese asote ninguno, ni se proçedio a darle mas, a lo qual se hallaron presentes el dicho mayordomo Pedro Nolasco y Lucas Peres, ayudante del obraje y toda la mas gente dél que estan en la sala donde cardan, todos los quales lo vieron y lo oyeron, a que algunos lo reprehedieron [sic] diciendole que si estaba loco. Y luego se salió este declarante y que no huvo mas. Y que aunque lleba dicho [f° 159 v.] es de naçion moro por llamarlo assi los que le conoçen, que es Christiano que confiesa y comulga y oye misa todos los días de fiesta y que por tal es tenido; y que le á oydo decir al dicho Josseph que es bautisado en Lisboa y que no save mas y ser la verdad por el Juramento que tiene echo en que se afirmó y ratificó siendole leydo este su dicho de verbo ad verbum. Dixo que estaba bien asentado y que no lo dise por odio o mala boluntad y prometio el secreto y lo firmó...

"[f° 159 v.] Dicho de Juan de Alarcón, mulato. En la ciudad de La Puebla de los Angeles, a diez y siete días del mes de mayo de mil seisçientos y ochenta y ocho años, siendo las onse horas de la mañana poco más o menos [...] pareçio siendo llamado un hombre que dixo llamarse Juan de Alarcon, mulato casado con Jossepha de Soto mulata libre y esclavo de Don Juan Paez de la Baña veçino desta ciudad y dueño de obraje en ella. Y juró por Dios nuestro Señor y la señal de la cruz en forma de derecho que dirá verdad (y de edad de mas de sinquenta años).

"—Preguntado si save o presume la causa por que a sido llamado Dixo que presume le llamaran para que diga la verdad de un moro que renegó en casa de su amo Don Juan Paez.

"[fº 160 r.] Se le mandó que dixesse lo que en este caso sabe y dixo que el día martes de la semana pasada, que se contaron trese deste presente mes de mayo; entre las dies y onse oras de la mañana, mandó Onofre (que nosabe su sobrenombre) Español y administrador del obraje del dicho su amo sacar a un pardito llamado Josseph de la Cruz esclavo del dicho su amo (que en el obraje le llaman moro) para asotarlo porque no abía travajado por estar malo y con efecto le sacó este declarante de la saca donde duerme la gente del obraje y un negro llamado Agustín de los Reyes y lo tendieron en el suelo y este declarante le dio por su mano seis asotes y quando acabó de dárselos renegó diçiendo por tres vezes *Reniego de Dios y de Santa María* y que oyendo este declarante esto soltó el asote y que todos los cardadores del obraje oyeron los reniegos que dixo Josseph de la Cruz y luego lo corrigió Onofre el administrador diçiendole que si por quatro asotes que le daban renegaba, que si no era Christiano bautissado y le respondió que porque estaba enfermo y le apuraban a trabajar y luego lo metieron en la saca donde duermen los esclabos y que no passó mas y esto responde y ser la verdad [...].

"Y en este estado fue preguntado diga si el dicho Josseph de la Cruz es Moro o Christiano? Dixo que en el obraje a oydo deçir algunas Personas que es de Berbería el dicho Josseph de la Cruz, pero que lo tienen por christiano porque lo ha visto oyir misa, confesar y comulgar y resar el Rosario de la Virgen todas las noches y que en una ocaçion le oyó este declarante regañar porque avia comulgado sin reconçiliarse por causa de llevarlo aprisionado a la Igleçia y no aber confesor ni darle tiempo a lo aguardar el que lo llebaba y que toda la gente del obraje lo tienen y lo tratan como Christiano Bautissado y esto responde y ser la verdad por el juramento que tiene echo en que se afirmó y ratificó y lo firmó el Sr. Comisario..."

"[fº 160 v.] Dicho de Pedro Nolasco Nuñes, español [...], actualmente Mayordomo del obraje que tiene en esta ciudad Don Juan Paz de la Baña y de edad de treinta y un años poco mas o menos.

"—Preguntado si save o presume la causa por que a sido llamado.

"—Dixo que no la sabe, pero que presume será para saber dél açerca del reniego de un mulato. Y esto responde. Se le mandó dixesse lo que sabía y Dixo que el día trese deste presente mes y año llamó Onofre de Arteaga administrador de dicho obraje a Josseph mulato (que no sabe su sobrenombre) que en el obraje le llaman el Morito, para que trabajasse, a que le respondió el dicho Jossep que estava enfermo, que no podía trabajar. A que le respondió el dicho Onofre 'El medico te vido aller y Dixo que no tenías nada'. De que resultó darle al mulato de seis a ocho asotes y en esta ocaçión llegó y preguntó este declarante '¿qué es eso?' Y le dixeron que el dicho Josseph avía renegado, diçiendo *'Reniego de Dios y de la Virgen mi madre';* y que se lo dixo Manuel Pages negro esclavo del obraje y despues se publicó por todo el obraje y que este declarante le corrigió con blandura dándole a entender que si no era Christiano, que por qué faltaba a la fee que avía professado. Y esto responde.

"Fue preguntado: Diga si el dicho Josseph mulato es moro o christiano baptisado.

"[fº 161 r.] —Dixo que no sabe si es moro, que el dicho Josseph mulato diçe que es de naçion Portugues y que este declarante y todos los del obraje le tienen por christiano Baptissado y que le ha visto oir Misa confesar y comulgar y resar el Rosario de la Virgen y que el dicho Josseph fue esclavo de Pedro de Urosa, que él puede dar raçon de donde lo huvo, o si save si esta Baptissado; y que el día siguiente de que suçediera el renegar volviéndole a reprehender este declarante al mulato le respondio que los españoles tenían la culpa de que huviesse renegado y en particular este declarante. Y esto responde y que no save mas de lo que lleba declarado so cargo del juaremento [*sic*] que fecho tiene. Y siéndole leido este su dicho de verbo ad verbum Dixo que estaba bien asentado y prometio el secreto y lo firmó de su nombre con el Sr. Comisario.

"Y en este estado fue preguntado 'diga y declare con distiscion que significan y contienen aquellas palabras que dixo el mulato de que los Españoles tenían la culpa de que huviesse renegado?'

"Dixo que el mulato no le respondió nada, pero que presume las diría porque le avian castigado y esto responde y ser la verdad y lo firmó con el Sr. comisario.

"[fº 161 v.] [...] Dicho de Lucas Martín de los Angeles Español soltero, natural de las Islas de Canaria y veçino desta ciudad que actualmente es Ayudante del obraje de Don Juan Pas, de edad de treinta y uno.

"—Preguntado si save o presume la causa porque a sido llamado Dixo que no la save ni la presume y esto responde.

"—Preguntado si save ó á oydo deçir que alguna persona haya dicho o echo cosa alguna que çea ó paresca ser contra nuestra Santa fe

Catholica, ley Evangelica que predica y enseña la madre Igleçia Catolica romana, o contra el recto y libre exerçiçio del Sto. Ofiçio?

"—Dixo que no lo save Pero que presume será para preguntarle açerca de un esclavo del obraje que le dijeron avía renegado y esto responde.

"—Se le mandó dixesse lo que savía y Dixo que el mes pasado de mayo (que no se acuerda a quantos fue) biniendo este declarante de fuera del obraje oyó ruido en él y preguntando que avia suçedido le dixo el mayordomo Pedro (que no se acuerda del nombre) su compañero en dicho obraje, que el mulato Josseph a cuatro asotes avía renegado, a que respondió que qué [ilegible] era la de los esclavos de la casa y que lo dexo y no volvió a preguntar mas en la materia. Y esto responde.

"Fuele dicho diga las palabras que dixo el dicho Josseph quando renegó y si se lo oyó decir a otras personas.

"[fº 162 r.] —Dixo que no le dixo el dicho Pedro las palabras que dixo el dicho Josseph quando renego y que anduvo tan inadvertido en que no le preguntó expresamente como avia renegado. Y esto responde [...].

"Agustín de los Reyes negro soltero y esclavo de Don Juan Paez [sic] vecino desta ciudad y dueño de obraje en ella y que es perchero en dicho obraje [fº 162 v] y de edad de sinquenta y un Años poco mas o menos [...].

"—Se le mandó que dixesse lo que avia suçedido [...] mandó el dicho Onofre a este declarante tubiesse al mulato para azotarlo y con efecto lo tuvo de las manos y Juan de Alarcon le dio con el cuero los asotes y aviendoselos dado dixo dicho Josseph tres veses en altas vozes, que lo oyeron las mas personas que estavan trabajando en la tapuchinga Reniego de Dios y de la *Virgen santíssima* y que oyendo que renegava lo dejaron y que no le bolvieron a dar y que este declarante le dixo que para qué avia barajustado, que aunque le dieran mas asotes que arena ay en la mar los avia de llevar por Dios supuesto que eran esclavos, a que le respondió que el reconocía que avía dicho mal. Y que lo que lleva referido passó ante Juan de Alarcón, Manuel de la Cruz y Hipólito de Herrera, todos esclavos y la mas gente que lleva arriba referida y en este estado Dixo que muchas vezes le a dicho Josseph de la Cruz que nació en portugal y se crió en la ciudad de Cadix y que todos lo tienen por christiano y que no save mas [...].

[fº 163 r.] Concluye el documento dos años más tarde, en julio de 1690: "El fiscal ha visto las denuncias fechas ante el Comisario de la Puebla contra un negrito esclabo de D. Juan Paz, dueño de obraje en dicha ciudad, que dichas denuncias se reducen a que haviendole dado o estandole dando unos Azotes porque no quería trabajar renegó por dos veses de Dios y dela Virgen Sma. Y dice que respecto de estar reputado entre los demas esclabos del dicho obraje el dicho negrito llamado Joseph de la Cruz, por moro o por lo menos de nación sospechosa que añade sircunstancia a dichos reniegos y assi para saber de que nacion es dicho negrito se ha de servir VSa. demandar se despache comisión a dicho Comssº de la Puebla para que examine a el Amo de dicho negrito y así mesmo a Pº de vrosa de quien se dice que antes, preguntandoles por de que nacion lo huvieron y si estaba baptizado quando le compraron y que vida y costumbres experimentaron en el y lo demas que condusga [sic] a la maior claridad".

(*AGN*, Grupo doc. Inq., vol. 674, exp. 21, fojas 157 r.-163 r.).

7. EL SUEÑO DE AL-ANDALUS

> "For centuries Spain has been a country foreigners love to hate and Spaniards hate to love."
>
> (H. RALEY, *The Spirit of Spain*)

ESTAMPAS DEL PARAÍSO

Nuestro país se distingue, entre otras características poco envidiables, por un morboso empeño permanente de puesta en cuestión de su propia entidad, en especial desde mediados del siglo XVII, cuando la decadencia política exterior y la económica interna instilaron en la sociedad española el pesimismo escéptico y la falta de confianza en los gobernantes y en sí misma. Las diferencias interregionales —no mayores que en otras naciones de Europa, por no irnos más lejos— entre nosotros se inflan artificialmente hasta convertirse en fosos y valladares insalvables. Bien es cierto que de tal hinchazón ficticia hay numerosos beneficiarios, extractores implacables de pingües utilidades, pero no derivaremos hacia los aspectos políticos del problema sino en la medida necesaria para nuestro objetivo. Como ya hemos señalado en otros lugares, la Historia suele ser uno de los arietes centrales con que se arremete contra la estabilidad colectiva y la unidad general por dos vías confluyentes, mediante conceptos tan inmorales como bien arraigados en la sociedad actual: todo vale y todo es igual a todo. El estudio riguroso, lento y honrado puede descalificarse de manera inapelable y despectiva por cualquier cantante, periodista o antropólogo con un definitivo "fascista", "franquista", "reaccionario", etc. y tenga o no connotaciones relacionadas con esos términos. A veces, la descalificación es aún más inquietante, por desbordar los encasillamientos políticos: "antiguo" es vocablo usado por los profesionales de la política, de cualquier partido y contra cualquier otro, para sentenciar personas, programas o ideas[1]. De tal guisa, la Historia es desacreditada y

---

[1] Excede con mucho la finalidad de estas páginas, pero no huelga recordar que el falseamiento, distorsión y abuso del lenguaje —dada la magnitud de la influencia de los medios de comunicación— constituyen un grave problema para la cultura y la so-

deslegitimada con el pretexto de ser obra reaccionaria, nacionalcatólica, tradicional..., un trasunto de la España Eterna —suma de todas las iniquidades, miserias y ridiculeces posibles— cuya naturaleza y límites nadie aclara ni pormenoriza: ¿para qué, si el nombre del país ya compendia bajezas y desgracias sin cuento? En paralelo, y so color de *revisar* la Historia, ésta se mutila y oculta o, sencillamente, se inventa la *otra historia,* la verdadera, porque tanto vale la obra de historiadores admirables como el chascarrillo o los mohínes de folklóricas, políticos vivos o muertos o escritores contemporáneos. Todo es igual a todo y el que más grite, más razón tiene, o —dicho en términos de nuestra época— quien más consiga exhibir su mercancía en los medios de comunicación. La avalancha de imágenes inconexas de al-Andalus que padecemos no está clarificando el panorama, sino espesando la nebulosa, aumentando el carácter irreal y onírico en la visión de aquel tiempo, imposibilitándonos salir del mundo de los sueños. O de las pesadillas.

Al-Andalus, con el transcurso del tiempo, se fue arabizando y ese proceso de adscripción profunda a la sociedad y cultura islámicas corrió parejo con la disminución de su espacio físico por el avance de la Reconquista, se *concentró,* hasta llegar en la etapa granadina final (dos siglos y medio) a una identidad monocultural de lengua y religión única y excluyente. Pero éste fue el final; en las etapas intermedias desde el 711 los grados de arabización variaron según múltiples factores, sosteniéndose el difícil equilibrio entre pervivencias hispanogodas e hispanorromanas de un lado y presión de los elementos islámicos cada vez mayor sobre la población. Un decurso histórico que por su obviedad no requiere mayores aclaraciones y que, como es lógico, nunca ha sido puesto en duda globalmente. El contraste, tan vivo hoy en día,

---

ciedad de nuestro tiempo. Palabras, convertidas en mágicas por la publicidad, llegan a ser imprescindibles para fomentar y asentar la alienación y el acriticismo de la población. En tanto "viejo", "antiguo", "serio", "nacional", "sacrificio", "firmeza", "caridad" y un largo etcétera han sido excluidas de modo absoluto de todo discurso público, otros vocablos como "lúdico", "natural", "integral", "joven" o "nuevo" resultan inevitables, por obligación. Así un político asegura que la sociedad de Galicia es nueva, abierta, dinámica, moderna... (podría afirmarlo con idéntica vaciedad sobre China, Los Monegros o Madagascar); la ropa es "de colores divertidos", como el tomate frito de una marca comercial es un "tomate divertido", o un número telefónico de información es "un número divertido".

con el norte de África ocupado por los árabes en el siglo VII, no debió empezar a producirse hasta bien entrada la Edad Media: allí también hubo una sociedad tardorromana, bizantina y en parte dominada por los vándalos (Túnez) que sufrió la conquista musulmana primero y una lenta aculturación después, pese al vigor de la penetración cristiana a partir del siglo II, la fortaleza de su cultura urbana y la continuidad de la infraestructura administrativa romana en tiempos posteriores[2]. Todo ello fue arrasado siglos más tarde y hoy sólo quedan ruinas, hermosas, pero ruinas.

Lo más probable es que la Hispania invadida en 711, el al-Andalus de la primera época musulmana, viviera procesos simultáneos y paralelos de ruptura y continuidad, conservación de elementos pretéritos e introducción de otros nuevos, pero sin que debamos entenderlo como una disyuntiva en que las alternativas se excluyan mutuamente[3], ni perdamos de vista el carácter discutible de algunas observaciones, pues no pocas veces nos guiamos por indicios razonables y razonados pero no por pruebas matemáticas, así Gómez Moreno (1951) señaló como pervivencia romana el uso de arcos en doble arquería superpuesta en la mezquita de Córdoba, inspirándose en el emeritense acueducto de Los Milagros[4], lo cual es puesto en duda por ulteriores investigadores[5]. J. Zozaya ha insistido en la presencia, en las primeras fases de construcción de un monumento tan significativo como ese, de elementos visigodos tanto en aspectos constructivos como decorativos[6] y el mismo arqueólogo señala acertadamente que "Pasarían muchos años hasta que se pudiera estructurar una sociedad suficientemente integrada desde el punto de vista social y religioso como para hablar con propiedad de una sociedad plena-

---

[2] Sobre todo ello, *vid*. Gil Egea, *África en tiempos de los vándalos*, pp. XII, 12, 28, 37, 40, 72, 95, 136, 144, 157, 275, 394, 416, 424, 440, 447.

[3] P. Chalmeta, "Al-Andalus: la implantación de una superestructura", en *Ruptura o continuidad. Pervivencias preislámicas en al-Andalus. Cuadernos Emeritenses*, 15, Mérida, 1998, p. 111.

[4] J. Zozaya, "771-856: Los primeros años del islam andalusí o una hipótesis de trabajo", en *Ruptura o continuidad. Cuadernos Emeritenses*, 15, p. 94.

[5] L. Caballero Zoreda, "Arquitectura visigótica y musulmana. ¿Continuidad, concurrencia o innovación?", en *Ruptura o continuidad. Cuadernos Emeritenses*, 15, p. 155.

[6] J. Zozaya, "El mundo visigodo: su supervivencia en al-Andalus", en *Hispania, al-Andalus, Castilla. Jornadas Históricas del Alto Guadalquivir*, Jaén, 1998, pp. 83 y ss.

mente musulmana andalusí, que pudiese prescindir de préstamos básicos y fuera realmente una unidad con identidad propia"[7].

La división administrativa siguió basándose en gran parte en las ciudades anteriores al 711, en la red de vías romanas y en la organización de las provincias durante el Imperio, que había sido adoptada ya por los visigodos, con algún matiz que aquí huelga detallar por no afectar al fondo del asunto[8]. La facilidad de penetración y asentamiento de los invasores musulmanes se explica precisamente por servirse de las calzadas romanas; y el mismo Camino de Santiago, restaurado en el siglo XI, en su mayor parte seguía el trazado de la antigua vía que llevaba desde Vasconia a Gallaecia. Correlativamente, los geógrafos hispanoárabes reflejan esa realidad reproduciendo el esquema fijado por ar-Razi († 955) en su *Geografía de al-Andalus*[9]. La introducción puntual de ciertos cultivos (caña de azúcar, algunos cítricos, arroz) coexiste con el mantenimiento general de los propios de la época romana y no será hasta la Baja Edad Media, por ejemplo en Andalucía y tras la Reconquista, cuando se incremente la producción de vid y cereales o se desarrolle la pesca[10]. En cuanto a manifestaciones culturales concretas como podría ser el empleo de usos, técnicas y tácticas militares, los conocimientos y noticias de que disponemos son contradictorios. Así, la mala imagen que refleja Ibn Hawqal (mediados del siglo X) de los ejércitos andalusíes[11] contrasta con el hecho de

---

[7] Ibídem, p. 72. La introducción del árabe en las leyendas monetales data de 717, aplicándose por primera vez el término al-Andalus como sinónimo de Hispania. Desde el 720 las monedas van ya sólo en árabe (ibídem, p. 74).

[8] La división de Diocleciano (de "Constantino", según los árabes) repetida por al-'Udri (siglo XI) comprendía: Baetica, Lusitania, Gallaecia-Asturica, Tarraconensis, Mauritania Tingitana e Insulae Baleares (F. Roldán, *Niebla musulmana, ss. VIII-XIII*, Huelva, 1993, p. 84); sobre las calzadas imperiales, *vid.* ibídem, pp. 127 y ss.

[9] "Casi todos los geógrafos hispano-árabes siguen en su descripción de la Península Ibérica el esquema trazado por el cronista cordobés Ahmad al-Razi, muerto hacia el año 955 de la era cristiana. Su *Geografía de España* ha sido utilizada ampliamente por los geógrafos al-'Udri (m. 1085), al-Bakri (m. 1094), Ibn Galib (siglo XII), Ibn Sa'id al-Magribi (m. 1274) y al-Himyari (siglo XIV). A través de éstos, la influencia de al-Razi llega a los geógrafos orientales Yaqut, Qazwini, Abu -l-Fida y al-Qalqasandi, e incluso hasta al-Maqqari (siglo XVII)". Las fuentes de ar-Razi fueron Orosio y San Isidoro. *Vid.* J. Vallvé, "Fuentes latinas de los geógrafos árabes", p. 241.

[10] M. A. Ladero Quesada, *Los mudéjares de Castilla*, Madrid, 1989, pp. 233-237.

[11] "Sus ejércitos [de al-Andalus] no constituyen una estampa grata para la vista, por

que hasta bien entrado el XI las huestes de castellanos y leoneses se sirvieran de concepciones copiadas de los musulmanes, aunque desde esa época tanto el armamento como los modelos tácticos cristianos se desvincularon de tales supuestos, adaptándose a los criterios europeos. Desde fines del XI a fines del XIII la monta "a la jineta" (con las aciones cortas y cargando el peso del caballero sobre estribos y rodillas) es sustituida por la monta "a la brida", base de la caballería pesada, que llegaron a reproducir los musulmanes —y cuyo origen es europeo— con la lanza como arma de choque y por tanto con una silla fuerte y el arzón trasero alto para en él soportar bien caderas y glúteos. Durante el siglo XIV aun se dio la excepción de los castellanos que en la lucha fronteriza contra los granadinos continuaron utilizando la jineta por necesidades del terreno y para mejor combatir a los musulmanes con sus mismas tácticas [12].

Sánchez Albornoz, en el curso de su polémica con A. Castro, señaló y desarrolló aspectos que aquí sólo podemos citar de pasada y de forma muy resumida, precisamente por la solidez de sus bases argumentativas [13]: pervivencias numerosas de la Hispania preislámica, unidad de la milenaria tradición mediterránea (no menos anterior al islam), exigüidad de los invasores musulmanes respecto a la totalidad de la población sometida, mayor escasez aun de los hebreos y por tanto de su capacidad de influencia social, evidentes coincidencias poligenéticas entre la Península y territorios muy alejados, concomitancias masivas con la Europa medieval, capacidad creativa de los cristianos norteños... son factores que suelen ignorarse más o menos adrede al estudiar —cuando se hace, yendo más allá del florilegio andalusista— los siglos medievales de nuestro país, aislando al-Andalus del conjunto de Hispania y Europa y, además, y esto es más grave, del mundo islámico al que pertenecía: fenómeno único, excepción irrepetible, paraíso sin igual son conceptos demasiado reiterados, como más abajo veremos.

---

desconocer las normas y reglas de equitación, pese a ser valientes y combatir con frecuencia. La mayor parte de sus guerras consisten en celadas y emboscadas. Ni yo ni nadie les ha visto jamás montar un pura sangre o algo similar usando estribos, lo que les resulta imposible; tampoco tengo noticia de que nadie allá los emplee porque temen quedar enganchados al estribo en caso de caer" (Ibn Hawqal, *Kitab surat al-ard.*, p. 113).

[12] Sobre todo ello, *vid.* A. Soler del Campo, *La evolución del armamento medieval en el reino castellano-leonés y al-Andalus (siglos XII-XIV)*, pp. 167, 169-171.

[13] *Españoles ante la Historia*, pp. 209-223.

Y, sin embargo, los hispanos de la época poseían unas nociones sobre sí mismos mucho más claras que las que luego vendrían. J. A. Maravall [14] en su conocida obra —tan bien documentada como incómoda en la actualidad— deja establecido el concepto que sobre sí tenían los habitantes de la Península, como partícipes y actores de una comunidad social y cultural, no sólo geográfica, por encima de las fronteras de los reinos, "un concepto histórico-político que obliga", aunque al respecto sean interesantes algunas matizaciones apuntadas por C. Alvar: *Espanha* en la literatura provenzal aparece como denominación de un territorio con ciertas peculiaridades de civilización (lo cual coincidiría con la tesis de Maravall), pero también existen textos en que el término *parece* designar a Castilla, o, incluso, a una entidad en que Aragón (sus montañas) quedaría fuera [15]. Aun a fines del siglo XV, cuando las monarquías estaban bien marcadas, hasta los portugueses formaban parte del concepto "españoles" [16], aunque la oposición de las partes con el todo haya constituido una de las constantes de nuestra historia moderna, en unos u otros grados [17].

En lo referente a la imbricación de al-Andalus en el conjunto de la España medieval, que ya hemos mencionado y desarrollaremos más abajo, concurren posturas contradictorias. Cuando los arabistas españoles del XIX comenzaron a ofrecer a su sociedad las primeras compilaciones históricas, traducciones y poemas resucitados de al-Andalus, sabían que el ambiente y el estado de ánimo de la población eran contrarios a aquellos momentos históricos que ellos intentaban revivir. La

---

[14] *El concepto de España en la Edad Media*, segunda edición, Madrid, Instituto de Estudios Políticos, 1964.

[15] C. Alvar, "El concepto de España en la literatura provenzal", en *La Hª de España en la literatura francesa*, pp. 55-56.

[16] "E luego los portugueses sacaron otra pequeña [bandera], que es costumbre de los reyes de España traher çerca de sí, el qual fue tomado por los castellanos" (Mosén Diego de Valera, *Crónica de los Reyes Católicos*, p. 71).

[17] Sobre personalidad diferenciada de las regiones, *vid*. Marañón, *El Conde-Duque de Olivares*, pp. 177-178; también decía Joly (francés, siglo XVII): "Entre ellos los españoles se devoran, prefiriendo cada uno su provincia a la de su compañero y haciendo por deseo extremado de singularidad muchas más diferencias de naciones que nosotros en Francia, picándose por este asunto los unos de los otros y reprochándose el aragonés, valenciano, catalán, vizcaíno, gallego, portugués los vicios y las desgracias de sus provincias. Y si aparece un castellano entre ellos, vedles ya de acuerdo para lanzarse todos sobre él" (cit. por García Cárcel, *La leyenda negra. Historia y opinión*, Madrid, Alianza, 1992, p. 25).

narrativa romántica que había entrado por el mismo camino tenía una labor más llevadera porque, al tratarse de ficciones, el factor fantástico, ineludible guiño en toda relación entre autor y lector, permitía libertades y sugerencias fáciles de tolerar y asimilar. Por añadidura, la tradición literaria que venía de los siglos XVI y XVII arrastraba el recuerdo de las novelas moriscas, de los romances fronterizos o de la poesía morisca, obras todas de la pluma de escritores españoles cristianos que habían creado ese motivo literario, por alejado que estuviese de la realidad social, bastante lamentable, de los moriscos verdaderos que subsistían en el Siglo de Oro. Pero investigadores, historiadores y arabistas no lo tenían tan fácil, porque —al menos en apariencia— los materiales que ellos exhumaban chocaban con la identidad admitida y entronizada como representante de la *nación española*. Su trabajo iba no poco a contracorriente y algunos de ellos debían hacer notables equilibrios y juegos malabares para compaginar su admiración por Isabel la Católica con su simpatía por los moriscos. De ahí que hasta fechas ya próximas a nuestra actualidad este gremio profesional haya pugnado por acercar aquellas reconstrucciones del pasado a la mentalidad de los españoles presentes. El intento de hispanizar (y hasta europeizar en algún caso) a los muslimes de al-Andalus forma parte de esa visión; la exhibición de virtudes superiores, también.

Pero es que del lado "árabe" o "musulmán", que resaltaba —y resalta— el carácter netamente árabe (al menos en el plano cultural) de al-Andalus y de todas sus glorias —auténticas o ficticias—, esa tolerancia vendría a demostrar la capacidad integradora del islam y su respeto por todas las creencias. Ambos enfoques vienen a coincidir en el resultado de comprensión propuesto: la sociedad de al-Andalus constituía un modelo de tolerancia, una isla irrepetible e inencontrable en la Europa coetánea, aunque las comparaciones —desde la perspectiva árabe— no suelen extenderse al resto del mundo musulmán. En nuestra opinión por razones obvias.

La arabización-islamización del país se produjo con los medios de coerción habituales en la época: la presión tributaria, las prohibiciones y persecuciones esporádicas, la imposición de normas de convivencia en que las minorías sometidas sufrían situaciones que rebasaban la mera incomodidad (por decirlo suavemente) y la lenta inmigración de árabes orientales poseedores de la cultura entonces en gestación y desarrollo en Bagdad, Ispahán o El Cairo (Fustat). Hasta el siglo XI, en que los inmigrantes cultos y de alta cualificación empiezan a escasear [18], aunque en esos momentos ya el predominio árabe cultural y supuestamente "racial" era un hecho. Cuando decimos "árabe" nos estamos refiriendo a la civilización árabe urbana, que ha sido la dominante en lo político y cultural desde que los musulmanes se hicieron con sus primeras conquistas y asimilaron las formas de vida de los países ocupados. El mito del modelo beduino, tópico literario y reminiscencia nostálgica que no rebasa los márgenes de la retórica, en la realidad siempre ha sido mal visto, cuando no preterido, y la literatura árabe ofrece una nutrida panoplia de condenas y vituperios contra los nómadas —no sólo Ibn Jaldun— empezando por el mismo Corán [19]. El poco aprecio por otras formas de vida, otras creencias y otras comunidades humanas —aun próximas— como los cristianos del norte, se entreveraba de choque militar, incomprensión cultural y desinterés económico, así la visión negativa de "Galicia" que asoma en los textos [20] muestra una relación más que conflictiva, lo cual nada puede sorprendernos por ser la recíproca de los cristianos, admiradores hacia el siglo X de las mejores técnicas del sur pero nada entusiastas de su sociedad.

Las crónicas históricas abundan en referencias a las vicisitudes bélicas y a las tácticas destructivas de la época. Con toda naturalidad, los cronistas andalusíes informan de los estragos producidos por los ejércitos musulmanes, pues ninguna conciencia vivían de estar realizando algo condenable, sino al contrario. Militares y escritores se producían con la máxima lógica, aquella de que carecen quienes en nuestro tiempo se aplican a ocultar estas facetas negativas de la historia de al-

---

[18] Por ejemplo, para los gramáticos, *vid*. S. Peña, "Gramáticos en al-Andalus: de Ibn Sidah al-Mursi e Ibn al-Batalyawsi", *Sharq al-Andalus*, 8, p. 47.

[19] "Los beduinos son los más infieles, los más hipócritas y los más propensos a ignorar las leyes contenidas en la revelación de Dios a Su Enviado. Dios es omnisciente, sabio. Algunos beduinos consideran como onerosa obligación pecuniaria lo que gastan..." (*Corán,* IX, 97-98).

[20] "El conde mozárabe Sisnando dijo: 'Al-Andalus era en principio de los cristianos, hasta que los árabes los vencieron y los arrinconaron en Galicia, que es la región menos favorecida por la naturaleza'" (*El siglo XI en primera persona*, p. 158). Véase también la visión negativa de "Galicia" (es decir, buena parte del norte peninsular) en M. J. Viguera, "Al-Andalus como interferencia", en *Comunidades islámicas en Europa*, Madrid, Trotta, 1995, p. 67.

Andalus, a embellecer el escenario con odas a la ejemplar convivencia. Los ejemplos son tan numerosos que aquí no más incluiremos una mínima antología, pues estos textos y muchos más se hallan, aunque dispersos, a disposición de los lectores en múltiples publicaciones. Bien es cierto que hay que buscarlas. Los *Anales palatinos de al-Hakam II* podrían constituir casi un modelo del fenómeno:

[El general Galib, en julio de 975] Daba en ella cuenta de que había arrasado el llano del enemigo y había talado los panes de los infieles, destruido sus bienes, quemado sus casas y matado a cuantos cogió en el citado llano o que habitaban en él. Refería también que, tanto al entrar como al salir, el ejército se había apoderado de las cosechas de la ciudad de San Esteban (¡Dios la aniquile!)[21].

Del mismo reinado (de al-Hakam II) se ocupa la *Descripción anónima de al-Andalus* relatando acontecimientos anteriores pero calcados en su argumento y hasta forma de expresión. Así se refiere la campaña de San Esteban, contra la coalición de todos los reinos cristianos del norte de la Península, en que Fernán González perdió San Esteban de Gormaz y Atienza, entre otros puntos fortificados: "En el año 352 (963-4) al-Hakam al-Mustansir hizo una algazúa en persona contra Yilliqiya [Galicia y el norte en general]; invadió el país, lo arrasó, mató a los hombres, apresó a las mujeres, quemó las casas y derruyó las fortalezas, regresando posteriormente a Córdoba, en cuya mezquita hizo acto de presencia para rezar; acto seguido continuó viaje hacia al-Zahra [Medina Azahara] [...] En el año 354 H. (965) ordenó al-Hakam construir naves de guerra en todas las costas. Ese mismo año hizo una expedición contra el Norte; realizó una gran matanza y regresó con diez mil prisioneros..."[22].

Y de modo análogo se expresan Ibn Hayyan o Ibn 'Idari al-Marrakusi[23]. Casi resulta ocioso señalar que en el siglo XV continuaban las

---

[21] E. García Gómez, *Anales palatinos*, p. 278.
[22] Trad. L. Molina, II, p. 181.
[23] "...irrumpió con ellos el chambelán Badr en terreno enemigo, hollándoles los sagrados y asolando el país, con la destrucción de cosechas, edificios y recursos" (*Muqtabis*, V, p. 117); [25 de julio de 920] derrota de Ordoño y Sancho (campaña de Muez o Valdejunquera) "refugiándose los que se salvaron en la fortaleza de Muez, donde fueron sitiados y copados hasta morir de sed; la fortaleza fue tomada al asalto el 29 de julio de 920 [...] los combatientes fueron pasados a cuchillo, teniendo lugar su suplicio en presencia de an-Nasir" (ibídem, p. 127); nueva campaña de arrasamiento de Álava y

mismas formas de guerra: "[los moros] entraron por diversas partes, e hicieron muy grandes daños, no solamente llevando grandes cavalgadas de ganados e hombres y mujeres" [24]. Podría cerrar, por ahora, este capítulo de hostilidad el desenterramiento y crucifixión pública de los restos del rebelde, recristianizado, Ibn Hafsun en la Puerta de as-Sudda de Córdoba [25], porque el sublevado de Bobastro había aunado la apostasía con la rebelión política y militar y el islam que, en principio y en teoría, tolera la existencia de otras confesiones, siempre que se sometan, es implacable en la persecución de los apóstatas.

Como ya hemos anticipado más arriba, las minorías cristiana y judía vivieron situaciones de rigor variable, pero en ningún modo comparables a una estancia en el Paraíso. Estaban sujetos a la *dimma* —un acuerdo con la comunidad musulmana por pacto o concesión— que les permitía sobrevivir físicamente y mantener su propia religión dentro de límites bien estrechos, pero lo más grave del estatuto de *dimmi* no eran las prohibiciones y obligaciones, sino que ese *status* se le reconocía al grupo, no al individuo que, como tal, carecía de personalidad jurídica. Por consiguiente, la autoridad hacia adentro de los dirigentes de esas comunidades era enorme y la muy relativa libertad de acción, culto, movimientos que se ufana en recordar I. Yadala [26] estaba viciada en su base al ser los emires o califas quienes designaban a los jefes. Nunca se resaltarán lo bastante las variaciones, según tiempos y lugares, de las condiciones sociales padecidas por los mozárabes: contradicciones, altibajos y tratos muy diversos, hasta por razones personales, impiden enunciar criterios permanentes. Podemos confinarnos en la moda actual de alabanza a la exquisita convivencia interconfesional

---

Castilla ("que Dios destruya") en el año 934: "no dejó construcción en pie, ni cosecha sana, entre forrajeo, destrucción, tala y quema" (ibídem, p. 253).

Ibn 'Idari ofrece un elenco de noticias parejas que no vale la pena reproducir por entero: "y se metió por el país de la cristiandad, robando y cautivando" (Ibn 'Idari al-Marrakusi, *Historia de al-Andalus*, trad. F. Fernández y González, reimp. Málaga, 1999, p. 122, también en pp. 134, 138, 139, etc.).

[24] Año Cuadragésimo Primero, cap. II, Crónica de Juan II, en *Crónicas de los Reyes de Castilla*, II, p. 654 (ibídem, pp. 658, 668, 676). Claro que la misma crónica recoge la noticia de talas, quemas, arrasamiento de la Vega de Granada a cargo del condestable don Álvaro de Luna (1431) (ibídem, p. 495, también en pp. 496, 497, 499).

[25] *Muqtabis*, V, p. 166.

[26] I. Yadala, p. 93.

y para ello aducir que algunos dignatarios, médicos de los emires o tesoreros fueron judíos o cristianos (a veces con finales horripilantes), retrotraernos a la mera condena de las persecuciones anticristianas (postura temida hoy día, no por ahistórica, que lo es, sino por políticamente incorrecta) o intentar una aproximación más racional y digerible, matizada y por tanto más cercana a la verdad.

La persecución habida entre los gobiernos de 'Abd ar-Rahman II y Muhammad I (850-859) en que el movimiento de los mártires mozárabes y su resistencia pasiva por las medidas discriminatorias anticristianas costó la vida, entre otros, a Eulogio, Álvaro, Perfecto, Isaac (ejecutados por *istiyfaf,* público desprecio al islam) y a una larga lista de víctimas[27] por análogos motivos, no constituye por sí sola base condenatoria suficiente contra todo el islam andalusí, pero tampoco se puede desconocer la gravedad de los hechos, dándolos por muy sabidos y por tanto como irrelevantes. La deformación profesional —cuando se hace por oportunismos personales es todavía peor— no debe llevarnos a disculpar cualquier fenómeno relacionado con árabes o musulmanes, indulgencia que exhiben investigadores serios como Bernard Lewis al analizar las represalias contra judíos y cristianos tras las Cruzadas[28], o M. Marín, precisamente a propósito de las persecuciones de Córdoba[29]. El mismo rigor, idéntica tolerancia o —mejor, en nuestra opinión— igual distanciamiento debemos aplicar a los hechos

---

[27] Peñarroja, p. 251.

[28] "Les alcanzaba también a ellos [judíos] el sentir general hacia los no musulmanes, a quienes se veía —no sin razón— como a súbditos desleales de un estado musulmán en guerra con sus correligionarios" (tras las Cruzadas, represalias contra no musulmanes), en B. Lewis, *Los judíos del Islam*, Madrid, 2002, p. 67 (también en p. 73). No obstante, Lewis (p. 192) detalla una pequeña lista de matanzas de judíos, y ya no por las Cruzadas: Tetuán (1790), Bagdad (1828), Safad (Galilea, 1834), Mashad (Irán, 1839), Barfurush (Cáucaso, 1867), Damasco (1840), etc.

[29] "Al ser escuchadas estas blasfemias, se les llevaba directamente ante el juez que, de acuerdo con la ley islámica, le da una oportunidad para retractarse. Si el cristiano se empecinaba en sus declaraciones, *el juez musulmán no tenía otra opción que la de condenarle a muerte* [el subrayado es nuestro, S. F.]. Lo mismo ocurría [...] en un caso de apostasía, castigada igualmente con la pena capital por la legislación islámica" (M. Marín, *Individuo y sociedad en al-Andalus*, p. 52). Nos preguntamos si la autora ve con los mismos ojos tiernos a los inquisidores del siglo XVI, cuando en situaciones análogas condenaban a muerte a moriscos y judíos contumaces porque "no tuvieran otra opción que la de condenarles a muerte". A Flora y María se les ofreció la posibilidad de retractarse: también se les ofrecía a los moros y marranos perseguidos.

de unos y otros, cristianos y musulmanes. Parece obvio, aunque en ocasiones es casi sorprendente ver aplicarlo.

Durante el reinado del califa abbasí al-Mutawakkil (mediados del siglo IX) ya se daban en Oriente restricciones indumentarias para los *dimmíes,* junto a las de manifestación pública de su fe o la construcción de templos nuevos. En lo referente a nuestra Península, el *Mi'yar* de al-Wansarisi señala que en esas centurias (IX-X) se aplicaban prohibiciones de uso y adquisición de vestidos de cristiano (que más adelante, siglo XII, corroborará Ibn 'Abdun), prioridad de los tribunales islámicos en cualquier litigio entre cristianos y muslimes (siglo X) y reiteración de la pena de muerte para los *dimmíes* que ofendieran al Profeta o al islam. En las relaciones interconfesionales —apunta Lewis— "es muy importante tener en cuenta que los *dimmíes* debían mostrar respeto no sólo al islam sino también a cada musulmán en particular [en Hamadan, 1892]. Un judío nunca debe adelantar a un musulmán en una calle pública. Está prohibido hablarle alto a un musulmán. Un judío acreedor de un musulmán debe reclamar su deuda con voz temblorosa y de manera respetuosa. Si un musulmán insulta a un judío, este último debe agachar la cabeza y guardar silencio"[30].

En la represión de las minorías sometidas también hubo un frente —digamos— ideológico e intelectual. Y si el mismo al-Yahiz —ilustrado digno de respeto intelectual, incluso tal como nosotros lo concebimos— en sus juegos de dialéctica sofística incurre en explicaciones biologistas como la endogamia para explicar la fealdad (real o supuesta) de los judíos[31], autores andalusíes bien conceptuados por la posteridad arremeten contra las minorías, caso de Ibn Hazm de Córdoba que se explaya también contra los hebreos[32] en un tratadito muy duro, de refutación y respuesta a un libelo antiislámico atribuido a Ibn an-Nagrila. De los mismos años data la conocida diatriba antiisraelita de

---

[30] Lewis, *Los judíos del islam,* pp. 51 y 188. Véanse también escalofriantes testimonios de cómo cristianos adultos (egipcios contemporáneos nuestros) se humillan y piden excusas a niños musulmanes por *culpas* propias o de sus hijos en disputas callejeras, en Khaled al-Berry, *Confesiones de un loco de Alá,* Madrid, 2002, pp. 28-33.

[31] Fi -r-radd 'ala n-nasara, en *Talat rasa il,* pp. 13-14 y 17-18, segunda edición, J. Finkel, El Cairo. Los cristianos también serían horrendos, pero menos.

[32] *Ar-radd 'ala Ibn an-Nagrila al-Yahudi wa-rasa il ujra,* Ed. Ihsan 'Abbas, El Cairo, 1960.

Abu Ishaq de Elvira que coadyuvó a encender los ánimos de la población granadina con el consabido colofón de la matanza de 1066. Sin embargo, para ser equilibrados, fuerza es reconocer que éstas son situaciones puntuales por coyunturas muy concretas y que —como dice B. Lewis— "por lo general se permite que los *dimmíes* practiquen sus religiones, se dediquen a sus actividades y vivan sus propias vidas, en tanto estén dispuestos a acatar las normas. Es significativo que durante los siglos XIX y XX, cuando los *dimmíes* ya no estaban dispuestos a aceptar o respetar las normas represivas, tuvieran lugar los conflictos más violentos y sangrientos"[33]. Del otro lado, las respuestas son estruendosas, como sucedió en la persecución anticristiana del siglo IX, o en sordina, tal el caso de Maimónides, obligado a islamizarse en al-Andalus y, fugado a Egipto, en este país volvió al judaísmo y reconocido por un andalusí sufrió el correspondiente proceso por apostasía; sólo se salvó de la pena de muerte por ser su juzgador su amigo el cadí al-Fadil. Como resultado de las malas experiencias habidas en al-Andalus y Marruecos, así como por las noticias recibidas del Yemen, se queja en una misiva dirigida a los judíos yemeníes de las persecuciones padecidas bajo el poder musulmán: "Ya conocéis, hermanos míos, que a causa de nuestros pecados Dios nos ha colocado en medio de estas gentes, la nación de Ismael, que nos persigue con severidad y que idea formas de hacernos daño y de degradarnos... Ninguna nación le ha hecho nunca tanto daño a Israel, ninguna iguala a ésta en la forma de rebajarnos y humillarnos, ninguna otra ha podido debilitarnos como ellos lo han hecho"[34]. Pero los judíos sobrevivieron en el norte de África pese a la persecución almohade del siglo XII y a las muchas conversiones forzadas en que derivó, mientras la cristiandad desapareció por completo. Los hebreos quedaron como única minoría extraña a la masa de uniformidad musulmana, con intermitentes degollinas, por ejemplo el exterminio de los habitantes del *mellah* de Fez (1465) en el curso de una rebelión que depondría a la dinastía mariní.

En lo tocante a los cristianos, por razones obvias, el movimiento de fuga hacia el norte de la Península fue mucho más nutrido que el de los judíos, aunque también éstos en el siglo XII se refugiaron en Castilla. Los emigrantes mozárabes sirvieron para repoblar buena

---

[33] *Los judíos del islam*, p. 58.
[34] Ibídem, p. 120.

parte de los territorios reconquistados o vacíos: v. g., Alfonso III acogió a refugiados que instaló en las fronteras del reino astur-leonés, entre otros al obispo Sebastián a quien adjudicó la sede de Orense. Más adelante, tres monasterios señalados se nutrieron con monjes cordobeses en 913, 916 y 921: San Miguel de Escalada, San Cebrián de Mazote y San Martín de Castañeda. Paralelamente, a Toledo —fines del XI— acudieron cristianos de Guadix, Alcaraz, Córdoba, Málaga o Baeza y, de Valencia, Alfonso I el Batallador instaló gentes en el valle del Ebro (1126)[35]. No fueron los únicos escapados de la exquisita convivencia interreligiosa de al-Andalus.

Pese a cuanto venimos indicando a lo largo de esta obra en el sentido de normalizar y poner a ras de tierra la imagen de al-Andalus, en su propio provecho y beneficio —estimamos—, los resultados globales que podemos observar caminan por otros rumbos. La magnificación y la explotación del mito han rebasado con mucho lo razonable. No es el mero sentimiento de exaltación patriótica o localista, al estilo de la estupenda declaración de Alfonso X sobre España[36], sino una recreación intangible en el mundo de lo irreal y por tanto inatacable, pues en semejantes latitudes, dominio exclusivo y arbitrario de la imaginación, cabe todo. Irreal, por supuesto. El profesor Ladero Quesada entendió bien el fenómeno: "...cuando las realidades sólidas de la tardía Edad Media eran ya pasado, el fluido de lo imaginario que había surgido con ellas tendió a expandirse y a recrear una Granada y una Berbería casi utópicas, a partir de unas situaciones ciertas pero capaces de segregar, desde el primer momento, sus propias fábulas"[37]. No obstante, es menester añadir que, ya en vida de al-Andalus, exageración, embustes e incursiones desaforadas en lo irracional salpicaron los textos árabes. Así, noticias fantasiosas dadas por buenas en la historiografía árabe sobre al-Andalus han pasado al lector árabe culto, o semiculto, como *la verdad*. Bien es cierto que quien esté familiarizado con la literatura geográfica e histórica árabes sabe que este tipo de pa-

---

[35] Peñarroja, pp. 215-216.
[36] "Fallaron que Espanna era el meior de todos, et muchol preciaron mas que a ninguno de los otros, ca entre todas las tierras del mundo Espanna a una estremança de abondamiento et de bondad mas que otra tierra ninguna" (*Primera Crónica General de España*, cap. 558, vol. I, p. 311, ed. R. Menéndez Pidal).
[37] Ladero, "El islam, realidad e imaginación", p. 240.

trañas abunda por doquier y referido a cualquier país o latitud; sin embargo, al perder el contacto real con España, los árabes tras la Reconquista, no han podido modificar, verificar o cotejar todo aquel caudal de fantasías y éstas han quedado flotando en un mar de vaguedades, distorsiones y mentiras: el *paraíso perdido* que sigue alimentando el discutible estro poético de tantos vates árabes contemporáneos nuestros, sin que las piadosas y a veces excelentes e inmerecidas traducciones al español consigan encubrir la inconsistencia que anima a los autores: el desconocimiento de la España real y concreta por parte de los árabes (quizá con excepción de algunos marroquíes) es casi total, tanto de la España pasada como de la presente.

Los geógrafos árabes, al igual que hacen al abordar otros países, se equivocan por errores normales en la época: hablar de oídas, recuerdos incompletos, informes escritos ya viciados en origen, etc. Nada hay de censurable ni sorprendente en este tipo de fallos, así por ejemplo, Ibn Hawqal indica distancias erróneas tan evidentes como informar que de Trujillo a Cáceres se tardan dos días o —peor aún— de Talavera a Toledo, tres[38]; o al-Bakri[39] da informaciones sobre los "gallegos" donde entrevera noticias que parecen englobar a Castilla (cuando afirma ser su tierra llana por completo) y a unos imprecisos territorios de la Cornisa Cantábrica, por ejemplo, al mencionar la sidra; o Qazwini se equivoca sobre el emplazamiento u orografía de ciertas ciudades[40]; o se vierten —de nuevo, al-Bakri[41]— opiniones acerca de la afición "a la suciedad, la traición, vileza de carácter" de los norteños, o sobre su valor irreductible ("prefieren la muerte en el combate antes que la huida"), descripciones que podrían aplicarse a todos ellos o, incluso, a otros pueblos, por constituir tales observaciones en torno a *pueblos bárbaros* un ritornelo en los historiadores árabes. Pero nada de esto nos parece relevante, ni decisivo, ni siquiera exclusivo de los árabes. Como tampoco lo son, a nuestro juicio, las

---

[38] *K. Surat al-ard*, p. 115.
[39] *Masalik*, p. 80.
[40] "Esta ciudad de al-Andalus se encuentra situada cerca de la ciudad de Beja, a la orilla del mar" (*vid*. F. Roldán, *El occidente de al-Andalus en el Atar al-bilad de Qazwini*, Sevilla, Alfar, 1990, p. 125); o "Talavera es una antigua ciudad que está cerca de Toledo. Se eleva en la cima de una gran montaña" (ibídem, p. 131).
[41] *Masalik*, p. 81.

disparatadas etimologías que en ocasiones reflejan [42], siguiendo la tónica general de la literatura árabe [43].

La leyenda se entremezcla con la historia y la fabulación con hechos estrictos, aunque desde la perspectiva de nuestro tiempo ya no quede lugar para el autoengaño, si no queremos aceptarlo, claro. Pero los mitos existieron: J. Hernández recoge varias de las leyendas básicas sobre la conquista de al-Andalus por los musulmanes (Florinda, Rodrigo y la Casa de los Cerrojos de Toledo y la Mesa de Salomón) [44]; o la *Descripción anónima* [45] abunda en las relaciones con Salomón: "Cuando Salomón, el hijo de David, llegó a al-Andalus pasó por Córdoba e hizo alto frente a ella; al ver la hondonada se detuvo y dijo a los genios: 'Rellenad y nivelad este lugar, pues aquí se alzará un templo en el que se rendirá culto a Dios Altísimo'". Y así se habría construido una sinagoga, luego iglesia, luego *mezquita de Córdoba*.

Las fábulas y exageraciones en las noticias pueden ser tenidas por leves si se limitan a referir las debilidades afectivas de Abderrahmán II que habría cedido a los caprichos de su esclava Tarub regalándole la fantástica suma de un millón de dinares o, incluso, cuando se calcan las historietas de uno a otro gobernante: Ibn Hazm relata cómo Abderrahmán III se casó con una zurradora de pieles "a la que vio junto a un río" y a la que puso de nombre Umm Qurays [46], anécdota que recuerda irremisiblemente otra idéntica de al-Muʿtamid de Sevilla con Rumaykiyya, a la que desposaría: al parecer los emires y sultanes de al-Andalus no tenían otro lugar para buscar mujeres sino en las riberas de los ríos. El cuentecillo de al-Muʿtamid agrega un aspecto más de inverosimilitud al añadir que la mujer le completó un verso que el rey tenía a medias recitado. Son minucias, pero que contribuyen a engordar la bola, en este caso sugiriendo que una mujer de clase baja era capaz de dominar la lengua y poesía árabes, lo cual no se conseguía ni se

---

[42] Según al-Bakri (*Masalik*, p. 86), Toledo en latín significa "Se regocijan sus habitantes"; Córdoba "en la lengua de los godos" (*sic*) significa "corazones diversos" o, si no, "habitada" (ibídem, p. 100); Hispalis, en latín, significa "ciudad divertida" (ibídem, p. 107), etc.
[43] Sobre el particular, *vid.* nuestra obra *Al-Andalus contra España*, p. 202.
[44] *La península imaginaria*, pp. 163-248.
[45] II, p. 42, trad. L. Molina.
[46] Vallvé, *El califato de Córdoba,* p. 49.

consigue sino con un adiestramiento arduo y trabajoso. No es imposible, pero tampoco fácil que coincida tal cúmulo de circunstancias. Sin embargo, entre los autores árabes circulaba esta clase de patrañas con absoluta naturalidad, de manera que un autor oriental como Qazwini, en el siglo XIV (cuando ya Silves se hallaba desde hacía tiempo en poder de los cristianos) afirma "es raro que entre los habitantes de Silves se encuentre alguien que no sepa hacer poesía, o que no sepa de literatura. Si pasas junto a un labrador que esté ocupado con la yunta y le pides un poema, lo recitará al instante, cualquier significado que le preguntes o cualquier explicación que le sugieras, los expondrá con toda perfección" [47], en suma, una versión atenuada del Buen Salvaje-sabio. Historietas sin la menor importancia si visionarios y oportunistas de toda laya no extrajeran de ellas en nuestra época *argumentos* para ambientar sus invenciones de un paraíso arrasado por la barbarie castellana, con efectos nada deseables para nadie. En otras ocasiones se trata de datos hinchados de forma tan irracional que los mismos números, por descabellados, no requieren comentario, ni siquiera el cotejo de otras fuentes más aquilatadas y verosímiles, así, por ejemplo, las 13.870 mezquitas de Córdoba (de ellas, 800 en el Arrabal de Secunda), los 3.911 baños o las 3.000 aldeas amuralladas que rodearían a la urbe a fines del siglo X [48].

Este tipo de exageraciones, aisladas y por sí solas, no son significativas, pero en un conjunto y combinadas con un trasfondo ideológico bien definido producen, como mínimo, desinformación y distorsiones de la imagen histórica: las 30 millas de anchura del Tajo en las inundaciones del año 850 [49], la historia del cadáver incorrupto en una cueva de Baza que fulmina con rayos a sus profanadores [50], las manzanas de Cintra "cuyo perímetro es de tres palmos" [51], las fuentes cuyo caudal no se agota [52] u otras en que la fábula se mestura de verosimilitud [53]

---

[47] F. Roldán, *El occidente de al-Andalus en el Atar al-bilad de Qazwini*, p. 119.
[48] *Descripción anónima*, II, pp. 40-41.
[49] Ibídem, II, p. 154.
[50] Ibídem, II, p. 30.
[51] Roldán, *El occidente de Al-Andalus...*, p. 123.
[52] *La península imaginaria*, pp. 247 y ss.
[53] Dolencias originadas por el agua: "Entre los prodigios de al-Andalus está la aldea de Baliy, en la zona septentrional, cerca de la ciudad de Lérida. Junto a esta aldea corre un riachuelo cuyo [*sic*] agua se solidifica, por lo que, al dejarla en un recipiente,

y hasta de sugerencias de sociedad avanzada y abierta para su tiempo[54], son mimbres de un mismo cesto: el de la mitificación de al-Andalus. Mitificación cuya base literaria es innegable:

> Habitantes de al-Andalus [...],
> El paraíso eterno está en vuestras moradas,
> Y si me dieran a elegir, yo las escogería.
> No temáis al infierno:
> Quien ha vivido en el Edén
> No puede entrar en el averno.

Escribía Ibn Jafaya (1058-1139)[55]. Y no es el único que recrea y fomenta una idealización del país, mezclando sentimientos de nostalgia por la patria chica perdida (por destierros, guerras, alejamientos de diverso origen) con la exaltación del *paraíso,* siempre el paraíso. La guerra civil, el hundimiento del califato (1031), la descomposición po-

---

se convierte en una masa pétrea de color amarillento [...]. Por todo esto casi ningún morador de dicha aldea está libre de enfermedades causadas por los cálculos" (*Descripción anónima*, II, p. 29, trad. L. Molina). Y lo contrario: "cerca de la aldea de Priego hay un manantial cuyo [*sic*] agua, al ser bebida por un enfermo que padezca de cálculos, provoca su curación, ya que los disuelve" (ibídem, II, p. 31).

[54] No podemos desarrollar aquí el tema de la supuesta igualdad e ilustración de la mujer andalusí, tan manido, por tanto nos limitamos a recordar las autorizadas posturas de M. Marín y M. J. Viguera: "Que se dé acceso a ellas a las mujeres es un hecho importante, pero no deja de ser excepcional, sobre todo si se compara el número de *mujeres sabias* con el del total de los ulemas andalusíes. En su afán por incorporar a los diccionarios biográficos cualquier tipo de información, sus autores no tienen inconveniente en incluir algunas mujeres, sin que ello signifique que se pueda hablar de una presencia cultural importante ni, mucho menos, de una cultura propiamente femenina" (M. Marín, *Individuo y sociedad en al-Andalus*, p. 189).

"Sobre la familia quedan aspectos por aclarar, así la significación de la monogamia. En el XI, el geógrafo andalusí al-Bakri resalta, como en contraste, que los cristianos peninsulares eran monógamos. Los pudientes, en al-Andalus, tendrían varias mujeres, como acepta la ley musulmana, pero, a veces, en algún contrato matrimonial, la mujer imponía que el marido no se casara con ninguna otra [...]. Datos demasiado dispersos, que hay que seguir reuniendo, para seguir precisando la sociedad andalusí evolucionó, además, a lo largo de sus ocho siglos, y no fue estática, ni mucho menos, como por deficiencia de información quizás podríamos creer [...] la mujer no fue en al-Andalus protagonista de producción ni de consumo, y su supeditación social se capta bien a través de las obras literarias" (Viguera, *Planteamientos sobre Hª de al-Andalus*, p. 127).

[55] T. Garulo, "La nostalgia de al-Andalus: génesis de un tema literario", p. 48.

lítica hacían echar de menos la seguridad y tranquilidad idas. Ibn Darray, Ibn Suhayd, Ibn Hayyan, Ibn Hazm y, por supuesto, Ibn Zaydun se duelen por la ruina de sus casas, de Medina Azahara, de la decadencia de Córdoba, del marasmo general del islam andalusí. T. Garulo [56] ha interpretado certeramente estos lamentos como una prolongación del *topos* literario del llanto ante los restos, o ruinas, o despojos, que ya asoma en el poeta árabe preislámico. El *nasib*, el preludio amoroso de la casida con su obligada alusión a las ruinas (*atlal*) es un antecedente verosímil de los mil y un quejidos que vendrían, primero por al-Andalus doliente y, luego, por su pérdida, según Ibn Zaydun:

> ¡Oh, eterno paraíso cuyo río,
> cuyo loto dulcísimo he trocado
> por fruta del infierno y pus hediondo!

Es muy interesante resaltar de cara a la actual opinión ilustrada española cuál es la visión que de España tienen los árabes, más allá o más acá de las ensoñaciones poéticas remotas, ya hablemos de al-Andalus, de la España cristiana medieval o del país que vivimos en nuestra contemporaneidad. En una obra excelente —pese a objeciones y discrepancias parciales que expondremos— N. Paradela [57] recoge las impresiones de viajeros y escritores árabes de paso por España desde el siglo XVII al XX. La importancia del trabajo reside tanto en la visión de conjunto que ofrece como en aportar valoraciones de esos visitantes no siempre del gusto de la autora que, sin embargo, las reseña aunque no renuncie a apostillarlas, cosa por otro lado comprensible desde su punto de vista. Por el momento nos circunscribiremos a quienes visitaron la Península en los siglos XVII y XVIII. Soslayando al sacerdote cristiano al-Mawsili que estuvo de paso en 1675, camino de las Indias, y cuyo relato es más bien neutro y superficial, nos centraremos en los conceptos básicos que expresan ante la realidad al alcance de sus ojos y sin entrar en cuestiones muy menores, por ejemplo, el rechazo por las corridas de toros [58]. Tres embajadores (uno en el reinado de Carlos II y los otros dos bien avanzado el siglo XVIII) dejan patente su

---

[56] Ibídem, p. 51.
[57] N. Paradela, *El otro laberinto español. Viajeros árabes a España.*
[58] El embajador al-Gazzal (siglo XVIII), Paradela, p. 97.

El sueño de al-Andalus

sensación de encontrarse en una tierra bien extraña, lo cual parece bastante comprensible. Los recuerdos del pasado, ira por contemplar edificios otrora islámicos dedicados al culto católico, o la cercanía en el tiempo (al-Gassani viaja a fines del XVII) al fin de los moriscos, no son parte suficiente para obnubilar su mente ni torcer el tono que reflejan sus escritos, reflexiones internas para su uso en la corte marroquí y por consiguiente no sujetos a censura ni cortapisa de ningún tipo. La idea genérica es de distancia con las gentes que ven, las costumbres que practican y la imagen global de la sociedad y la política, si bien se permiten algunas alegrías que citaremos más abajo.

Con no poca sorpresa —y no sé si hasta disgusto— N. Paradela comenta algunas impresiones de estos visitantes[59]:

...con palabras como Isbaniya o bilad Isbaniya (el país de España) nombran los tres embajadores a la nación contemporánea a su tiempo y también a la medieval, identificación de términos que transluce otra conceptual. Quiero decir que para ellos, como para el resto de viajeros árabes posteriores, la nación actual es continuación esencial de la cristiana medieval y que, de igual forma, los españoles de hoy, desde el siglo XVII hasta el XX, van a ser descendientes directos de aquellos otros cristianos.

Como norma general, ésta será la visión histórica que de lo español presentarán los escritores árabes cuyas obras estudiamos, y ello independientemente del análisis que hagan del período andalusí y de sus influencias en la España moderna y en sus habitantes. [...] Hay en los viajeros árabes —de cualquier nacionalidad y cualquier época— una respuesta común a varios de estos interrogantes, y el repaso terminológico hecho anteriormente nos ha permitido ya destacarlo. Para todos ellos al-Andalus y la España cristiana fueron dos entidades históricas esencialmente ajenas entre sí, relacionadas tal vez superficialmente, pero sin interacción mutua.

En consecuencia, la derrota del Islam peninsular y luego el destierro morisco no supusieron ninguna quiebra en la formación de la nación moderna que, por ello, es perfectamente entendible sin el hecho andalusí. En lo que sí diferirán uno y otro grupo —los marroquíes y los orientales posteriores— será en la dimensión simbólica que otorguen —o no— a ese tiempo pasado. Los primeros tendrán una visión arqueológica de al-Andalus, es decir, se podrá recordar pero no revivir, y los segundos volverán a él para convertirlo en modelo, guía o salvación de su presente [...].

---

[59] Ibídem, pp. 72, 77, 94.

Pero, dejando ya al margen el debate histórico sobre los moriscos, de todo lo dicho hasta aquí creo fundamental destacar un hecho: la gran dificultad, la casi imposibilidad de estos primeros viajeros en contemplar lo andalusí, o su coda final, lo morisco, como elementos relacionales entre lo árabe y lo español. Al-Andalus y España eran, para ellos, estructuras independientes entre sí, impermeables mutuamente, y lo morisco —una especie de tierra, o mejor, de hombres de nadie— no llegó a ser visto como vínculo posible entre ambas culturas, ni en el siglo XV ni desde luego en el XVII o XVIII.

La conclusión es clara: si los árabes no ven las cosas a gusto e interés de los arabistas, están incumpliendo una obligación y, desde luego, no desempeñan el papel que les corresponde. No es el único ejemplo: C. Ruiz emite una opinión muy semejante acerca de Amin ar-Rihani. No obstante, estos marroquíes ya lejanos incurren en algunos de los tics y prejuicios habituales en los árabes del XX, bien que en su caso pudieran estar más fundamentados. Tal la mención de supuestos descendientes de hispanoárabes, a los que llegan a retratar incluso como criptomusulmanes[60], a su paso por distintas poblaciones de Andalucía (Lebrija, Carmona, Utrera, Villafranca, Palacios, Andújar, Bailén, Loja). Sin negar de plano la posibilidad de que en el XVII subsistiera alguna familia morisca (a fines del XVIII ya es más difícil de tragar), se nos hace un tanto exagerada la afirmación de N. Paradela[61] "hombres y mujeres españoles, *de evidente origen árabe*", pues es bien sabida la obsesiva actitud permanente de los musulmanes mundo adelante por identificar vestigios de "los suyos" en cualquier parte, una especie de arropamiento psicológico que los fortalezca, haga sentir "como en casa" y justifique —al menos a sus ojos— pretensiones ulteriores. Y el que busca, siempre halla. Es normal que en una tierra en tiempos dominada por el islam caigan en esa fantasía, los del XVIII y los del XX. El problema para quienes sostienen por razones no siempre gloriosas (no es el caso de N. Paradela) esta clase de divagaciones en el vacío, es que estudios poblacionales talan por la base el árbol de sus deseos, así el profesor Ladero Quesada[62] de manera contundente rebate la presencia en Andalucía de musulmanes o criptomusulmanes, no ya en el siglo XVIII, sino en el mismo siglo XV, fuera de minúsculas comu-

---

[60] Ibídem, pp. 84-86.
[61] Ibídem, p. 84.
[62] Ladero Quesada, *Andalucía a fines de la Edad Media*, Cádiz, 1999, p. 177.

nidades en Sevilla, La Algaba, Priego y poco más. No es descartable que subsistieran algunos descendientes de los expulsados de Granada en 1570, o retornados clandestinos después de 1614, pero en todo caso su importancia porcentual es ínfima y su influencia socio-cultural ninguna por intentar, de ser cierta su presencia, asimilarse en sus comportamientos externos a la sociedad dominante y uniforme. Las fantasías del embajador en Lebrija o Utrera contrastan con el sensato colofón con que N. Paradela cierra el capítulo tras haber dado pábulo —más que sometido a discusión— a las fabulaciones de morería del enviado marroquí.

¿VUELVE AL-ANDALUS?

Al-Andalus es uno de los principales astros de irradiación y atracción entre las imágenes idealizadas o míticas que sobre nosotros circulan por el mundo. No es el único ni quizás el principal —fuera de los países árabes—, pero su carácter estelar no se debe a ser bien conocido (que no lo es) sino a la circunstancia de constituir el más exótico elemento de la historia de la Península, la mayor fuente posible de pintoresquismos y *color local*. La fijación de los estereotipos circulantes sobre tal o cual país no es una exclusiva de España y los españoles: todas las naciones que son o han sido algo en el conjunto de la historia universal, o desempeñado papeles relevantes y con efectos trascendentes en otras comunidades humanas, disfrutan/arrastran sus propios sambenitos o disfraces de frivolidad, dureza, rigor, esfuerzo, astucia, tacañería, valor, cobardía, crueldad, inteligencia, galantería, ebriedad, etc. Y no sólo de cualidades abstractas en términos vagos, también de personajes representativos o de acontecimientos convertidos en arquetípicos del país aludido. Por no alejarnos de nuestro tema no añadimos a continuación un catálogo de ejemplos: la idea es lo suficientemente nítida como para no precisar mayor abundamiento. Y tal vez uno de los ejercicios más arduos y baldíos consiste en intentar desmontar, racionalizar y desarraigar esos mitos petrificados por el tiempo a los que con asombrosa testarudez inconsciente se aferran tanto el hombre de la calle como los individuos más cultos. Por vía de ejemplo, digámoslo con claridad respecto a algo y a alguien cercano a nuestro objeto: los tópicos negativos en torno a los moros en nuestro país —sin duda injustos, si se presentan de modo absoluto y global— no han desaparecido, sólo han pasado a la clandestinidad reprimidos por el pensamiento único dominante en las sociedades occidentales, dado el pavor que sienten nuestras gentes de quedar descolgados o enfrentados a lo políticamente correcto. Y si en la España del XVII era impensable, o resueltamente extravagante, que alguien asumiera en público y en serio la defensa de los moriscos, hoy el panorama se ha invertido hasta el extremo contrario: nadie osa sugerir la menor crítica contra musulmanes, por fundada que estuviera, dadas las incómodas consecuencias —como mínimo— que eso le puede acarrear. No es que España se haya vuelto proárabe, es que sencillamente las personas no se atreven a manifestar sus sentimientos y opiniones, no siempre santos ni justos, desde luego.

El conjunto de tópicos sobre el país (España y sus habitantes) que comienza a desarrollarse en la segunda mitad del XVIII, está en la actualidad tan consolidado y hace tanto tiempo, que parece tarea difícil abrir brecha en su coriácea epidermis. Y partimos de la noción de búsqueda de la sociedad ideal, de las elucubraciones que sobre ella se montaron en el XVIII y en la idea de la Edad de Oro, tan aludida entre esa centuria y la siguiente. En lo fundamental se concebía como una esperanza para el porvenir, combinada con el futuro reino de Dios, presentándose como caras de una misma moneda cuyos contenidos de fe conmocionaban a la época. De ahí que en esos cincuenta o sesenta años se desarrolle, para los europeos, la asimilación del hispano con el Buen salvaje, revistiéndole a capricho con los atributos de tal aunque las evidencias de la proximidad cultural, religiosa y de historia compartida obligaban en no pocas ocasiones a moderar el florilegio o el ludibrio, pues por esos dos caminos circularon los visitantes. De la simple tirria despectiva de vecinos rivales que muestran Madame d'Aulnoy a fines del XVII (si realmente hizo el viaje) [63] o *Le Voyageur François* (París, 1772), se pasa a un corpus de tópicos obligatorios en cuanto viajero visitase la Península Ibérica, si aspiraba a que sus lectores reconociesen *la verdadera* España y diesen crédito —y éxito— a sus escritos. El asunto afectaba también a Portugal, cuyos habitantes ya en el Siglo de las

---

[63] "Os aseguro, querida prima, que en todo nuestro camino, no he visto ni una casa que me guste ni un castillo que resulte bonito" (de Irún a Madrid), dice Madame d'Aulnoy (*Relación del viaje de España*, Madrid, Anaya, 2000, p. 163).

Luces resultaban adornados con prendas tales como ser vanidosos, altivos, hipócritas, vengativos, ignorantes, pedigüeños, inconstantes, supersticiosos, haraganes, celosos, fanfarrones, sensuales..., pero también sobrios, corteses, espirituales, valientes, ahorrativos, buenos soldados pero indisciplinados... [64], mismas virtudes y defectos que se esgrimen a favor o en contra de los españoles, de suerte que el escritor juzga cuanto ve como más o menos civilizado (por lo general, menos) según se asemeje, o en qué grado, a sus propios usos y costumbres.

En el arsenal de argumentos se mezclaron los recuerdos históricos más negativos, como las condenas a la Inquisición o a Felipe II [65], con su prolongación inevitable en El Escorial, condenado hasta en su faceta artística. Gautier [66] lanza la pedrada contra el monasterio que, por fortuna, lo resiste todo, hasta la estupidez: "El monstruoso edificio gravita sobre vosotros con toda su pesantez; os rodea, os abraza y asfixia; os sentís atrapados como en los tentáculos de un gigantesco pulpo de granito [...] en la iglesia, la impresión es siniestra, desesperada; no hay en todas estas lúgubres bóvedas un solo agujero por donde se pueda ver el cielo". Y, tras él, Mérimée insiste en la idea ("Este feo Monasterio de El Escorial" [67]) culminada en la descripción del monumento de Edmundo de Amicis que, si no es un plagio de Gautier, lo parece: "Huí de la iglesia y me perdí en los laberintos del monasterio. Me veía a mí mismo en medio de aquellas tumbas y me di cuenta de que me encontraba verdaderamente en el corazón del monstruoso edificio, en la parte más profunda, en el más gélido y tremendo lugar. Me pareció ser un prisionero, sepultado en aquel gran monte de gra-

---

[64] Castelo Branco Chaves, *Os livros de viagens em Portugal no século XVIII e a sua projecção europeia*, Amadora, 1977, p. 56. El mismo autor define bien la situación: "No geral os viajantes entravam em Espanha já com ideias preconcebidas. Vinham, por assim dizer, colher exemplos que confirmassem e ilustrassem as suas teses, todas elas anteriores à observação e à análise. Compunham assim o quadro de duas nações supersticiosas, fanáticas, atrasadas, bárbaras e ridiculamente ignorantes, onde imperavam o clero e dois reis absolutos. Fiados em Voltaire, em Montesquieu, em D'Argens, em La Harpe, que nunca avíam passado os Pirinéus confirmavam que para cá desses montes governava a Inquisição e um clero ignaro dominava os reis e mantinha o fanatismo dos povos" (ibídem, p. 11).

[65] Véase sobre todo F. Mignet, *Antonio Pérez y Felipe II*, trad. A. Froufe, Madrid, La Esfera de los Libros, 2001.

[66] *Voyage en Espagne*, pp. 172-175.

[67] Mérimée, *Viajes a España*, p. 227.

nito que gravitaba por encima de mi persona..." [68]. Aparte el tono novelesco que preside toda la descripción, sus coincidencias con otros textos —que no podemos aquí detallar— y con la historiografía simplona de la Leyenda Negra son una autodenuncia, pues el italiano no tiene empacho en afirmar sobre Felipe II: "os acordáis de todo lo que habéis leído de él" [69]. Y a fe que se acuerda.

Pero no es sólo la historia el campo de confrontación: el arte en general irrita a muchos visitantes ¡por ser demasiado semejante al suyo! Y Mérimée de nuevo nos aclara las ideas: "la arquitectura del Norte de España carece de originalidad. En el Sur adoptó la ornamentación árabe; en el Norte se valieron de arquitectos extranjeros" [70]. Es ocioso aclarar que conceptos como extranjero u originalidad diferían en el siglo XIX de los que hubo en el XII o XIII, pero el escritor se agarra a la condena de cuanto no sea *típico* y lanza un peligroso invento ("el carácter español"): "Con excepción de un museo [El Prado] no he visto nada notable en materia de arte en España. *Las cosas más hermosas están en el Sur.* La catedral de Burgos no tiene en absoluto el carácter español" [71].

Pero no son sólo viajeros o novelistas quienes elaboran y difunden imágenes más que discutibles sobre la España del XIX. Historiadores europeos, tan interesados en denigrar al enemigo de antaño, ya vencido, como en exaltar las glorias del protestantismo —al que se debería todo el progreso de la Humanidad— lanzan sus particulares anatemas. M. García-Arenal [72] diseña bien el esquema de estereotipos, escritos desde fuera, tanto sobre España como sobre Marruecos, estableciendo las *esencias eternas* por sus respectivos historiógrafos extranjeros. La "estructura oriental" que menciona García-Arenal constituía un acicate divertido pero, al tiempo, era prueba inequívoca de cuán despreciable era tal país [73]. Entre esos dos extremos de admi-

---

[68] Amicis, p. 188.
[69] Ibídem.
[70] Mérimée, p. 153.
[71] Ibídem, p. 148.
[72] M. García-Arenal, "Historiens de l'Espagne, Historiens du Maghreb au 19e. Siècle", *Annales HSS*, mai-juin 1999, n° 3, pp. 689 y ss.
[73] Dos perlas inestimables nos ayudan a aproximarnos a la cuestión: "Les Espagnols sont incapables d'élaborer une pensée rationnelle ou de faire preuve de création intellectuelle. Surtout, ils ne sont pas capables d'écrire leur propre histoire" (Stockda-

ración más o menos literaria y de superioridad desdeñosa en la realidad práctica, se mueven casi todos ellos: nos tememos que hasta ahora. Y, por supuesto, la expulsión de moros y judíos —insostenible como argumento y causa central de la decadencia— es uno de los ejes de atracción, por su carga emotiva, por el ancho campo que ofrece para culpabilizar a "este pueblo bárbaro", etc. Si al-Andalus aparece como una Arcadia Feliz, su desaparición demostraría no sólo la injusticia de España sino su necedad al dejar perder tal joya. Y como correlato del complejo de inferioridad gestado e incubado desde el siglo XVIII por los círculos ilustrados hispanos —que aún colea, aunque parezca mentira— respecto a otros países europeos (sobre todo Francia e Inglaterra), la imagen elaborada sobre nosotros mismos por la historiografía de esas naciones aquí se interioriza y asimila dándola por buena y, desde luego, considerándola la *verdadera,* quizás por lo bien que fustiga a la España de otros tiempos, pese a las incongruencias o frivolidades de que adolece en no pocas ocasiones: desde el uso de términos sumamente equívocos[74] a la aceptación como verdad histórica —y lo que es peor, general— de historietas y anécdotas poco creíbles[75] y pese al predominio de los tópicos en la imagen de España circulante en sus países, incluso en los medios cultos[76], dada "la im-

---

le, cit. por García-Arenal, ibídem, p. 693); y "Después vino el eclipse y desde entonces ese país permanece en un estancamiento y degradación general en que ha caído un pueblo que no cesa de descender en la escala de las naciones y que bien merece esta humillación" (Lane-Poole, *The Moors in Spain*, p. 280, Londres, 1887, cit. por García-Arenal, ibídem, p. 692).

[74] Resulta escandaloso el empleo de gentilicios actuales referidos a tiempos pretéritos; y, no obstante, se sigue insistiendo en el error, pese a la carga ideológica que comportan esas denominaciones: "trabajo español del siglo XII", dice B. Lewis (*Los judíos del islam*, p. 51) refiriéndose al *Tratado de Ibn 'Abdun* que de español sólo tenía el lugar donde se escribió; o "*la musulmana andaluza* gozaba, bajo el califato y en los siglos siguientes, de una situación más privilegiada que sus hermanas del resto del islam medieval [...]. La *ciudadana andaluza...*" (R. Arié, *España musulmana*, p. 273). Aburre tener que seguir explicando que "andalusí" y "andaluz" no son conceptos equiparables, ni siquiera por la extensión territorial.

[75] "Durante el agitado siglo XI, el amor rompía cualquier barrera social..." (Arié, ibídem, p. 273); o la manida historia de Rumaykiyya, afortunada lavandera orillas del Guadalquivir (ibídem, p. 274).

[76] Al respecto es muy esclarecedora la denuncia de B. Bennassar ("Recepción de la historia de España en Francia", en *La Hª de España en la literatura francesa*, Madrid, Castalia, 2002, p. 20): "una tendencia irresistible a la busca de referencias tranquiliza-

portancia que se presta, siguiendo a Montesquieu y Voltaire, a las costumbres y los individuos, en detrimento del análisis dedicado a las instituciones y las élites sociales y políticas. Todo parece indicar que el modelo de curiosidad etnológica nacida del interés por los pueblos salvajes se aplica y muy ampliamente a la propia Europa"[77]. La teoría de los climas de Montesquieu, por ejemplo, se convierte en base de explicación de los vicios españoles (pasión, celos, crueldad, pereza, etc.). El viajero se inviste por decisión propia con los ornamentos de juez, moralista y reformador y "las Luces, al proporcionar un molde ideológico de interpretación de la sociedad española, generan prejuicios, algunos de los cuales todavía no se han vencido totalmente"[78].

Sin perjuicio de que en estudios ulteriores retomemos el sabroso plato de los viajeros europeos, aquí nos limitaremos a unas pocas alusiones a elementos árabes, o pseudoárabes, pese a deber tomarse sus observaciones y relatos con más precaución a la vista de afirmaciones tan insostenibles como estupendas, así Mérimée nos ilustra [Carabanchel, 19 de septiembre de 1853]: "He encontrado España muy cambiada desde hace seis años que no la había visto. Muchos progresos materiales; pero, por otro lado, la poesía toma el portante a todo tren. Comienzan a ocuparse menos de las mujeres y un poco más del dinero, es decir, que se civilizan. Sin embargo, todavía hay mucho espíritu caballeresco a este lado de los Pirineos"[79].

En nuestra opinión, son errores menos graves aquellos en que incurren por información deficiente, rapidez del viaje, hablar de oídas o pereza de leer (si es que los conocían) a autores españoles como A. Ponz y su *Viaje de España,* que tantos dislates les habrían ahorrado.

---

doras, a la vuelta a lo ya sabido, se reafirma, se mantiene, triunfa. ¿Cómo podemos entonces tener la esperanza de socavar la discontinuidad y destruir o matizar los clichés?".

La clarividencia tampoco es, frecuentemente, la característica de escritores y viajeros extranjeros: Wilhelm von Humboldt (*Diario de un viaje a España, 1799-1800,* Madrid, 1998, p. 98) se descuelga con observaciones generales que muestran lo poco enterado que andaba: "En España, los eclesiásticos nunca constituirán un peligro político"; y Gautier (*Voyage en Espagne,* p. 227) abunda en la misma ignorancia: "L'Espagne catholique n'éxiste plus. La Péninsule en est aux idées voltairiennes et libérales".

[77] I. Herrero y J. M. Goulemot, "Relatos de viajes e imágenes francesas de España", en *La Hª de España en la literatura francesa,* p. 313.
[78] Ibídem, p. 323.
[79] *Viajes a España,* p. 217.

Como más arriba señalábamos, "lo árabe" es el factor más exótico a que se puede apelar y así R. Twiss —que es uno de los pocos que aciertan al hablar de "higueras de Indias, chumberas o nopales" [80]— nos va regando "Castillos árabes" por toda la geografía española, incluso el alcázar de Segovia, construido —según él— en el siglo VIII [81]. Maximiliano de Austria llama califas a los sultanes nazaríes, confunde la introducción de los azulejos con su "invención por los mahometanos", a quienes también achaca la lidia de toros, o se va por los Cerros de Úbeda al concluir que "un gangueo [parece referirse a flamenco] bárbaro que, como tuve ocasión de reconocer, proviene de la sangre árabe" [82]. Edmundo de Amicis, entre otras muchas inexactitudes y descuidos [83], asegura, como otros, que "la Puerta del Sol de Toledo es una joya de la arquitectura árabe" (*sic*), fija la construcción de la Giralda en el año 1000, incluye entre los *pilares del islam* la guerra santa y omite la *sahada*, insiste en ascender a califas a los sultanes granadinos [84], y —como otras gentes no muy informadas— adjudica nuestro sonido jota al árabe [85].

Pero casi todos ellos constituyen pecados veniales fruto de distorsiones incluso involuntarias y, en todo caso, meros chafarrinones de decorado ambiental, muy secundarios en las valoraciones generales, entre otras razones por la frecuente incapacidad de los lectores para detectarlos. Mucho más grave es la actitud permanente y calcada de unos a otros escritores, de falsificar o embellecer —a sus ojos— el relato introduciendo pintoresquismos de cartón piedra, relativas llama-

---

[80] *Viaje por España en 1773*, p. 149.
[81] Ibídem, p. 67.
[82] M. de Austria, *Por tierras de España*, pp. 82, 100, 112, 148.
[83] Por ejemplo, según él, el carro de Cibeles, en la plaza madrileña, lo arrastran dos caballos marinos: evidentemente se confunde con Neptuno, del que también habla (Amicis, p. 130); rebautiza a Cecilia Bohl (Fernán Caballero) como Catalina Bohl (p. 273); la catedral de Granada habría sido fundada en 1529 por los Reyes Católicos (p. 323), aunque se inició en 1528 y no por los Reyes Católicos, claro. Etc.
[84] Pp. 209, 243, 260, 302, 304, 314, 332.
[85] Amicis, p. 127. Gautier (en Burgos): "nous écorcher le gossier à râler l'abominable jota, son arabe et guttural que n'éxiste pas dans notre langue" (*Voyage en Espagne*, p. 63). Por los mismos andurriales de desinformación andan los temibles divulgadores de nuestro tiempo: "tomando en su habla un acento especial —el andaluz— de original fonética árabe" ("El Cortijo", de Luz Ferduchi, *El País Semanal*, 24 de agosto de 1997, p. 64).

das a la fantasía y *a lo ya sabido* (por parte de los receptores europeos) e insistencia en someter a la Península a una predestinación condenatoria para que ellos disfruten del *color local:* los españoles *debíamos* ser orientales, lo cual servía para los monumentos, las ropas o... las miradas. Tal vez no calibraban que si la España del tiempo hubiera sido de verdad un país *oriental* sus posibilidades de desplazamiento y, desde luego, de diversión habrían menguado de forma dramática. Pero para escribir y vender libros convenía marchar a la moda, aunque, a veces, de buena fe se les vaya la mano. Sin detallar un catálogo de manifiestas manipulaciones o frivolidades, podemos apuntar que: los conocimientos históricos de Gautier no parecen muy sólidos ("se les permitió construir esta sinagoga, que es —creo— la única tolerada en España en cualquier tiempo") [86], pero su capacidad de percepción, tampoco (en Irún "todo está blanqueado de cal según la costumbre árabe" [87]; Valladolid "es una ciudad limpia, tranquila, elegante, donde ya se percibe la cercanía de Oriente" [88]; "Dueñas, situada sobre una loma, tiene el aspecto de un cementerio turco; las cuevas horadadas en la roca viva reciben la ventilación por amplias torrecillas en forma de turbante, con un aire de minarete muy peculiar. Una iglesia de pinta moruna completa la ilusión" [89]). El escritor que, en ocasiones, reconoce lo absurdo de mantener las vestimentas antiguas, o que el *tipo español* no existe ("o al menos yo no lo he encontrado" [90]), es incapaz de sustraerse a los tópicos que le exige el guión prefijado: boca africana, aire morisco, ojos árabes [91] de rapazas y jovencitas, son obligatorios, contrastando con la gran cantidad de pelirrojas que asegura encontrar en Burgos [92]. Las contradicciones entre estereotipos de un lado y lógica y lucidez de otro salpican toda la obra, con preeminencia de lo más productivo, claro: "El Puerto de los Perros se llama así porque por allí salieron los moros vencidos de Andalucía, llevándose con ellos de España la prosperidad y la civilización. España, que toca al África como

---

[86] *Voyage en Espagne*, p. 209. También al afirmar que la población de al-Andalus sumaba 32 millones de almas (p. 99).
[87] Ibídem, p. 44.
[88] Ibídem, p. 94.
[89] Ibídem, p. 93.
[90] Ibídem, p. 129; también en p. 56.
[91] Ibídem, pp. 253, 225.
[92] Ibídem, p. 64.

Grecia al Asia, no está hecha para las costumbres europeas. El genio de Oriente se abre paso en todas las maneras posibles, quizás resulta desagradable que España no siguiera siendo mora o mahometana" [93]. Es imposible decirlo con más claridad: nuestra obligación es cumplir con el papel exótico que nos han asignado.

Pero no es sólo Gautier. Maximiliano de Austria, que realizó dos viajes al sur de España y dejó unas interesantes notas de los mismos, se declara admirador del pasado del país y buen gozador del presente. Y de modo inexorable acude a las interpretaciones al uso, como considerar oriental el patio sevillano, adjudicar la Casa de Pilatos a "la época de los moros" o denominar a ésta "poética"; también los toros reciben su adjudicación fantasiosa, aunque "esta costumbre mora ha desaparecido totalmente de África" [94]. Gitanas, historias de amor y muerte, prejuicios antijudaicos se combinan con califas —otro más— en el Alcázar de Sevilla, con la tópica sensualidad atribuida a los mahometanos o con afirmaciones en verdad exóticas por sí mismas, v. g. la muy sorprendente de que "la mayoría de las casas en las ciudades mahometanas son de madera" [95]: ¿estaría pensando en los Balcanes?

Y no menores embelecos se gasta Edmundo de Amicis, quien en la descripción y relato de su estancia en Granada no se apea un instante de palabras como magia, misterio, espejismo, sueño, arcano, azar, fascinación... ("la Alhambra había empezado a ejercer sobre mí aquella misteriosa y profunda fascinación a la que nadie puede escapar y que nadie sabe expresar..." [96]). El mecanismo es perfecto: si el objeto de definición es indefinible y si lo que debemos expresar es inexpresable, con tal retablo de las maravillas es factible colar cualquier bobada. Y parece ocioso declarar que el problema no reside en la mucha belleza de la Alhambra, sino en los juegos *simbolistas, misteriosos y fascinados* de esta gavilla de mercachifles. De nuevo soslayamos los errores o interpretaciones rayanas en el abuso por no eternizar el comentario y crítica de este autor, aunque en algunos casos sean clamorosos [97]. Pero es

---

[93] Ibídem, p. 243.
[94] Austria, p. 147.
[95] Ibídem, p. 86.
[96] Amicis, p. 304.
[97] La Puerta del Sol de Toledo, "una joya de la arquitectura árabe" (Amicis, p. 209); "el mihrab principal, el lugar sagrado donde estaba el espíritu de Dios"

imposible desconocer el prurito exoticista que anima el relato. No conforme con documentarse mal, reproduce cuanto ha leído, cuanto *suena* por Europa acerca de Andalucía, la pintoresca. Y el término de comparación es, inevitablemente, lo más exótico posible a su alcance: ¡Oh, el Oriente! Así pues, todo arco de herradura es, sin remedio, "turco" y "una visión del Oriente" [98], como el claustro de la catedral de Toledo es "una visión deliciosa que recuerda los jardines orientales atisbados a través de las columnas de las mezquitas" [99]. Y si una catedral gótica en la meseta castellana le provoca tal verborragia, mucho más legitimado y seguro se siente para entonar en Córdoba la palinodia a conciencia: "¡Aquí se vive otra vida, aquí se exhala el aroma de otro mundo: estoy en Oriente!". [En Córdoba] "¡Con sólo ver la mezquita, todas las imágenes del eterno placer que el Corán promete a los fieles se os presentan en tropel a la mente: vivas, ardientes, chispeantes, produciendo una dulcísima y momentánea embriaguez que deja un poso de melancolía en el corazón!" [100].

El Albaicín y la Alhambra también se llevan su ración de misterio, harenes, alcobas de favoritas, baños de mujeres —¡cuántas frustraciones sexuales de los europeos laten bajo esta invención del Oriente!—, vestigios de escultura árabe (¡!) [101], misterios por doquier y gran alegría al encontrar —o eso dice— lo que busca, porque la imagen previa debe prevalecer [102]. La descripción de la Alhambra de Amicis, que pretende ser dramática y de conmovedora escenografía teatral, se queda más bien en cómica [103]. Digamos de nuevo en su descargo que por

---

(cap. 238); [Sta. María la Blanca de Toledo] "la sinagoga fue convertida por los árabes en mezquita y ésta, a su vez, convertida en iglesia por los cristianos" (p. 219); "la Casa de Pilatos, posesión de la familia de Medinaceli es, después del Alcázar, el monumento de arquitectura árabe más hermoso que existe en Sevilla" (p. 271), con lo cual la obra del arquitecto bresciano Benvenuto Tortelo (1568-1571) se volatiliza en las brumas del misterio... Tal vez la confusión, como en el caso del alcázar sevillano o la Puerta del Sol toledana, estribe en la parcial ornamentación mudéjar que embellece el edificio.

[98] Ibídem, p. 219.
[99] Ibídem, p. 216.
[100] Ibídem, pp. 234 y 237.
[101] Ibídem, p. 333.
[102] "Las caras de los diez reyes responden [en la Alhambra] maravillosamente a la imagen que nos formamos de aquella gente: color aceitunado, bocas sensuales, ojos negros de profunda y misteriosa mirada..." (ibídem, p. 312).
[103] Ibídem, pp. 309 y ss.

esos rumbos marchaban los tópicos literarios de la época: no más recordemos a Pedro Antonio de Alarcón en Marruecos. El italiano, como otros viajeros del tiempo, no se sustrae del todo a la realidad y la reconoce a regañadientes:

¡Qué mal queda el sombrero de copa por las calles de Córdoba! ¿Cómo podéis seguir la moda bajo este hermoso cuadro oriental? ¿Por qué no os vestís como los árabes? Pasaban petimetres, obreros, niños, y yo los miraba a todos con gran curiosidad, esperando encontrar en ellos alguna de aquellas fantasiosas figuras que Doré nos representó como ejemplos del tipo andaluz: aquel moreno con gruesos labios y grandes ojos. No vi a ninguno [...] ninguna diferencia con las mujeres francesas y con las nuestras; el antiguo traje típico andaluz ha desaparecido de la ciudad[104].

Pero el que la sigue, la consigue y remata triunfal páginas más adelante: "Vi [en barrios de Córdoba] a mujeres y a hombres de tipo verdaderamente andaluz, tal y como yo me los había imaginado, con ojos, colores y actitudes árabes". Por lo tanto, los demás, a demostrar que eran andaluces. La coincidencia con Alarcón es casi espeluznante, cuando éste habla de "un verdadero moro, esto es, un moro de novela"[105].

Los árabes de los siglos XIX y XX presentan similitudes en sus enfoques con los europeos que venimos viendo pero, como es lógico, también aportan su peculiar ángulo al hablar de España. Entre ellos hay escritores, profesores, diplomáticos, periodistas y gentes que por motivos muy variados pasaron temporadas cortas o prolongadas en nuestro país, desde simples turistas a representantes oficiales que tras largas estancias no aprendieron ni rudimentos elementales de español, lo cual da una idea de su interés por comunicarse y comprender. Y en algunos casos se trata de prolíficos poetas que alumbraron libros sobre esta tierra. La España real les interesa poco o nada y centran su atención en al-Andalus, modelo mítico del que prender sus sentimientos, proyectando sobre él las actuales frustraciones colectivas del Oriente Próximo; intentan exorcizar el desencanto por el presente escondiéndose bajo las acogedoras faldas del pasado, moldeándolo a su imagen

---

[104] Ibídem, p. 241.
[105] Fanjul, *Al-Andalus contra España*, p. 86.

y semejanza y siempre en unos términos edulcorados y de admiración acrítica. Esa fue la tónica desde el principio y así continúa en la actualidad, con algunas raras excepciones [106], valiéndose con frecuencia de información complementaria, sobre todo tomada de Francia y por lo general la más negativa [107].

No vamos a pedir cuentas por su incomprensión de la música europea, en contraste con el orgullo de la suya propia, a un personaje como Vasif Efendi, embajador turco que residió en España entre 1787 y 1789 [108]: sencillamente, sería anacrónico hacerlo, aunque no sobraría aplicar la misma plantilla de *tolerancia histórica* a los españoles de otros tiempos que malcomprendieron o no comprendieron en absoluto manifestaciones culturales ajenas. Pero sí podemos esperar de árabes contemporáneos nuestros —y, en muchos casos, todavía vivos— que traten de entender algo del país en donde están o, al menos, que no fabulen si sus textos van a difundirse en Oriente Próximo y el Norte de África. La tónica general de irrealidad en el caso de los orientales bascula más sobre recreaciones míticas del pasado entreveradas de aprovechamientos políticos del presente y con profusión de gemidos, ayes y plañidos por las glorias perdidas, en tanto los norteafricanos, en especial marroquíes, exhiben una vindicación, a veces hasta agresiva, que propende hacia la apropiación moral de cuanto ven. La intervención del "nosotros" es permanente: "...han podido expulsarnos como presencia política, pero no pudieron expulsarnos del temperamento del país [...]. Cuando se nos obligó a dejar el país al que hemos enseñado la lectura del Corán y vedado el amor libertino y educado en el amor casto, en el bello canturreo de la lengua árabe, lo dejamos en una situación deplorable" [109]. El autor establece una continuidad y comunidad con aquellos andalusíes —y por tanto, con derechos de herede-

---

[106] "Todavía resulta chocante, por ejemplo, que un escritor como Kurd 'Ali, fundador y director de la Academia Árabe de Damasco, no demostrase la menor curiosidad por saber de la correspondiente española, visitarla y entrevistarse con algunos de sus miembros. En la mayor parte de los casos, la intelectualidad española quedaba reducida al grupo de los arabistas" (Paradela, p. 256).

[107] Ibídem, p. 256.

[108] "Nos invitaron a cenar y sufrimos el tedio de su música" (cit. por B. Lewis en *¿Qué ha fallado?*, p. 81).

[109] 'Abd al-'Ali al-Wazzani, "Oh, hermana de al-Andalus", *al-Manahil*, 22, enero 1981, Rabat, recogido por A. Djbilou, *Miradas desde la otra orilla*, p. 19.

ro— basándose tan sólo en la coincidencia de practicar la misma religión, porque ya sabemos lo deletéreas que son las argumentaciones raciales en todas latitudes (incluidas las de gentes de Túnez, Tetuán o Salé más o menos descendientes de familias moriscas), sin embargo, estos árabes pasan de unas a otras esferas y de lo ideal a lo real con un desparpajo que ignora —en sentido literal— los presupuestos lógicos más elementales; así no existe otra realidad que la por ellos imaginada, ni posibilidad de que exista. La pertenencia al grupo autodenominado "árabe" —denominación utilizada por primera vez por al-Kawakibi, a fines del XIX— confiere derechos sobre al-Andalus, de momento morales. "Nosotros estábamos allí, nosotros os enseñamos, nosotros sufrimos..." aunque, para empezar, es patente que el hablante no fue protagonista en modo alguno de cuanto alude; y en cuanto a la adjudicación moral, se deja todo en términos de vaguedades generales, eludiendo unas precisiones que, en la mayoría de los casos, desbaratarían semejantes alegrías: ¿tomarían en serio los italianos un parejo desbordamiento de nostalgias posesivas de españoles que soñaran con Nápoles, Cerdeña o Sicilia, pese a que la distancia cultural y religiosa de la Italia y España actuales es infinitamente menor que la existente entre Marruecos y nuestro país? Pero la *realidad simbólica* lo resuelve todo.

Por erróneos que resulten, hay pasajes —a los que no queremos dar importancia, porque lo grave es el conjunto— como en el caso de los visitantes europeos, que obligan a preguntarnos si el escritor habla del mismo país que nosotros conocemos. Y ahora sí de verdad "nosotros". Muhammad al-Umami [110] afirma ¡en 1956! "los españoles no comen mucho pan como nosotros...". Perplejidad absoluta, de inmediato olvidada por la lista y compendio de tópicos sobre la mujer andaluza que enhebra el autor e, invariablemente, reproducen hasta el aburrimiento todos los demás: "Andalucía, cuyas mujeres tienen rasgos de la belleza árabe en sus siluetas y fisonomías, en el pelo largo y en los ojos negros de aquellas caras desbordantes de belleza, de felicidad y de feminidad. Nuestra estancia en Córdoba coincidió con la Semana Santa, fiesta en la que salen las familias en vestidos de gala y en un aspecto inmejorable. Las calles de Córdoba hormigueaban de mu-

---

[110] *Yawla fi mudun al-Andalus*, en Djbilou, p. 99.

jeres acompañadas de sus maridos o familiares. Allí vi rasgos de la belleza árabe en toda su claridad, hasta tal punto que creí vivir durante la dominación árabe. El vestido de carnaval [¡!] que llevaban era una magnífica exposición, que me recordó el pasado musulmán de España. ¡Qué caras maravillosas las de aquellas hermosas españolas con esos rasgos de belleza árabe!, con los vestidos negros que les añadían más hermosura y encanto, además del gran broche que ponían sobre la cabeza".

El tono distendido con que se expresa algún escritor no es parte suficiente para dar por buena su versión de lo que dice ver. Es el caso de Husein Mones, que sí conocía España pero que en su *Viaje de al-Andalus* cuando no inventa árabes por doquier, inventa "talante" árabe, fácil de endosar a cualquiera que sonría, dé la mano o se muestre amable, como si sólo los árabes desarrollaran esos comportamientos, o todos ellos por igual: "No olvido una imagen en el camino de Guadix a Granada, un camino rural semejante a los de nuestros campos [egipcios]..." [111] y a continuación asegura venir andando desde Iznalloz hasta esa encrucijada de Darro (casi 40 km), en una carretera (por mala que fuese a la sazón, sería una carretera) que ningún parecido guarda con los campos egipcios: ni la vegetación, ni los montes ni la gente. Pero un campesino le ofrece burro-stop, que el supuesto andarín acepta, y todo el relato, de un colorismo folclórico postizo, está abocado a resaltar que un labrador español montado en un jumento se asemeja a otro egipcio con idéntica montura, lo cual da pie para cantar la hermandad, el origen común, etc.

Peor es el caso de la *escritora* siria Ulfat al-Idilbi [112] que, aparte de lindezas como considerar árabes a los alarifes bizantinos que trajo al-Hakam II para decorar el mihrab de la mezquita de Córdoba, llamar *califas* a los sultanes nazaríes (excusable en los escritores románticos europeos pero no en ella), o adjudicar a la Torre de Comares de la Alhambra la historia de la pileta de mercurio del salón de Embajadores de Medina Azahara, se explaya con un didactismo infantil para consumo interno de convencidos. Esta señora que, al parecer, visitó España en los años sesenta, escribe al socaire del contemporáneo chovinismo

---

[111] Husayn Mu'nis, *Rihlat al-Andalus*, pp. 17-18.
[112] Véase Ágreda, pp. 17 y ss.

político panarabista, acumulando tópicos, sospechando malas intenciones donde es dudoso que alguien se molestara en alimentarlas y, desde luego, encontrando un árabe en cada español que la trata con amabilidad, contrapeso inevitable para la no menos inevitable propaganda israelí que dice detectar[113]. La insistencia en la "sangre árabe", de ésta y de otros autores, podría dar lugar y con justicia a muy crudos comentarios sobre ellos, pero para nada sirve ensañarse. Dejémosla que se explique: "[Un guía en la Alhambra] que inventó tantas falsedades sobre los califas y los príncipes árabes; *nuestro guía de Córdoba, sin embargo, habla de los árabes imparcialmente y hasta con entusiasmo, lo que me hace creer que es de origen árabe y árabe es la sangre que corre por sus venas*"[114].

Orgullo, jactancia, congoja, tragedia, pérdida de al-Andalus son norias monótonas, palabras literales expresadas por la autora, de retorno eterno y garantizado a cada página, con el colofón ya señalado más arriba: "declarar en voz alta que yo era árabe, descendiente por tanto de aquellos que erigieron estos monumentos..."[115], conclusión que, así, de plano, está por demostrar. No obstante, con el bagaje cultural que exhibe (le encantan los pastiches decorativos pseudomorunos de algunos hoteles andaluces, o considera "árabes" los patios sevillanos de modelo renacentista) aún osa meterse a crítica de arte, purista por supuesto, condenando la inserción de la catedral católica ("un crimen horrendo") en el interior de la mezquita cordobesa, argumento facilón donde los haya para guías recitadores de memorieta.

Siempre nos ha chocado la súbita militancia artística que experimenta cualquier turista de procedencias variopintas y nivel cultural con frecuencia discutible, ante lo que estiman atropello al buen gusto, a la estética pura o a la corrección multicultural, añadirían ahora. Es un descubrimiento fácil que contribuye a probar por enésima vez la barbarie de una gente y una religión que actúan de tal guisa, de suerte que el feliz descubridor puede sumarse a la gran causa de la cultura universal por el no muy elevado precio de la entrada, quedando al tiempo a salvo por haber manifestado su opinión contraria. Ya

---

[113] Ibídem, p. 20.
[114] Ibídem, p. 25.
[115] Ibídem, p. 17.

Amicis —no es el único— se había pronunciado en contra[116] de esta catedral y del palacio de Carlos V en la Alhambra y, como es sabido, este mismo rey también mostró su disgusto por los resultados, pero Ulfat al-Idilbi le sube la parada con las supuestas aclaraciones del guía: "Esta disposición resultó conveniente: al construir la catedral se protegió a la Mezquita de la agresión de los fanáticos, esa chusma que no falta en este mundo". Quizá sería más útil ni asumir la molestia de responder a tanta ignorancia y tanta mala fe, dejando las cosas como están y renunciando a esbozar ucronías: si no se hubiera construido la catedral, o si para levantar la mezquita no se hubiera derribado la iglesia de San Vicente, o si ésta no hubiera suplantado a un ara romana... O, mejor aún, de no haber sucedido la reconquista de Córdoba y continuar siendo musulmana, ¿alguien puede garantizar que la mezquita seguiría en pie, o lo contrario? ¿Sirve de algo desgranar una granada tan estéril? Tal vez sea en balde argumentar con el recuerdo de las destrucciones, bastardeamientos, deterioros por incuria, fanatismo o pragmatismo más o menos justificado que ha sufrido *todo* el patrimonio artístico humano, en cualquier época y a manos de cuantas religiones y culturas ha habido, aunque sólo una visión global de las causas, condicionamientos y objetivos que llevan a esos resultados podría arrojar luz sobre el asunto. No es escapar de responsabilidad ninguna que, como es obvio, el autor de estas líneas no tiene, sino pretender una revisión desapasionada de la cuestión. ¿Vale de algo recordar a los protestantes de diversos pelajes los destrozos ocasionados por sus correligionarios en el arte europeo durante los siglos XVI y XVII o en el hispanoamericano después de las independencias, v. g. en México? ¿Querrán aceptar los musulmanes la responsabilidad de sus antepasados en la destrucción, gigantesca, de su propio patrimonio, cuando no había colonialistas a quienes achacar nada? ¿Podrán los católicos (incluidos los españoles y la jerarquía correspondiente) reconocer los expolios y descuidos habidos desde *dentro*? Insistimos: no es un camino útil difuminar la visión en una casuística interminable, pero menos aún lo es culpabilizar a unos y olvidarse de otros. A menos que busquen que les pidamos cuentas por la mezquita construida sobre el templo de Amón en Luxor, por la iglesia cristiana so-

---

[116] Amicis, pp. 238 y 304.

bre la que se edificó la mezquita de los Omeyas en Damasco, o —bien cerquita— por los Budas de Bamiyán.

Pero hay más. Entiende muy poco de arte español quien no comprenda que su clave central consiste en una acumulación, superposición y entrecruce fruto de las diversas corrientes sociales, movimientos históricos y aculturaciones consiguientes que la Península Ibérica ha sufrido desde la Edad del Hierro, el famoso mestizaje en su vertiente artística, ese mestizaje que, en abstracto y sobre vaguedades generalizadoras, tanto se menciona y en la realidad tan poco se practica. Confesamos que, en más de un momento, nos han puesto de mal humor coros y retablos barrocos en iglesias y catedrales románicas o góticas, o los churros postmodernos con que los arquitectos actuales desfiguran cascos urbanos antiguos, y lo admitimos porque no sustentamos una postura monolítica y sin matices (carecemos de la luz y la fe del carbonero que alumbra a Ulfat al-Idilbi) y —también— para significar que no andamos lejos de los bien intencionados visitantes de Córdoba y comprendemos sus reacciones más ingenuas. Pero sentimientos primarios y poco informados no pueden enturbiar la reflexión, y menos si conducen a la condena de nadie: si nuevos conquistadores, en todas las latitudes, han ocupado los centros de gobierno y los lugares de culto pertenecientes a las sociedades vencidas, no ha sido por azar o mala voluntad, sino para marcar el dominio y majestad de los nuevos poderes y, por supuesto, con sus patrones culturales bajo el brazo, en este caso artísticos. Y los musulmanes, eficaces arrasadores de culturas enteras en Asia y África, con tantos motivos para callar, harían bien, al menos, en ser prudentes.

La idea general sobre al-Andalus que se alimenta y propaga en las enseñanzas de Historia en los países árabes discurre entre la glorificación del pasado —comprensible si se mantuviera en términos discretos— y el victimismo por su final, si bien con matices. Quizá los extremos se hallen en Túnez y Siria. Los libros escolares tunecinos [117] resultan bastante objetivos, serios y adecuados para la edad a que van dirigidos; la moderada vanagloria de al-Andalus es aceptable por prudente y no agresiva, sin excluir la cita de fragmentos autocríticos como el del historiador al-Maqqari (siglo XVII): "Siempre que se decía

---

[117] Agradecemos a la licenciada Ana Martínez Lara los textos que nos proporcionó al respecto.

de alguien que estudiaba Filosofía se le tachaba de hereje y se le reprimía y si daba un mal paso de este porte le lapidaban o quemaban antes de que se enterase siquiera el sultán, o lo mataban para complacer al populacho. Frecuentemente, los gobernantes ordenaban quemar libros de tal jaez, si se encontraban"[118].

En el polo contrario, los libros de texto sirios responden a un adoctrinamiento politizado en la línea del ultranacionalismo retórico que ese país padece desde hace muchos años. Violentando las realidades históricas más elementales, se parte de puntos tan falsos como identificar el área de extensión de los semitas antiguos con los árabes del presente[119], o proclamar que todas las culturas importantes son de origen semítico, incluida la Iberia prerromana que habría sido muy influida por los semitas (los contados establecimientos fenicios y cartagineses no parece que den para tanto) hasta que llegaron los "colonialistas y ocupantes romanos" condición también adjudicada a los visigodos, claro antecedente de la conspiración imperialista antiárabe que ya coleaba en aquellos lejanos tiempos[120]. Así pues, la conquista árabe no habría sido sino la restitución de la justicia histórica al volver Hispania a sus legítimos dueños en forma de liberación anticolonial y no mediante una campaña militar, sino por la gracia de una invitación (*da'wa*) a la conversión religiosa, de manera que la conquista (*fath*) de al-Andalus no constituiría una guerra expansionista de agresión a nadie sino un hecho glorioso que muestra la grandeza árabe: "...si los árabes hubieran vencido [en Poitiers] hubieran dominado la Galia y la Europa occidental y hubiera cambiado la faz de la historia, siendo el Corán y la lengua árabe lo que se enseñaría ahora en la Universidad de Oxford..."[121]. Si hubiera habido Universidad de Oxford, claro.

Podemos aducir ejemplos numerosos de este género, ya entre periodistas o publicistas de a montón, o entre historiadores y eruditos. El lec-

---

[118] Yadala, p. 97.

[119] Debemos significar de nuevo que "semita" es más una noción de comunidad lingüística que racial; o que los norteafricanos fueron considerados "árabes" sólo cuando ya estaba muy avanzado el siglo XX, sin embargo se los engloba por decreto entre los "árabes" como si hubieran formado parte de los mismos ya desde la Antigüedad precristiana.

[120] Sobre todo ello, véase M. de Epalza, "España y su historia vista por los árabes actuales", *Almenara*, 2, pp. 56-69.

[121] Ibídem, p. 69.

tor juzgará. Y casi nos limitaremos a presentar sus textos. Por ejemplo, traducimos —procurando pegarnos al texto lo más posible y sin apostillarlo— la visión que de Ibiza ofrece Gassan al-Juri [122]: "Llegaron los árabes [a Ibiza] en el año 902 de C. Y pese a la dominación de los castellanos (los españoles) sobre la isla en el año 1714, recuperó finalmente su aire y su cultura catalana que éstos habían sembrado cuando entraron en ella tras la salida de los árabes. Su denominación en lengua catalana (Eivissa) significa 'tierra del sol y de las fronteras de culturas complementarias'. Gracias al paso de todas estas civilizaciones por ella sus formas culturales se hicieron muy variadas, se enriqueció y creó una sociedad abierta que engloba islam y cristianismo, moderno y antiguo, alta civilización y sólido carácter beréber [...]. Ibiza fue en el pasado lejano un eslabón estratégico para el tráfico marítimo entre oriente y occidente, pues se halla, por ejemplo, más cerca de Argel que de Madrid. La mayor parte de sus habitantes son extranjeros. Alejandro el Macedonio ordenó en el año 711 a. C. [sic] conservar la isla de Ibiza y colocarla bajo el poder de la iglesia catalana de Gerona". Sin comentarios.

Pero un historiador —como tal se presenta—, Benaboud, marroquí, no desbarra con menos entusiasmo al ofrecer su propia visión y versión de la toma de Sevilla por Fernando III en 1252. Tras resistirse a considerar "conquista" esta operación militar [123], nos explica el disgusto de los historiadores magrebíes y andalusíes que la estiman una *injusticia* y califican a los reyes cristianos de modo negativo "pero no por ello dejan de ser buenos historiadores", aclaración muy útil, sobre

---

[122] Revista *al-Wasat*, 493, 9-15 de julio de 2001, pp. 46-47.
[123] Es obvio que el término *fath* está sacralizado entre los árabes hasta el ridículo y, por tanto, "conquista" es un concepto positivo sólo aplicable a las suyas, las de los demás son meras agresiones militares imperialistas, *vid*. Benaboud, p. 73. Más adelante insiste: "sería interesante examinar la terminología. Primero, Sevilla no fue conquistada por Fernando III como lo había hecho el ejército de Yusuf ibn Tashufin en el siglo XI, sino que se rindió después de un largo sitio y los habitantes entregaron la ciudad a los cristianos a cambio de unas condiciones de rendición. Segundo el ejército de Fernando III no era el único que forzó la rendición de Sevilla, porque lo hizo en coalición con el ejército nazarí. Por lo tanto no se trata exclusivamente de un conflicto entre musulmanes y cristianos" (ibídem, p. 75). Pero luego se contradice y afirma que los cristianos estaban realizando una cruzada, mientras los sevillanos aparecen como tiernos hippies, pacifistas consumados y, por supuesto, con derecho eterno a la tierra —como si no hubiese existido nunca la conquista islámica, la llamemos como la llamemos— víctimas de la *injusticia* (*sic*, p. 76) y enfrentados, muy a su pesar, a la "agresión castellana".

todo si va precedida de otra no menos luminosa: "se pueden considerar fuentes árabes [las andalusíes] porque fueron escritas en la [*sic*] lengua árabe, pero son muy diferentes a las fuentes árabes del Mashriq u Oriente". Con esta preparación podemos aprender a distinguir entre campañas militares buenas (la victoria de Zalaca en 1086 de Yusuf ibn Tasfin, por ejemplo) y malas (todas las de los cristianos), porque "los gobernantes musulmanes de al-Andalus y del Magreb no la veían así según los historiadores andalusíes y magrebíes. La motivación principal de estos gobernantes tal como la presentan estos historiadores se limitaba a conservar o incrementar el poder de los gobernantes musulmanes [¿?] [...] los sevillanos no estaban preparados militar, política y psicológicamente para hacer frente a tal agresión. La confrontación entre cristianos y musulmanes tampoco figuraba en su manera de pensar y planificar [...] los andalusíes habían vivido en paz y convivencia con los hebreos y los mozárabes y por lo tanto no dieron bastante importancia a dos factores tan fundamentales como el peligro ideológico católico ni la superioridad de la organización militar de los reinos cristianos..." [124]. Y persevera por el mismo camino, siendo las claves de su texto nociones como política anexionista, agresión militar, imposición del cristianismo, agresividad ideológica, agresión castellana, etc., referidas al lado cristiano, cuyo contrabalance viene de paz, convivencia, sociedad andalusí cívica [*sic*], superioridad cultural... Y si alguna reticencia o duda abrigábamos para salir de las tinieblas, el autor nos la disipa, porque el devenir histórico sólo es el resultado de la voluntad divina: "la incorporación de las ciudades musulmanas de al-Andalus al reino de Castilla fue dolorosa para los historiadores andalusíes y magrebíes, pero la aceptaron con resignación como deber religioso [...]. El destino de los pueblos es algo predeterminado y a pesar de que ciertas situaciones son muy difíciles de comprender o de aceptar, fueron decretados por Dios por razones que Él conoce. Por lo tanto, hay que aceptarlo con resignación. Sin embargo, los musulmanes que no siguen el camino recto pueden ser castigados por Dios pero también pueden ser castigados por Él en la tierra. Tal era el caso de los gobernantes de Sevilla antes de su incorporación al reino de Castilla" [125].

---

[124] Ibídem, p. 76.
[125] Ibídem, p. 77.

Respecto a los escritores puros del siglo XX, abordan el tema "español" según la línea y los condicionamientos que más arriba veíamos al mencionar a los ya lejanos embajadores del XVII y XVIII. La narrativa y la ensayística se ocupan poco proporcionalmente de España (y de al-Andalus) [126], quizá porque de por sí requieren mayores grados de verismo y dejan menos espacio a exaltaciones oníricas. La poesía se sirve de al-Andalus como catalizador de sus frustraciones actuales, de los mitos presentes y de la recreación de una imagen ideal que de sí mismos alimentan los árabes para no tener que enfrentarse a la autocrítica radical y descarnada que llevan muchos años necesitando y eludiendo. Para ello, nada mejor que acudir a *paraísos perdidos,* por culpa ajena, naturalmente. El complejo de inferioridad se refugia en el pasado glorioso y en las alusiones más fáciles al Guadalquivir, a personajes cuya reiteradísima mención aburre (caso del cantor Ziryab), a estandartes y águilas adjudicables a cualquier latitud y momento [127].

En cuanto a la España concreta que vemos a diario, sólo suscita invocaciones de una topicidad sonrojante, viniendo de escritores, y muy conocidos en algunos casos. Repetidos con plantilla el toro, el flamenco, ojos negros, guitarras de cuerdas febriles; don Quijote, por supuesto en un ruedo [128], cuya figura se utiliza sin profundizar más allá del caballejo y del nombre de Dulcinea, mero pretexto del autor para extenderse sobre sus fantasmas, que son muchos [129]; don Juan, empleado nominalmente para contar cosas que ninguna relación guardan con él ni con España, limitándose a poner nombres españoles a sus propias obsesiones [130]; y Lorca, mucho Lorca, mencionado más por su muerte que por su vida y por el conjunto de su poesía, que ni conocen ni parece fácil que entiendan, porque a este poeta muy poquitos árabes lo han leído en español y en profundidad: de él les basta el folclorismo más superficial recibido a través de traducciones fran-

---

[126] Hay excepciones, como 'Abd as-Salam al- 'Uyayli que adopta para relatos de viajes y narrativa, en la línea de vanagloria habitual, el pasado árabe de la Península que dice encontrar por todas partes. *Vid.* A. Ramos, *Croisement d'images*, p. 131.

[127] Sobh, *Divan*, p. 141; Bayati, *Gacela de al-Andalus*, trad. P. Martínez y R. I. Martínez, p. 21; Yaafar Meyid, *Poesía tunecina*, trad. J. Veglison, p. 203.

[128] M. al-Fayturi, *Gacela de al-Andalus*, p. 22.

[129] Naguib Surur, *Hacer imprescindible lo que es necesario*, pp. 19, 67, 69.

[130] Samih al-Qasim, *Gacela de al-Andalus,* p. 23.

cesas [131] y de ahí la fijación en el capítulo de su muerte. Sobre el uso y abuso de Lorca es modélico el tierno relato que recrea P. Martínez [132] a propósito de al-'Uyayli. Dando por buena la historieta del escritor sirio (cuestión en la que no entramos ni salimos), dice: "El español, que le encuentra a nuestro autor un raro parecido con Federico García Lorca [¿cómo no?], rememora su trágica muerte y le recita el romance de la muerte de Antoñito el Camborio. El sirio le corresponde, al enterarse de que es granadino, con la versión 'maalufí' [sic] del poema de Villaespesa. Siguió un profundo silencio, y aunque ninguno de los dos había entendido las palabras del otro, ambos habían experimentado una emoción similar". Seguro.

Nunca hemos creído que los árabes —ni como individuos, ni como sociedad tomada en su conjunto— sean más dados al llanto que cualesquiera otra comunidad humana: la genética no parece apuntar por ahí. Sin embargo, la explotación de las lágrimas, el lloro, las penas como recurso retórico supera las tendencias en ese sentido, más bien aisladas, de otras literaturas. Tal vez una cierta teatralización en el modo de entender y desarrollar las relaciones y manifestaciones humanas coadyuve a esas exageraciones de llantos inexistentes, una intencionada sobreactuación, en suma. No hay dique capaz de contener tantos versos lacrimógenos: "Vi a Boabdil llorando, aun, por las ruinas // como un niño cualquiera // pude ver algo así como dos lágrimas // y una mirada al cielo, implorando" [133]; "Yo, con pena, sentado en un rincón, // voy juntando mis lágrimas. // Voy juntando reliquias de los árabes" [134], "sobre Medina Azahara // Detente —me digo— a llorar estas ruinas: // Azahra sucumbió por la insania de los hombres // [...] Un ventarrón revuelto // que sopló del Norte // se tragó aquellas letras" [135]. En ocasiones, la

---

[131] "Los años han girado la página de Lorca / sin embargo yo lo veo / y oigo las balas en Madrid" (A. Qedidi, *Poesía tunecina contemporánea*, p. 202); "Lorca y una cita con el amor / Lorca lleva en sus ojos al mundo. / Lorca es un rostro que se desborda en la protesta / y son ojos en los que lloran los pobres de la tierra" (M. Luhaybi, *Poesía tunecina*, p. 209), "Así pues, expulsadme lentamente / y dadme muerte lenta / junto a Lorca / bajo este olivo mío" (Mahmud Darwis, *Tiempo de poesía árabe*, trad. N. Paradela, p. 117).

[132] P. Martínez, *Al-Andalus, España en la literatura árabe contemporánea*, p. 224.

[133] Sawqi Bagdadi, *Tiempo de poesía árabe,* trad. P. Martínez, p. 29.

[134] N. Qabbani, *Tiempo de poesía árabe,* trad. P. Martínez, p. 31.

[135] M. Sobh, *Divan antes, en, después*, Madrid, 2001, p. 127. Admitimos la licencia poética del "ventarrón del Norte" (si se refiere a todo al-Andalus), aunque Medina

nostalgia degenerada en lloros se reconduce al resentimiento: "[Toledo] Aquí la cúspide del alminar está cortada, // ¡Mi pena es por la cúspide del alminar! // En este lugar no se mató a los guardianes, // se dio muerte a toda una civilización" [136].

Tampoco son creíbles las interpretaciones, tantas veces ampulosas y grandilocuentes, de traductores y charlistas españoles sobre el encuentro de esos árabes con el todo o las partes de al-Andalus. Ciudad mágica, ensueño, transparente, pura y diáfana materialidad, contemplación exterior e interior, "memoria colectiva", ósmosis singular, visión taraceada, escenografía fantasmagórica e irreal... son algunos de los términos que P. Martínez dedica a la percepción de Granada por al-Bayati [137]. Por ejemplo. Pero como se da la circunstancia —no sabemos si feliz o infeliz— de que el autor de este libro acompañó en enero de 1973 al poeta iraquí en su primera visita a la ciudad, por nuestra parte preferimos —por ahora— dejar el asunto en un piadoso paréntesis escéptico con menos palabras huecas.

Los árabes no son los únicos aficionados al lamento, siquiera como táctica. Algunos arabistas —pocos, es de justicia reconocerlo— han adoptado el mismo tono admonitorio para fustigar a la sociedad española por el interés que dedica a los temas árabes, insuficiente a su juicio. Y, aun admitiendo que algo de cierto pueda haber, según los casos, tampoco debemos perder de vista que en nuestro país el ciudadano medio ignora casi todo en torno a casi todo, empezando por la propia cultura en cuanto rebasamos lo inmediato. No es un atenuante sino, quizás, lo contrario, pero sólo en ese contexto general de atonía entenderemos la cuestión, allende agravios verdaderos o falsos. No sería malo que los arabistas se interrogaran muy en serio acerca de sus propias acciones para dar a conocer cuanto hacen y valen, muy apreciable en numerosos casos, en vez de mantenerse al margen de la sociedad de la que viven, en una autosatisfecha clandestinidad erudita; o, en el extremo opuesto, embarcados en un propagandismo árabe o

---

Azahara fue arrasada por los mercenarios beréberes del ejército de Almanzor pero no deja de sorprender que en el texto, bilingüe, en la traducción castellana (p. 133) se omita la alusión a campañas de castigo por Castilla, Galicia y Portugal que sí aparece en la versión árabe.

[136] Yaafar Meyid, *Poesía tunecina*, p. 205.
[137] P. Martínez, *Al-Andalus, España...*, p. 207.

islámico que obvia la naturaleza misma de lo que se defiende: cualquier acto, palabras, gestos perpetrados por árabes o musulmanes, lo que sea, encuentra su inmediato y enfervorizado arabista español dispuesto a sostenella y no enmendalla, con apelaciones continuas a la ignorancia general sobre la materia y el derecho a opinar en exclusiva de los autoproclamados sacerdotes de esta peregrina religión. Los objetivos son lo de menos: la misma persona un día se aplica a publicitar al régimen de los ayatollahs iraníes y al siguiente al de Saddam Husein, su acérrimo enemigo. Por ahí no se llegará lejos, porque las admoniciones serán fácilmente digeridas en los medios de comunicación y sólo servirán para engrosar el caudal de átomos revueltos en el parque temático de la izquierda reaccionaria que nos aqueja, junto al multiculturalismo, la ecología, la antiglobalización y los complejos de culpas históricas de gentes que saben muy poquita historia.

Dicho lo anterior, comprobamos —de verdad— que televisiones, diarios, libros, manuales de enseñanza y —lo que es peor— simposios, jornadas, seminarios, mesas redondas de monólogo unidireccional, etc. están plagados de errores, tergiversaciones y dislates sobre los árabes en general y acerca de al-Andalus en particular (idéntica observación podrían hacer latinistas, físicos o americanistas, por ejemplo). Renunciamos a presentar una lista porque siempre resultaría incompleta, amén de que excesos e insuficiencias se dan tanto a favor como en contra. De todo ello, lo más resaltable es el vacío que están prestos a rellenar aguadores sin agua ni pozo de donde sacarla. Tras inventarse los "Juegos Olímpicos de Aben Humeya" en las Alpujarras, el castillo de Niebla "albergará las Veladas Andalusíes" [...] un programa de cenas amenizadas con música, danza y *teatro* [¿?] de al-Andalus"[138], un suma y sigue de montajes turísticos y comerciales que, en sí mismos, son inofensivos, pero que en el actual contexto de presión y propaganda proislámica rebasan lo meramente jocoso y lúdico y contribuyen a fundamentar ideas por completo equivocadas, como ese fantasmal *teatro* andalusí.

La preocupación por la penetración física, religiosa y económica del islam en Andalucía es un hecho comprobable leyendo la prensa diaria (menos en la radio y muy poco en TV, dada la política sistemáti-

---

[138] *ABC*, 7 de julio de 2002.

ca de no alarmar a la población), desde los ya lejanos rifirrafes de J. Anguita, alcalde de Córdoba, con el obispado de la ciudad en 1982 por la entrega de dos iglesias a la incipiente comunidad musulmana, hasta las tensiones con inmigrantes marroquíes en Almería o Huelva en los últimos tres años. El conflicto, larvado por ahora, sigue gestándose, mientras los poderes públicos adoptan la única política razonable —quizá, aunque las previsiones a medio y largo plazo brillen por su ausencia—, a saber: mantenimiento del orden y protección de todos los individuos y comunidades, misma actitud que se dio ante los innumerables choques habidos entre grupos religiosos en aquella "España de las tres culturas", de supuesta exquisita convivencia[139]. Llegados a este punto, cabe preguntarse, como en el título de este epígrafe: ¿Vuelve al-Andalus?

Quien conozca el sur de España sabe que, hoy por hoy, y a una larguísima proyección de futuro, la base social y cultural de la tierra es tan sólida y bien trabada que muy difícilmente puede tener éxito una intentona de ese género, por dilatados que sean sus pasos. Por su firme pertenencia al tronco común de España y, a través de él, a la civilización europea, latina y cristiana, imaginar una Andalucía islámica (¿por qué no también Levante, La Mancha, Extremadura y Aragón?) entra en el terreno de los sueños, pero la mera existencia de pretensiones en ese sentido, sí puede enturbiar no poco la convivencia (ésta sí de verdad) en el sur español. Los intelectuales árabes, de manera natural y ni siquiera censurable porque opinan y operan desde sus propios intereses, suelen entusiasmarse con aquellos escritores, sobre todo poetas, que más exaltan un andalucismo de charanga y pandereta, de tópicos atardeceres en el Guadalquivir y ensueños de jardines, pero más próximos —piensan— a su idea de una Andalucía árabe o islámica, como si esos poetas andaluces (por cierto, no los mejores), o políticos, o "fuerzas vivas" (de todo hay) de la época franquista hubie-

---

[139] Por ejemplo: "entre la morería y la ciudad existieron conflictos concretos y puntuales, incluso verdaderos problemas de convivencia, como demuestran los intentos de asalto de 1391 y 1399. La actitud de las autoridades municipales y reales, por parte cristiana, estuvo siempre del lado del mantenimiento del orden, así como la protección y el respeto de la morería y sus habitantes, fuesen 'tesoro real o no' [...] tras el asalto a la judería (1391), la morería sufrió serias amenazas de asalto, que no llegaron a concretarse por la rápida reacción de las autoridades" (Ruzafa, p. 172).

ran vivido el más mínimo deseo real de rearabizar la tierra: su desinformación no llegaba a tanto. Ahmad 'Abd al-'Aziz [140] cree descubrir un sentimiento de *patria andaluza* —que le encanta— en Romero Murube a través de sus nostálgicos versos por la naturaleza, o en los árboles carcomidos, la luna y los baños en el Río de Ricardo Molina [141]. Se toman en serio exaltaciones como la de Fermín Requena [142]: "[Muhammad ibn al-Ahmar] dando a su estado por capitalidad la bella, la gentil, la sin igual ciudad de Granada, linda sultana recostada sobre las históricas colinas de la Alhambra y del Albaycín, la que, extendiéndose voluptuosa para admirar su hermosura en el límpido espejo de su vega dilatada, recoge las amorosas endechas del Genil y del Darro, a la par que se siente amorosamente protegida por los agrestes picachos del Veleta, Mulhacén y Alcazaba, guerreros ingentes coronados por el blancor de la nieve, en su guardia constante y alerta sobre el horizonte dilatadísimo del más azul y diáfano cielo andaluz".

Los apologistas a ultranza de al-Andalus son numerosos, propugnen o no más o menos veladamente su resurrección (incluidos algunos arabistas, lo cual no tiene nada de sorprendente) y, como más arriba veíamos, la idea del *paraíso* se repite de modo acrítico [143] pero masivo. En esa idealización incurren también historiadores y cronistas locales [144], como el precitado F. Requena, pero también escritores y políticos, como A. Gala y B. Infante. Sin reiterar aquí nuestras observaciones acerca de la obra *El manuscrito carmesí* del primero [145], quizás

---

[140] *Al-Andalus fi -s-si'r al-isbani ba'd al-harb al-ahliyya*, El Cairo, Maktabat al-Anglo al-Misriyya, 1989, pp. 25-27.

[141] Ibídem, p. 49.

[142] *Madina Antakira*, p. 65.

[143] *La España árabe. Legado de un paraíso*, obra de I. y A. Von der Ropp, M. Casamar y Ch. Kugel, Madrid, Ed. Casariego, 1990.

[144] Cabrillana, *Almería morisca*, pp. 167 y 227. Canto al funcionamiento benéfico y caritativo de las fundaciones de las mezquitas en contraposición al de las instituciones católicas que, parece deducirse, nunca han practicado tales virtudes. El tono quejumbroso y la toma de partido incluida es habitual en esta clase de enamorados platónicos del pasado morisco, cuya ignorancia —por ejemplo de la lengua árabe— viene bien documentada por las patéticas transcripciones (*mohajerin*, p. 167; Keir ad-Din, p. 172: *maghzen*, p. 184, etc.), en armonía con las faltas de ortografía que hermosean la obra —erratas, suponemos— y materia de reflexión, por venir en una publicación de la Universidad de Granada.

[145] *Al-Andalus contra España*, pp. 107-108.

sí valga la pena retomar algunos párrafos expresivos del pensamiento —suponemos— del escritor: "...el paraíso anhelado que Castilla soñó con depredar y acabó depredando [...]. Pasó de ser el ornato del mundo a ser una mendiga: la madre de los pícaros. Pasó de la civilización más refinada al analfabetismo más hiriente [...]. Pero cantando, mientras el aire, leve, movía los olivos de su paisaje, que la luna blanquea porque lo acaricia y el sol porque lo lame [...]. Aquella unidad de España fue imaginaria siempre: una unidad *impuesta* sobre la base de una religión, también impuesta, en Andalucía sobre todo"[146]. Fragmentos que patentizan no sólo inexactitudes manifiestas (como identificar al-Andalus con Andalucía o insistir en la idea del *paraíso*), sino también una voluntad persistente de explotar el victimismo, lamentándose y recriminando por problemas comunes a todas las regiones españolas, como si alguna se hubiera salvado del oscurantismo, la censura o el aplastamiento de los medios oficiales durante el franquismo. Pero en lo referente a Gala y a sus loas a al-Andalus, suscribimos plenamente el comentario que merece al historiador M. González Jiménez, en especial en cuanto al calco de al-Andalus en que convierte a Andalucía: "La gente que le lee aprende del historiador Gala que la reconquista 'no fue ningún regalo' para los andaluces, sino por el contrario 'el más grave cataclismo: la pérdida de sus características diferenciales y la pérdida de la propiedad de sus tierras, distribuidas desde entonces tan injusta como empobrecedoramente'. Pérdida de sus *características diferenciales:* no se podía haber expresado con más contundencia la identificación entre Andalucía —la de hoy, la de ayer y la de siempre— con al-Andalus, como referencia paradigmática del 'ideal andaluz', un al-Andalus, en definitiva, concebido como añoranza o como paraíso perdido"[147].

Diferente y más grave, por la trascendencia política que ha adquirido en la actualidad, es el caso de los pinitos pseudohistóricos de Blas Infante, personaje cuyo trágico asesinato no puede obnubilarnos hasta el extremo de dar por buenas como dogmas o palabras divinas sus ocurrencias, fruto de una información más que deficiente y unos fer-

---

[146] A. Gala, *Prólogo a un Congreso de Cultura Andaluza*, Congreso de Cultura Andaluza, Sevilla, 1978.
[147] M. González Jiménez, "Los mudéjares andaluces (siglos XIII-XV)", *Actas del V Coloquio Internacional de Hª Medieval de Andalucía*, p. 539.

vores andalucistas paralelos a las paranoias esencialistas de Sabino Arana. En descargo de Infante puede aducirse que el aplastamiento económico y social de Andalucía a principios del siglo XX era una realidad lacerante, en tanto el caso vasco era diametralmente opuesto, pero eso no justifica distorsiones históricas como culpar a los "germánicos". En *Andalucía desconocida* [148] esgrime un etnocentrismo insostenible en el plano racional, así como una idealización —que rebasa cualquier límite imaginable— en cuanto atañe al *ser* de Andalucía, en abstracto y en estado puro, como si eso existiera en algún lugar, y dando por hecho que *los andaluces* de ahora (*los verdaderos,* claro) son los mismos *de siempre,* desde los tartesios, y reduciendo la relación con el exterior a resistencia (si se trata de "germánicos" y "cristianos") o a identificación plena, cuando el aludido es musulmán. No vamos a entrar en la crítica a fondo de las interpretaciones históricas de B. Infante, que se critican solas, pero sí hemos de mencionar su pretensión de circunscribir la auténtica Andalucía a su etapa histórica islámica, lo cual —como mínimo— es un abuso que desconoce y desprecia cuanto antes se hizo y recibió de fuera (el espléndido y larguísimo período romano debería a "Andalucía" lo mejor de su cultura, nada más: cf. con la afirmación de Gala de que "Andalucía le dio al islam los mejores escritores, etc.") en unos términos de desmesura a nuestro juicio indefendibles, si no es por políticos de catecismo y letanía. Pero, además, tergiversa y desdeña todo lo ocurrido desde 1492, como si los últimos cinco siglos no hubieran determinado la actual configuración de la tierra más que todos los anteriores; como si su nacimiento como entidad diferenciada no partiera del siglo XIII, tras la Reconquista; como si sus numerosas maravillas renacentistas, barrocas y neoclásicas de arquitectura mayor y menor no fuesen verdaderamente andaluzas; como si la fe religiosa, con sus múltiples ramificaciones, de la inmensa mayoría de la población fuera algo despreciable y ajeno que habría que barrer para retornar a la *libertad;* como si, en suma, el estilo, el concepto, el comportamiento ante la vida de los andaluces tuviera algo de islámico por algún rincón.

Pero la exaltación irredenta lo mismo le lleva a asegurar que los habitantes de este territorio "cultivan el arte desinteresadamente, sin fi-

---

[148] Sevilla, 1980.

nalidades prácticas, mágicas o de conjuro" desde la Edad del Bronce, que a dar crédito a la leyenda de Rodrigo, según la cual Witiza ordenó convertir las armas en aperos de labranza y derribar las fortificaciones. No son edificantes sus apelaciones a "la sangre andaluza" que correría por las venas de los hijos de Witiza, o a "los pueblos rurales andaluces quedan ahí, plenos de la raza pura, mientras que las ciudades se llenaban de gente extraña. Andalucía no se fue. Quedó en pueblos esclavizada en su propio solar [...] del pueblo morisco, del pueblo jornalero, del verdadero pueblo andaluz, creador de las culturas más intensas de Occidente".

Dejando de lado esa confusa amalgama de raza y cultura de que adolecen los escritos de B. Infante, o la tranquilidad con que soslaya que Andalucía como tal es una creación de los cristianos a partir del siglo XIII, limitada al Valle del Guadalquivir y no por una unidad geográfica ni cultural previas [149], reproducimos su versión de la Andalucía musulmana; y esperamos que nadie se ofenda por ello (lo dice B. Infante, no el autor):

"Andalucía les llama [a los musulmanes]. Ellos recelan. Vienen: reconocen la tierra y encuentran a un pueblo culto atropellado, ansioso de liberación [...]. Concluye el régimen feudalista germano. Hay libertad cultural [...]. Poco después Andalucía se alza contra el Emperador árabe occidental. *Elige*[150] a un príncipe omeya. Por fin vuelve a ser libre. Al-Andalus, ¡Andalucía libre y hegemónica del resto peninsular! [...]. En Andalucía todo el mundo sabía leer y escribir [...]. No puede llegar a existir una economía social que asegure mayor fuente de bienandanza. Los más deliciosos frutos estaban de balde [...]. Andalucía canta; y su música se propaga deleitando a todos los pueblos del continente. Pero Europa tiembla de envidia; se consume de rencores. Ella es cristiana, Andalucía, con nombre islámico, *es librepensadora* [...]. Todos sus grandes hombres, teólogos, filósofos, médicos, poetas, son discípulos de Andalucía. Pero *la odian.* ¡No es cristiana!

---

[149] Ladero Quesada, *Los mudéjares de Castilla,* p. 222. A mayor abundamiento, la conciencia de que el Reino de Granada era otra entidad política nos la documenta un gran número de escritos en contextos muy claros: desde Mármol (*Rebelión*, Libro I, cap. XXV, p. 155; ibídem, Libro VI, cap. XXVII, p. 277) o el *Epistolario* del conde de Tendilla (p. 126) hasta viajeros foráneos como R. Twiss (*Viaje por España*, p. 175).

[150] Las cursivas de este párrafo son nuestras (S. F.).

Los bárbaros expulsados por el auxilio árabe, con la colaboración de Europa entera, vienen otra vez *contra nosotros*. ¡Las cruzadas! El robo, el asesinato, el incendio, la envidia destructora, presididos por la cruz. Nos quitan *nuestros* territorios peninsulares". Ante tal avalancha de exageraciones y demasías ¿cómo explicar que Andalucía, ni en el plano ideológico, lo que menos necesita son mitos chovinistas para enfrentarse con murcianos, manchegos o extremeños o, incluso, con los habitantes de sus ciudades? ¿Cuándo se van a poner en práctica las mejoras económicas, sociales y culturales —ahora en manos de la flamante Autonomía andaluza— que erradiquen por sí mismas esta sarta de despropósitos? Y dada la gazmoñería políticamente correcta de la progresía ¿será preciso aclarar que no hay animosidad ninguna, sino más bien lo contrario, al recordar estos escritos de B. Infante?

A nuestro modo de ver, es una obviedad que el *ser* de cualquier entidad política se basa en la suma de todas sus etapas, y en el caso andaluz también del período islámico, por supuesto. Pero la cuestión es analizar y dilucidar qué elementos aislados o de conjunto se han integrado y sobrevivido en las sociedades resultantes y en qué proporción actúan en sus conductas y grandes concepciones. No repetiremos aquí argumentos expuestos en *Al-Andalus contra España*[151] y a ellos nos remitimos al afirmar que, fuese de quien fuese *la culpa* (si es dado hablar de culpas), en la visión global de los entes históricos denominados "España" y "Andalucía" las pervivencias islámicas o árabes son escasas, lo cual no constituye un juicio de valor sino el reflejo de una realidad, ni buena ni mala. Sin embargo, la obstinación, incluso erudita, no renuncia a sus sueños, por contraproducentes que puedan ser para la sociedad actual. La observación de realidades contemporáneas no les conmueve, limitándose a cargar, como en el caso español, toda la responsabilidad de un lado (el nuestro, desde luego), cuando el panorama de convivencias imposibles en la práctica se torna insoportable. El largo reguero de confrontaciones que soporta el mundo actual en que están involucrados musulmanes —estadísticamente documentado por Huntington en proporciones muy serias— les trae sin cuidado, e insisten en inventar la inexistente convivencia modélica del pasado, pero como los hechos son testarudos la escapatoria busca siempre la

---

[151] Sobre supervivencias culturales en Andalucía, véanse sobre todo pp. 118-187.

misma salida: si no hubo compenetración fue responsabilidad única de la parte cristiana, lo cual es sólo una parte de la verdad. En una notable obra[152], el profesor M. Barrios persiste en esta visión parcialísima de lo sucedido en la Granada del siglo XVI. De nada vale su declaración retórica final de querer mantener una saludable equidistancia entre "mito orientalista" y "negación del otro" si en las quinientas páginas precedentes se ha esforzado —mucho y bien— en un sentido ya marcado por el mismo título del trabajo. Pero un libro por estar bien planteado y desarrollado —y por mucho que apreciemos su valor informativo— no nos obliga a creerlo a pies juntillas, sobre todo si está trufado por doquier de juicios morales contra unos —seguramente merecidos— y exculpaciones u ocultamiento de las responsabilidades de los otros (la sesgada exposición hasta de los mártires de la Alpujarra es significativa: moriscos disculpados por sus padecimientos anteriores, cristianos sin excusa posible ya que carecen de otro móvil que la codicia, la venganza y el fanatismo, eso cuando no están exagerando) y si la documentación presentada lleva el agua siempre al mismo molino. Insistir en los cantos al mestizaje cuando no hubo tal, desconoce: 1) que la simultánea terquedad de los cristianos (de la que sí se habla con profusión) por absorber a los vencidos corrió pareja con la contumaz negativa de los moriscos a integrarse en modo alguno, ni siquiera superficialmente, fuera de excepciones aisladas; y 2) en especial no se contempla la circunstancia capital de que, de haberse dado el mestizaje a gran escala, el choque habría sido imposible, por falta de base social para la confrontación, por mucho que lo hubiesen intentado los poderes políticos y el bajo clero.

Y, hoy como ayer, la pregunta es la misma: ¿es posible la convivencia multicultural, ya que la reconstitución pura y dura de al-Andalus parece una quimera? En la inteligencia de que la situación presente difiere de manera sustancial en cuatro aspectos de la que existía en el siglo XVI: la sociedad española no pretende imponer nada a nadie; los musulmanes en presencia no son autóctonos sino recién llegados; el sistema constitucional y jurídico, en términos generales, garantiza la libertad de cultos, opinión y conductas privadas que respeten el Códi-

---

[152] M. Barrios Aguilera, *Granada morisca. La convivencia negada*, Granada, Comares, 2002, pp. 556-557.

go Civil y el Código Penal; y no se da una campaña de guerra ideológica, como antaño, contra el islam sino todo lo contrario. Pero para conseguir una armonía y coexistencia no sólo aparente sino real, es preciso que los venidos de fuera —sea cual sea su procedencia— asuman la participación sincera en los asuntos e intereses generales de España, que los consideren como propios por encima del credo religioso que practiquen (es evidente que en cualquier contencioso actual entre Suecia y España la pertenencia al catolicismo o al protestantismo de ambos países ni se menciona), sin encerrarse en guetos, ni mantener una actitud permanente de despego y reticencias hacia la sociedad mayoritaria. Que una carnicería (no estamos inventando: tal carnicería existe) se anuncie en su rótulo comercial como "Alimentación Oriental", en la versión castellana y como "Carnicería islámica de los árabes. Carne lícita" en la árabe, puede parecer irrelevante pero también puede responder a una actitud de ocultación y enmascaramiento, sin presentar siquiera las cosas como son, aunque nadie vaya a discutir a los musulmanes su derecho a consumir la carne como les venga en gana.

Como G. Sartori, no damos por hecho que la cultura de los inmigrantes musulmanes se integrará en la nuestra de forma natural, sino que consideramos la posibilidad contraria y por lo tanto debemos reforzar los valores filosóficos, éticos y políticos de nuestra civilización: sólo así se iría consiguiendo una adscripción voluntaria, aunque lenta, de los inmigrantes a los valores democráticos. La etnización, el fideísmo, el gueto y la escuela islámica serían el corolario final e irremediable, de continuar la línea actual de favorecer el multiculturalismo y, en la práctica, la automarginación. La escuela laica (sin tolerancia ni tratos de favor para nadie por peculiaridades pintorescas) ha de ser el instrumento central y el punto de arranque de la inserción social de los venidos de fuera, aunque la beatería y simpleza habituales en el pensamiento débil propugnen una sobreprotección que no es seguro quieran, en todos los casos, ni siquiera los mismos inmigrantes. Por tanto, políticos y sociólogos, si realmente desean colaborar, deben abstenerse de practicar la ética de las intenciones y centrarse en una ética responsable atenta a los resultados que provocan sus buenos deseos: dificultar a medio plazo la integración social y cultural de los inmigrantes, situación de la que ellos mismos serán las primeras víctimas.

También refleja la preocupación por la llegada de foráneos Oriana Fallaci. En su valiente y mal comprendido libro *La rabia y el orgullo* (en que ataca más a los italianos que a ningún otro grupo humano) denuncia problemas muy concretos en buena medida extrapolables a España, acumulando ejemplos directos y visibles (y por tanto, molestísimos) y experiencias extraídas de su propia vida (capítulo en el cual nadie puede tildarla de ignorante), el famoso *testimonio personal* de que tanto se habla y tan poco se practica. Tal vez la virulencia y estilo fulminante con que se produce irriten a tartufos y beatas, aunque después no titubeen en perseguirla en su estela para beneficiarse de su nombre, pero, en cualquier caso, sus preguntas apuntan al corazón del conformismo occidental (español, no digamos) —tan proclive a la inhibición so capa de respeto a las diferencias, tan querencioso por la distracción frívola y los complejos de culpa— ya sea su interpelación al Papa a propósito de que éste pidiera perdón a los musulmanes por las Cruzadas, cuando éstos nunca se lo han pedido por apoderarse del Santo Sepulcro o de la Península Ibérica, o en torno a riesgos nada imaginarios de nuestra contemporaneidad[153].

DESCANSEMOS DEL BUEN SALVAJE

En modo alguno consideramos ni al individuo ni al colectivo humano autodenominado "árabe" partícipe de las características del

---

[153] "...Una guerra que puede ser [¿puede ser?] que no aspire a conquistar nuestro territorio, pero mira a la conquista de nuestras almas. A la desaparición de nuestra libertad, de nuestra sociedad, de nuestra civilización. Es decir, al aniquilamiento de nuestra manera de vivir o de morir, de nuestra manera de rezar o no rezar, de pensar o no pensar. De nuestra manera de comer y beber, de vestirnos, divertirnos, informarnos [...] ¿No comprendéis que los Osama Bin Laden se creen verdaderamente autorizados a mataros porque bebéis vino o cerveza, porque no lleváis la barba larga o el chador o el burkah, porque vais al teatro y al cine, porque escucháis a Mozart y canturreáis una cancioncilla, porque bailáis en las discotecas o en vuestras casas, porque miráis la televisión, porque lleváis minifalda o pantalones cortos, porque en el mar o en la piscina estáis desnudos o casi desnudos, porque jodéis cuando y donde y con quien os da la gana?" (*La rabia y el orgullo*, pp. 84-85).

Buen Salvaje, ese ente ideal e idealizado desde el siglo XVIII e inencontrable en ninguna latitud ni momento. Está fuera de discusión que la árabe es una gran civilización, extraordinariamente compleja y de larga vida, y por consiguiente sus integrantes no gozan ni sufren de las supuestas virtudes del hombre en estado puro, tal como lo imaginaron los escritores de ese siglo, aunque el mito tuviera antecedentes como *El filósofo autodidacto* de Ibn Tufayl, *El criticón* de Gracián o *El Aventurero Simplicissimus* de Grimmelshausen. Sin embargo, el hombre occidental, desde que cobró conciencia global de su propia superioridad hegemónica en el planeta —precisamente desde la Ilustración— también adquirió la sospecha o el convencimiento de sus insuficiencias, de la necesidad de *creer* que *otro mundo era posible* (nada de sorprendente tiene que ése sea el lema del movimiento antiglobalización actual que, de hecho, pretende repetir convulsiones muy viejas), allende su cotidianeidad material, tantas veces insatisfactoria. De ahí vino la consagración del pasado como arquetipo, dentro de una misma sociedad o la búsqueda fuera de ella de personas no contaminadas por el desarrollo técnico, la maquinización o las corruptelas de las comunidades civilizadas. A continuación, con el avance de las comunicaciones y el contacto con pueblos antes ignorados o poco conocidos, comenzó una era de descubrimientos idealizantes que aún no ha cesado, desde *Cándido* hasta la fe en el presente Tercer Mundo como salvador de la Humanidad[154]. Nada de ello tiene otra base sino la buena voluntad del buscador, cuando la hay: a veces es mera desorientación o procura de pintoresquismo. En palabras de E. Frenzel: "El salvaje noble es un hermano menor del pastor arcádico. La concepción de la edad de oro ha producido también en el salvaje noble, aunque algo menos directamente que en los habitantes de la Arcadia, una figura poética [...]. El origen de la concepción del salvaje noble es el malestar por la civilización mezclado de una especie de sentimiento de culpabilidad

---

[154] "Aquellos intelectuales que en el saddamismo y en la posición antioccidental de los fundamentalistas islámicos ven 'una sublevación del Tercer Mundo contra el dominio occidental' están cegados por su propio desconocimiento. Estos círculos aún no saben que la fantasía del Tercer Mundo en tanto perspectiva emancipatoria es un mero *desideratum*; les parece sospechoso defender los valores de la civilización occidental, de la libertad individual y de las normas de la ley de gentes" (Tibi, p. 99).

y que atribuye a los hombres primitivos, aun no tocados por las conquistas y los perjuicios del progreso, una manera de vivir más feliz y también moralmente mejor. Pretende sustituir los órdenes políticos y morales por el impulso humano primitivo, incorrupto, que en cada caso siente y efectúa lo correcto"[155].

Pero a los bien intencionados occidentales —que no sufren a largo plazo y en profundidad todas las bondades que adjudican a esos hombres puros— no les preocupa la irrealidad de su esfuerzo, les basta con hacerlo, para seguir con el sueño de un mañana utópico, algo que, por cierto, es ajeno al objeto de sus filias, el Buen Salvaje. Todo esto es de una obviedad aterradora y hasta algo sonrojante, empero, generación tras generación, se siguen reiterando idénticos esquemas y mecanismos. Más arriba aludíamos a la investidura con los ornatos del Buen Salvaje de los españoles del siglo XIX por parte de viajeros y escritores europeos; y también recordábamos de pasada la misma caracterización de los *moros,* obra de novelistas y antropólogos románticos. En uno y otro caso la pretensión es descabellada, pero cumple su función de vía de escape para las propias frustraciones. Y ese mito, el del Buen Salvaje, va indisolublemente ligado a otros dos no menos engañosos: el del *Paraíso Perdido* y el judeocristiano de la expiación de la culpa por el *Pecado Original.* La Arcadia feliz —idea común a muchas sociedades— en que se concreta la ilusión de un estado primigenio de felicidad perdida, etapa de inocencia, Edad de Oro o Paraíso al que se retornará, pues las esperanzas y sueños futuros ganan mayor fuerza si se trata de volver a algo que alguna vez se tuvo aunque se perdiera. Desde los clásicos —empezando por Hesíodo— se fue desarrollando la creencia en un edén (no otra cosa muestra el *Génesis* con la historia de Adán y Eva) del que fuimos expulsados; así aparece como motivo recurrente el país de Jauja en comedias antiguas, y así lo prohijan, con sus deliquios de amor perfecto entre pastores, Teócrito y Virgilio *(Bucólicas),* contrapunto de la cruda situación política y social coetánea; Horacio y Ovidio completaron el complejo de motivos útil para oponer al presente, para negarlo y refugiarse en un mundo ideal. Después el cristianismo, al adoptar el mito judío del paraíso, proyectó hacia el futuro el reino

---

[155] E. Frenzel, *Diccionario de motivos*, p. 313.

de paz y felicidad que vendrá con la consumación de los tiempos. Mitos son y en tal se quedan, pero a al-Andalus le cayeron todas las papeletas de la rifa: la expiación de la culpa de sus gobernantes (*vid. supra* el texto de Benaboud) conduce a la pérdida del Paraíso, cuyos habitantes, sin embargo, disfrutaron de unas envidiables felicidad, bonanza y cultura; y el ciclo se cierra con las pretensiones de su recuperación. Bernard Lewis describe bien el panorama, refiriéndolo a todo el mundo del islam: "la otra imagen, casi igualmente absurda, es la de la unión en la fe; una utopía interracial en la que hombres y mujeres pertenecientes a distintas razas, que profesan diferentes credos, conviven en una edad de oro de armonía perfecta, disfrutando de iguales derechos y oportunidades y trabajando juntos sin descanso por el progreso de la civilización" [156], pero también sabemos que nociones como tolerancia e intolerancia son bastante recientes y que su origen es occidental y no islámico y la misma Europa cristiana ni practicaba la tolerancia ni censuraba a los demás por no hacerlo. No se atacaba al islam por sus métodos de imposición violenta, pues eso se consideraba normal, sino porque su doctrina era falsa a ojos de los cristianos.

Los intentos de acercamiento doctrinal pacífico por parte cristiana son antiguos, en tanto los musulmanes brillan por su ausencia, pero esto no significa mayor bondad del lado cristiano, pues —como puso de relieve D. Cabanelas, a propósito de la obra de Juan de Segovia, escrita a raíz de la caída de Constantinopla en manos de los turcos— los pasos de aproximación sólo buscaban una finalidad proselitista, la conversión de los infieles, a los cuales se podría sacar de su error mediante una labor misional que incluía el aprendizaje del árabe y de los fundamentos de la fe islámica y de la creación de un clima de concordia que condujera a la discusión pacífica y respetuosa de los puntos de convergencia, pero siempre con el objetivo final de cristianizar al contrario. Los escuálidos resultados en Granada de fray Hernando de Talavera liquidaron esa vía, que reapareció esporádicamente y así sigue, como veíamos más arriba en el cap. 2 al referir las nulas conclusiones del "Encuentro de las tres grandes religiones" (Córdoba, 1998). Los musulmanes a este respecto tienen las

---

[156] B. Lewis, *Los judíos del islam*, pp. 13-14.

cosas más claras: su objetivo, naturalmente, es la islamización universal, sin fisuras y sin discusión doctrinal o dogmática alguna, y sólo por cortesía o como gesto propagandístico acuden a este tipo de eventos, por lo general patrocinados y organizados por cristianos, y en ningún modo admiten discutir en pie de igualdad lo que consideran la verdad —es decir, la suya— cotejándola con los errores ajenos, lo cual da origen, se diga o no, a la división del mundo en dar-islam (morada del islam, de la sumisión, de la paz e inviolable) y *dar al-harb* (casa de la guerra) que son los territorios aún no sometidos a esa fe [157].

Traemos a colación este recordatorio religioso porque el mundo en que vivimos anda sobrado de mitos y falto de claridad sobre los fundamentos de las relaciones a gran escala entre las comunidades humanas; y el mundo occidental (si existe tal cosa, y es muy posible que sí) arrastra unos complejos de culpa —ajenos a los demás— que lo maniatan y atormentan en el plano moral y esterilizan buena parte, incluso, de las acciones positivas que podría desarrollar, no como restitución de agravios y abusos (reales e irreales, de todo hubo y hay), ni por sentimientos caritativos o paternalistas, sino por simple solidaridad humana. Mucho se está haciendo pero, sin abandonar los intereses de los estados fuertes o de las multinacionales, al tiempo se sufre una parálisis por motivos de imagen —para el consumo interno en las sociedades occidentales— que lastra y acaba imposibilitando las actuaciones políticas, económicas y hasta militares que resultan necesarias para promover cambios imprescindibles que dignifiquen y faciliten la prosperidad del Tercer Mundo.

---

[157] "[*Dar al-harb*] recibe este nombre porque entre el reino del islam y los reinos de los no creyentes hay un estado de guerra perpetuo, obligatorio y canónico que continuará hasta que el mundo entero acepte el mensaje del islam o se someta al gobierno de sus portavoces" (Lewis, *Los judíos del islam*, p. 32).

El sirio B. Tibi aclara algunos conceptos: "Los fundamentalistas argelinos contaron a esos periodistas occidentales el cuento de que ellos querían la democracia, pero al mismo tiempo publicaron en sus diarios árabes que entendían la democracia como un *kufr* (falta de fe) [...]. Si la democracia no es sólo la formalidad de ir a las urnas para dar así el poder a una mayoría numérica, sino una cultura política de la tolerancia, de la pluralidad y del trato discursivo con los adversarios políticos, hay que preguntarse si el fundamentalismo islámico en Argelia y otros lugares hubiera podido contribuir a una cultura de esta índole" (Tibi, p. 156).

Nunca existió el Buen Salvaje, en al-Andalus tampoco, y aunque el islam lo perdió jamás fue paraíso de ningún género. Y si los musulmanes de Hispania cometieron pecados que debían expiar es materia para la reflexión de sus correligionarios de hoy, que no descendientes. Reflexionen, pues, y no nos involucren en sus frustraciones y fracasos: suyos son en primer término.

BIBLIOGRAFÍA DE REFERENCIA

CAPÍTULO 1

Alemán, M., *Guzmán de Alfarache*, Barcelona, Bruguera, 1982.
Asín, M., *Vidas de santones andaluces (Epístola de la santidad)*, Madrid, 1933.
Al-Bagdadi, *Mujtasar kitab al-farq bayna al-firaq*, Revisión P. Hitti, El Cairo, 1924.
Castro, A., *La realidad histórica de España*, México, Porrúa, 1954 [cuarta edición, México, 1971].
Chelhod, J., "Le mariage avec la cousine parallèle dans le système arabe". *L'Homme*, V, 1975, pp. 113-173.
Fanjul, S., "Mujer y sociedad en el Ta'rij al-Mustabsir de Ibn al-Muyawir". *Al-Qantara*, VIII, 1987.
—, "Música y canción en la tradición islámica". *Anaquel de Estudios Árabes*, IV, 1993, pp. 53-76.
García Gómez, E., *Poemas arábigoandaluces*, Madrid, Espasa-Calpe, 1959.
—, *Cinco poetas musulmanes*, Madrid, Espasa-Calpe, 1959.
Goldberg, S., *La inevitabilidad del patriarcado*, Madrid, Alianza, 1976.
Guichard, P., *Estudios sobre historia medieval*, trad. E. J. Verger, Valencia, 1987.
Ibn 'Abdun, *Sevilla en el siglo XII. El Tratado de Ibn 'Abdun*, trad. de E. García Gómez, Madrid, Moneda y Crédito, 1948.
Ibn Battuta, *A través del Islam (Rihla* de Ibn Battuta), trad., introd., notas e índices de S. Fanjul y F. Arbós, Madrid, Alianza, 1987.
Al-Ibsihi, *al-Mustatraf fi kulli fann mustazraf*, El Cairo, 1965.
Inca Garcilaso de la Vega, *Comentarios Reales*, II vols., Lima, FCE, 1991.
Lévi-Provençal, E., *La civilización árabe en España*, Buenos Aires, Espasa-Calpe, 1953.
Pasamonte, J. de, "Vida y trabajos de —", en *Autobiografías de soldados. Siglo XVII*. Madrid, BAE, 1956.
Pellat, Ch., "Les esclaves chanteuses", *Arabica*, IX, 1962.
Ribera, J., *Disertaciones y opúsculos*, II vols. Madrid, 1928.

Sánchez Albornoz, C., *Españoles ante la historia*, segunda edición, Buenos Aires, Losada, 1969.
—, *La España musulmana*, II vols., tercera edición, Madrid, Espasa-Calpe, 1973.
—, *El Islam de España y el Occidente*, Madrid, Espasa-Calpe, 1974.
Sánchez Ferlosio, R., *Esas Yndias equivocadas y malditas*, Madrid, Destino, 1994.
Saramago, J., *O ano da morte de Ricardo Reis*, Lisboa, Caminho, 1984.
Solano, F. de, *Documentos sobre política lingüística en Hispanoamérica, 1492-1800*, Madrid, CSIC, 1991.
Villalón, C. de, *Viaje de Turquía*, Madrid, Espasa-Calpe, 1965.
Watt, M., *Hª de la España islámica*, Madrid, Alianza, 1970.
Al-Yahiz, *Libro de los avaros*, trad., introd., notas e índices de S. Fanjul (con la colaboración de A. Sánchez), Madrid, Editora Nacional, 1984.

CAPÍTULO 2

Abd ar-Raziq, *La femme au temps des mamlouks en Egypte*, El Cairo, IFAO, 1973.
Alfonso X el Sabio, *Las Siete Partidas*, [Salamanca, 1555] Madrid, BOE, 1985.
Alí Bey, *Viajes por Marruecos*, trad. S. Barberá, Madrid, Editora Nacional, 1985.
Arié, R., "Le costume en Egypte dans la première moitié du XIXe siècle", *Révue d'Etudes Islamiques*, 36, 1968.
—, *La España musulmana*, vol. III de *Hª de España* de M. Tuñón de Lara, Barcelona, Labor, 1984.
Asín, M., *Abenhazam de Córdoba (Fisal)*, Madrid, 1929.
Baer, I., *Hª de los judíos en la España cristiana*, II vols., Madrid, Altalena, 1981.
Branco Chaves, C., *Os livros de viagens em Portugal no século XVIII e á sua projecção europeia*, Amadora, 1977.
Burton, R., *Las montañas de la Luna. En busca de las fuentes del Nilo*, Madrid, 1993.
Cancionero castellano del s. XV, II vols., Madrid, 1912.
Cardaillac, L., *Moriscos y cristianos. Un enfrentamiento polémico (1492-1614)*, México, FCE, 1979.
Caro Baroja, J., *Los pueblos de España*, Barcelona, 1946.
—, *Los moriscos del reino de Granada*, Madrid, Istmo, 1976.

—, *Las formas complejas de la vida religiosa (s. XVI y XVII)*, Madrid, Sarpe, 1985.
—, *Los judíos en la España Moderna y Contemporánea*, III vols., segunda edición, Madrid, Istmo, 1978.
Castro, A., *La realidad histórica de España*, México, Porrúa, 1954 [cuarta edición, México, 1971].
Catalán, D., "Ideales moriscos en una crónica de 1344", *Nueva Revista de Filología Hispánica*, VII, 1953.
Crónica de los Reyes Católicos, ed. J. M. Carriazo, Madrid, 1943.
Crónicas de los reyes de Castilla, III vols., ed. C. Rosell, Madrid, BAE, 1953.
Freytag, G., *Amtal al-'arab (Arabum proverbia)*, II vols., Bonn, 1839.
Gala, A., *El manuscrito carmesí*, Barcelona, Planeta, 1990.
García y García, L., *Una embajada de los Reyes Católicos a Egipto*, Valladolid, CSIC, 1947.
García Gómez, E., *El tratado de Ibn 'Abdun*, Madrid, 1948.
—, *Cinco poetas musulmanes*, Madrid, 1959.
—, *El siglo XI en primera persona*, Madrid, Alianza, 1980.
Goldziher, I., *Muslim Studies*, II vols., Londres, 1967.
González Jiménez, M., *Alfonso X*, Palencia, 1993.
Guardiola, C., *Cantares de gesta*, Zaragoza, 1971.
Harris, M., *El desarrollo de la teoría antropológica*, Madrid, Siglo XXI, 1978 [decimosegunda edición, 2003].
Ibn Battuta, *A través del islam*, Madrid, 1987.
Ibn al-faqih al-Hamadani, *Mujtasar kitab al-buldan*, ed. De Goeje, *Bibliotheca Geographorum Arabum*, IV, Leiden, 1882.
Izquierdo García, M. J., "Pecado y marginación. Mujeres públicas en Valladolid y Palencia durante los siglos XV y XVI", en *La ciudad medieval*, coord. J. A. Bonachia, Valladolid, 1996.
Juan León Africano, *Descripción general del África y de las cosas peregrinas que allí hay*, trad., introd., notas e índices de S. Fanjul, Madrid, Lunwerg, 1995.
Keller, W., *Hª del pueblo judío*, Barcelona, Omega, 1969.
Ladero Quesada, M. A., *Los mudéjares de Castilla*, Granada, 1989.
—, "Grupos marginales en la Hª medieval en España. Un balance historiográfico (1968-1998)", *XXV Semana de Estudios Medievales*, Estella, 1998.
Lane, E., *Maneras y costumbres de los modernos egipcios*, Madrid, Libertarias-Prodhufi, 1993.
Lévi-Provençal, E., *La civilización árabe en España*, Buenos Aires, 1953.
Lewis, B., "Raza y color en el Islam", *Al-Andalus*, XXXIII, 1968.
López-Baralt, L., *Huellas del islam en la literatura española*, Madrid, 1985.
Marcel Devic, L., *Le pays des Zendjs ou la Côte Orientale d'Afrique au Moyen Âge*, París, 1883 [reimp., Amsterdam, 1975].

Marco, J. A. de, "Análisis de los cuentos oídos entre los Erguibat (Sáhara Occidental)", *Almenara*, 4.
Mármol Carvajal, L. del, "Rebelión y castigo de los moriscos de Granada", en *Historiadores de sucesos particulares*, vol. I, ed. C. Rosell, Madrid, BAE, 1946.
Mármol, L., *Descripción general de África*, Primera Parte, Granada, 1573, en 2 vols.; Segunda Parte, Málaga, 1599 [ed. facsímil del primer vol. de la Primera Parte, Madrid, Instituto de Estudios Africanos, 1953].
Martínez Díez, G., *Fernando III*, Palencia, 1993.
Mil y Una Noches, 3 vols., trad. J. Vernet, Barcelona, Planeta, 1964.
Molina, L., *Una descripción anónima de al-Andalus*, 2 vols., Madrid, CSIC, 1983.
Montenegro, E., "El folklore, esencia de poesía", en *Autorretrato de Chile*, Santiago de Chile, Zig-zag, 1957.
Montoro, Antón de, *Cancionero*, ed. E. Cotarelo, Madrid, 1900.
Moulièras-Lacoste, A., *Légendes et contes merveilleux de la Grande Kabylie*, II tomos, París, 1965.
Murdock, G. P., *Nuestros contemporáneos primitivos*, México, FCE, 1975.
Poema de Fernán González, Madrid, Espasa-Calpe, 1970.
Poema de mío Cid, ed. R. Menéndez Pidal, Madrid, Espasa-Calpe, 1971.
Potocki, J., *Voyages*, 2 vols., París, Fayard, 1980.
Roldán, F., *Niebla musulmana*, Huelva, 1993.
Ropp, I. von der; A. von der Ropp; M. Casamar y Ch. Kugel, *La España árabe. Legado de un paraíso*, Madrid, Casariego, 1990.
Sa'd al-Jadim, *al-Azya' as-sa'biyya*, El Cairo, 1961.
Sagrada Biblia, trad. J. M. Bover y F. Cantera, Madrid, BAC, 1961.
As-Sahrastani, *Kitab al-milal wa-n-nihal,* ed. W. Cureton, Londres, 1846.
Sa 'id al-Andalusi, *Tabaqat al-umam (Las categorías de las naciones)*, ed. L. Cheikho. Beirut, 1912.
Sáinz de Robles, F. C., *Refranero español*, Madrid, 1944.
Sánchez Albornoz, C., *El islam de España y el Occidente*, Madrid, Espasa-Calpe, 1974.
—, *La España musulmana*, 2 vols., tercera edición, Madrid, Espasa-Calpe, 1973.
Santullano, L., *Romancero español*, Madrid, Aguilar, 1961.
Stanley, H. M., *Viaje en busca del Dr. Livingstone al Centro de África*, Madrid, Anjana, 1981.
Terés Sádaba, E., "Linajes árabes en al-Andalus según la *Yamhara* de Ibn Hazm", *Al-Andalus*, XXII, 1957, pp. 55-111 y 337-376.
Vallvé, J., "La emigración andalusí al Magreb en el s. XIII", en *Relaciones de la Península Ibérica con el Magreb (ss. XIII-XIV)*, Madrid, CSIC, 1988.

Viguera, M. J., "Arabismo y valoración de al-Andalus", en *Actas I Simposio de la Sociedad Española de Estudios Árabes* (Salamanca, 1994), Madrid, 1995.
Al-Wansarisi, *al-Mi 'yar al-mu 'rib wa-l-yami ' al-mugrib 'an fatawi ahl Ifriqiya wa-l-Magrib*, 13 vols., Rabat-Beirut, 1981.
Al-Yabarti, *Ta'rij 'aya'ib al-atar fi-t-tarayim wa-l-ajbar*, 3 vols., Beirut [s. d.].
Al-Yahiz, *Tria Opuscula*, ed. G. van Vloten, Leiden, 1903.
—, *Kitab al-hayawan*, 7 vols., El Cairo, 1937.
—, *Libro de los avaros*, trad. S. Fanjul, Madrid, Editora Nacional, 1984.
Zhiri, O., *L'Afrique au miroir de l'Europe: Fortunes de Léon l'Africain à la Renaissance*, Ginebra, 1991.

CAPÍTULO 3

Ahmad Ibn Qasim al-Hajari, *K. Nasir al-din 'ala l-qawm al-kafirin*, ed. Van Koningsfeld, Madrid, CSIC, 1997.
Albi, J., *La defensa de las Indias (1764-1799)*, Madrid, ICI, 1987.
Aznar Cardona, P., *Expulsión justificada de los moriscos españoles y suma de las excelencias christianas de nuestro Rey d. Felipe Tercero de este nombre*, Huesca, 1612.
Baer, I., *H^a de los judíos en la España cristiana*, 2 vols., Madrid, Altalena, 1981.
Al-Bakri, *al-Masalik wa-l- mamalik*, ed. 'Abd ar-Rahman al-Hayyi, El Cairo, [s.d.].
Barrionuevo, J. de, *Avisos*, 2 vols., Madrid, BAE, 1968-1969.
Benito Ruano, E., *Los orígenes del problema converso*, Barcelona, 1976.
Cardaillac, L., *Moriscos y cristianos. Un enfrentamiento polémico (1492-1614)*, México, FCE, 1979.
Caro Baroja, J., *Los moriscos del reino de Granada*, Madrid, Istmo, 1976.
—, *Los judíos en la España Moderna y Contemporánea*, 3 vols., Madrid, Istmo, 1978.
Castro, A., *La realidad histórica de España*, México, Porrúa, 1954 [cuarta edición, México, 1971].
Corán, trad. J. Cortés, Barcelona, Herder, 1992.
Crónicas de los Reyes de Castilla, 3 vols., ed. M. Rosell, Madrid, BAE, 1953.
Epalza, M. de y R. Petit (comps.), *Études sur les moriscos andalous en Tunisie*, Madrid, IHAC, 1973.
Espinar Moreno, M., "La conversión al cristianismo de Mahomad Haçen y otros personajes de la zona de Baza. Motivos económicos", *IV Simposio Internacional de Mudejarismo: Economía*, p. 483 (Teruel, septiembre de 1987), Teruel, 1992.

Fanjul, S., *Al-Andalus contra España. La forja del mito*, Madrid, Siglo XXI, 2000 [cuarta edición, 2003].
Galán Sánchez, A. y R. G. Peinado Santaella, *Hacienda regia y población en el Reino de Granada: la geografía morisca a comienzos del siglo XVI*, Granada, Universidad de Granada, 1997.
Gallego y Burín, A. y A. Gámir Sandoval, *Los moriscos del reino de Granada y el Sínodo de Guadix*, Granada, 1968 [reimp., Granada, 1996].
García Arenal, M., *Los moriscos*, Madrid, Editora Nacional, 1975.
García Gómez, E., *Anales palatinos del califa de Córdoba al-Hakam II, por 'Isa ibn Ahmad al-Razi*, Madrid, 1967.
—, *Andalucía contra Berbería*, Barcelona, 1976.
Gil Egea, M. E., *África en tiempos de los vándalos: continuidad y mutaciones de las estructuras socio-políticas romanas*, Alcalá de Henares, 1998.
Henríquez de Jorquera, F., *Anales de Granada*, Granada, 1934 [reed. 1987].
Ibn Battuta, *A través del islam*, Madrid, Alianza, 1987.
Ibn Hawqal, *K. Surat al-ard*, ed. J. H. Kramers, tercera edición, Leiden, Brill, 1967.
Ibn Hayyan, *Crónica del califa 'Abd ar-Rahman III an-Nasir entre los años 912 y 942 (al-Muqtabis V)*, trad., notas e índices de M. J. Viguera y F. Corriente, Zaragoza, IHAC, 1981.
Ibn 'Idari al-Marrakusi, *Hª de al-Andalus*, trad. F. Fernández y González, Málaga, Aljamía, 1999.
Inca Garcilaso de la Vega, *Comentarios reales de los Incas*, 2 vols., Lima, FCE, 1991.
Juan León Africano, *Descripción general del África y de las cosas peregrinas que allí hay*, trad. S. Fanjul, Madrid, 1995.
Ladero Quesada, M. A., "El Islam, realidad e imaginación en la Baja Edad Media castellana", en *Las Utopías,* Casa de Velázquez-Universidad Complutense, Madrid, 1990.
—, *La España de los Reyes Católicos*, Madrid, Alianza, 1999.
—, "Grupos marginales", en *La Hª medieval en España. Un balance historiográfico (1968-1998)*, pp. 505-601, XXV Semana de Estudios Medievales, Estella, 14 a 18 de julio de 1998.
—, *Los mudéjares de Castilla y otros estudios de Hª medieval andaluza*, Granada, Universidad de Granada, 1989.
—, *Andalucía a fines de la Edad Media*, Cádiz, Universidad de Cádiz, 1999.
Latham, J. D., "Contribution à l'étude des inmigrants andalous et leur place dans l'histoire de la Tunisie", en *Études sur les moriscos andalous en Tunisie*, Madrid, IHAC, 1973.
Lévi-Provençal, E., *La civilización árabe en España*, Buenos Aires, 1953.

Lorenzen, D. (comp.), *Cambio religioso y dominación cultural. El impacto del islam y del cristianismo sobre otras sociedades*, México, El Colegio de México, 1982.
Manrique, J., *Cancionero*, Madrid, Espasa-Calpe, 1980.
Maravall, J. A., *El concepto de España en la Edad Media*, segunda edición, Madrid, Instituto de Estudios Políticos, 1964.
Marín, M., *Individuo y sociedad en al-Andalus*, Madrid, Mapfre, 1992.
Mármol Carvajal, L. del, "Rebelión y castigo de los moriscos de Granada", en *Historiadores de sucesos particulares*, vol. I, ed. C. Rosell, Madrid, BAE, 1946.
Martín Casares, A., *La esclavitud en la Granada del siglo XVI*, Granada, Universidad de Granada, 2000.
Martínez Cruz, A., *Léxico de Antropología*, Barcelona, 1970.
Molénat, J. P., "Tolède fin XIe-début XIIe siècle. Le problème de la permanence ou l'émigration des Musulmans", en *De Toledo a Huesca. Sociedades medievales en transición a finales del s. XI (1080-1100)*, ed. C. Laliena y J. Utrilla, Zaragoza, 1998.
Molina, E., "Sobre los emigrados andalusíes", en *Homenaje al Prof. D. Cabanelas*, I, Granada, 1987.
Oliver Asín, J., "Un morisco tunecino admirador de Lope. Estudio del Ms. S.2 de la Colección Gayangos", *Al-Andalus*, I, 1933, pp. 409-450.
Pardo Molero, J. F., *La defensa del imperio. Carlos V, Valencia y el Mediterráneo*, Madrid, 2001.
Penella, J., "Le transfert des moriscos espagnols en Afrique du Nord", en *Études sur les moriscos andalous en Tunisie*, Madrid, IHAC, 1973.
Sem Tob, *Proverbios*, ed. y prólogo de Guzmán Álvarez, Salamanca, 1970.
Soler del Campo, A., *La evolución del armamento medieval en el reino castellano-leonés y al-Andalus (siglos XII-XIV)*, Madrid, 1993.
Tendilla, conde de, *Epistolario (1504-1506)*, introd., ed. y notas de J. Szmolka, M. A. Moreno y M. J. Osorio, Granada, 1996.
Trillo San José, C., *La Alpujarra antes y después de la conquista castellana*, Granada, Universidad de Granada, 1994.
Twiss, R., *Viaje por España en 1773*, Madrid, Cátedra, 1999.
Usama ibn Munqid, *Libro de las experiencias*, Madrid, Gredos, 2000.
Vallvé, J., *El califato de Córdoba*, Madrid, Mapfre, 1992.
—, *Al-Andalus: sociedad e instituciones*, Madrid, RAH, 1999.
Vidal Castro, F., "El cautivo en el mundo islámico: visión y vivencia desde el otro lado de la frontera andalusí", en *Estudios de frontera. Actividades y vida en la Frontera*, Jaén, 1998, pp. 771-823.
Viguera, M. J., *Aragón musulmán*, Zaragoza, 1981.
Vincent, B., *Minorías y marginados en la España del siglo XVI*, Granada, 1987.

Al-Wansarisi, *al-Mi'yar al-mu'rib wa-l-yami' al-mugrib 'an fatawi ahl Ifriqiya wa-l-Magrib*, 13 vols., Rabat-Beirut, 1981.
Wiet,G., *Ibn Hawqal. Configuration de la terre*, 2 vols., París, 1964.
Zozaya, J., "El mundo visigodo: su supervivencia en al-Andalus", en *Hispania, al-Andalus, Castilla. Jornadas Históricas del Alto Guadalquivir*, V. Salvatierra (ed.), Jaén, Universidad de Jaén, 1998.

CAPÍTULO 4

Barrionuevo, J. de, *Avisos*, 2 vols., Madrid, BAE, 1968-1969.
Behocaray, S., "Inquisición y proceso de cambio social: hechicería en Celaya, 1614", en *Revista de Dialectología y Tradiciones Populares*, XXX, Madrid, CSIC, 1974.
Braudel, F., *El Mediterráneo y el mundo mediterráneo en la época de Felipe II*, II vols., segunda reimp., México, FCE, 1987.
Caro Baroja, J., *Los moriscos del reino de Granada*, Madrid, Istmo, 1976.
Carrasco Urgoiti, M. S., *El moro de Granada en la literatura (Del siglo XV al XIX)*, Granada, 1989.
Cervantes, M. de, *Obras Completas*, Madrid, Aguilar, 1949.
Cirot, G., "La maurophilie littéraire en Espagne, au XVIe siècle", *Bulletin Hispanique*, 1938, pp. 150-157, 281-296, 433-447.
Deleito y Piñuela, J., *La mala vida en la España de Felipe IV*, Madrid, 1987.
Gallego y Burín, A. y A. Gámir Sandoval, *Los moriscos del reino de Granada y el Sínodo de Guadix*, Granada, 1968 [reimp., Granada, 1996].
García-Arenal, M., "Morisques et gitans", *Mélanges de la Casa de Velázquez*, XIV, 1978, pp. 503-510.
—, *Inquisición y moriscos. Los procesos del tribunal de Cuenca*, segunda edición, Madrid, Siglo XXI, 1983.
García Cárcel, A., *Las culturas del Siglo de Oro*, Madrid, 1989.
Gómez Alfaro, A., *La gran redada de gitanos*, Madrid, 1993.
Henríquez de Jorquera, F., *Anales de Granada*, II vols., Granada, 1987.
Jordán Pemán, F., *Religiosidad y moralidad de los gitanos en España*, Madrid, 1991.
Marañón, G., *El Conde-Duque de Olivares*, decimosegunda edición, Madrid, Espasa-Calpe, 1965.
Marco, J. A. de, "Análisis de los cuentos oídos entre los Erguibat (Sáhara Occidental)", *Almenara*, 4.
Mérimée, P., *Viajes a España*, segunda edición, Madrid, Aguilar, 1990.

Moncada, Sancho de, *Restauración política de España*, ed. J. Vilar, Madrid, Instituto de Estudios Fiscales, 1974.
Nadal, J., *La población española*, Barcelona, Ariel, 1971.
Ocaña, Fr. Diego de, *A través de la América del Sur*, Madrid, Historia 16, 1987.
Pasamonte, J. de, "Vida y trabajos de —", en *Autobiografías de soldados. Siglo XVII*, Madrid, BAE, 1956.
Pérez Galdós, B., *Episodios Nacionales*, V vols., Madrid, Aguilar, 1986.
Pérez de Herrera, C., *Amparo de pobres*, Madrid, 1975.
Reales Cédulas, Archivo de la Iglesia Catedral de Granada, Libro II, fº 11.
Salillas, R., *El delincuente español: el lenguaje*, Madrid, 1896.
Sánchez Ortega, M. H., *Documentación selecta sobre la situación de los gitanos españoles en el siglo XVIII*, Madrid, Editora Nacional, 1977.
—, *La Inquisición y los gitanos*, Madrid, Taurus, 1988.
—, *Los gitanos españoles. El período borbónico*, Madrid, Castellote, 1977.
Sandoval, Fr. Prudencio de, *Hª de la vida y hechos del emperador Carlos V*, Madrid, BAE, vol. 82, Madrid, 1955.

CAPÍTULO 5

Ahmad Ibn Qasim al-Hajari, *K. Nasir al-din 'ala l-qawm al-kafirin*, ed. Van Koningsfeld, Madrid, CSIC, 1997.
Alarcón, P. A. de, *Últimos escritos*, Madrid, 1922.
Baer, F., *El puente de Alcántara*, Barcelona, Edhasa, 1991.
Castro, A., *La realidad histórica de España*, México, Porrúa, 1954 [cuarta edición, México, 1971].
Fanjul, S., *Al-Andalus contra España. La forja del mito*, Madrid, Siglo XXI, 2000 [cuarta edición, 2003].
Feuchtwanger, L., *La judía de Toledo*, Madrid, Edaf, 1999.
Gala, A., *El manuscrito carmesí*, Barcelona, Planeta, 1990.
Gordon, N., *El último judío*, Madrid, 2000.
Greus, J., *Ziryab. La prodigiosa historia del sultán andaluz y el cantor de Bagdad*, Madrid, 1987.
Maeso de la Torre, J., *Al-Gazal, el viajero de los dos Orientes*, Barcelona, Edhasa, 2000.
Marín, M., "Dos caras de un mito: las mujeres andalusíes", *Revista de Occidente*, 224, Madrid, enero 2000.
Thomas, H., *Yo Moctezuma*, Barcelona, Planeta, 1994.

CAPÍTULO 6

Alberro, S., *Inquisición y sociedad en México. 1570-1700*, México, FCE, 1988.
Andagoya, P. de, *Relación y documentos*, ed. A. Blázquez, Madrid, Historia 16, 1986.
Arzáns de Orsúa y Vela, Bartolomé, *H^a de la villa imperial de Potosí*, ed. L. Hanke y G. Mendoza, III tomos, Brown University Press, Providence, 1965.
Ayala, M. Josef de, *Diccionario de gobierno y legislación de Indias*, XIV tomos, ed. Milagros del Vas, Madrid, desde 1993.
Azara, F. de, *Descripción general del Paraguay*, Madrid, Alianza, 1990.
Barea Ferrer, J. L., "Granada y la emigración a Indias en el siglo XVI", en *Andalucía y América en el siglo XVI*, vol. I, Sevilla, 1983, pp. 161-192.
Berchem, Th. y H. Laitenberger (coords.), *Lengua y literatura en la época de los descubrimientos*, Actas del Coloquio Internacional Würzburg 1992, Ávila, Junta de Castilla y León, 1994.
Bermúdez Plata, C., *Catálogo de pasajeros a Indias*, vol. I, Ministerio de Trabajo y Previsión, 1930; vols. II y III, Sevilla, CSIC, 1940-1946; vols. IV, V (1 y 2) y VI, ed. de L. Romera Iruela y M. C. Galbis Díez, Ministerio de Cultura, 1981-1986.
Borrego Plá, M. C., *Cartagena de Indias en el siglo XVI*, Sevilla, Escuela de Estudios Hispanoamericanos de Sevilla, 1983.
Boyd-Bowman, P., *Índice geobiográfico de más de 56 mil pobladores de la América hispánica (1493-1600)*, 5 tomos, México, FCE, 1985.
Cabrera de Córdoba, L., *Relaciones de las cosas sucedidas en la corte de España desde 1599 hasta 1614*, Salamanca, Junta de Castilla y León, 1997.
Campos Moreno, Araceli, *Oraciones, ensalmos y conjuros mágicos del archivo inquisitorial de Nueva España, 1600-1630*, México, El Colegio de México, 1999.
Capoche, L., *Relación general de la villa imperial de Potosí*, ed. y estudio de L. Hanke, Madrid, BAE, 1959.
Cardaillac, L., "Le problème morisque en Amérique", *Mélanges de la Casa de Velázquez*, XII, 1976.
Cardiel, J., *Las misiones del Paraguay*, Madrid, Historia 16, 1988.
Cartas de Cabildos hispanoamericanos. Audiencia de México (siglos XVI y XVII), 2 vols., ed. e introd. E. Vila y M. J. Sarabia, Sevilla, CSIC, 1985.
Castañeda Delgado, P. y P. Hernández Aparicio, *La Inquisición de Lima (1570-1635)*, vol. I, Madrid, Deimos, 1989; vol. II, Madrid, Deimos, 1995; vol. III por R. Millar Carvacho, Madrid, Deimos, 1998.
Catálogo de textos marginados novohispanos. Inquisición: siglo XVII. (AGN), por M. A. Méndez *et al.*, México, El Colegio de México, 1997.

Concolorcorvo, *El lazarillo de ciegos caminantes*, Madrid, Editora Nacional, 1980.
Crónicas de los reyes de Castilla, III vols., ed. C. Rosell, Madrid, BAE, 1953.
Encinas, Diego de, *Cedulario Indiano*, 4 vols., Madrid, Cultura Hispánica, 1945-1946.
Fanjul, S., *Al-Andalus contra España. La forja del mito*, Madrid, Siglo XXI, 2000 [cuarta edición, 2003].
Fernández de Oviedo, G., *Sumario de la natural historia de las Indias*, ed. M. Ballesteros, Madrid, Historia 16, 1986.
—, *Hª general y natural de las Indias*, 5 vols., Madrid, BAE, 1959.
Friede, J., *Documentos inéditos [del AGI] para la historia de Colombia*, 10 tomos, Bogotá, 1955-1960.
García-Arenal, M. (coord.), *Al-Andalus allende el Atlántico*, Granada, El legado andalusí, 1997.
Henningsen, G., "El 'Banco de datos' del Santo Oficio. Las relaciones de causas de la Inquisición española (1550-1700)", separata del *Boletín de la Real Academia de la Historia*, LXXIV, 1977, pp. 547-570.
Herrera, A. de, *Décadas*, 4 tomos, Madrid, Universidad Complutense, 1991.
Latham, J. D., "Contribution à l'étude des inmigrants andalous et leur place dans l'histoire de la Tunisie", en *Études sur les moriscos andalous en Tunisie*, Madrid, IHAC, 1973.
Leonard, I. A., *Viajeros por la América Latina colonial*, México, FCE, 1992.
Libro para asentar los que mueren en esta ciudad de San Cristóbal de La Habana (1613-1649), Archivo Catedralicio de La Habana.
Lizárraga, R. de, *Descripción del Perú, Tucumán, Río de la Plata y Chile*, ed. I. Ballesteros, Madrid, Historia 16, 1987.
Lockhart, J., *Los de Cajamarca. Un estudio social y bibliográfico de los primeros conquistadores del Perú*, 2 vols., Lima, Milla Batres, 1986-1987.
Lohmann Villena, G., *Francisco Pizarro. Testimonio. Documentos oficiales, cartas y escritos varios*, Madrid, CSIC, 1986.
Martínez, J. L., *Pasajeros de Indias*, Madrid, Alianza, 1983.
Mena García, M. C., *Sevilla y las flotas de Indias. La Gran Armada de Castilla del Oro (1513-1514)*, Sevilla, 1998.
Ocaña, Fr. Diego de, *A través de la América del Sur*, Madrid, 1987.
Palma, R., *Tradiciones peruanas*, Madrid, Aguilar, 1961.
Paso y Troncoso, F. del, *Epistolario de Nueva España.1505-1818*, 16 tomos, Biblioteca Histórica Mexicana de obras inéditas, 2ª serie, México, 1939-1942.
Pérez Villanueva, J. y B. Escandell, *Hª de la Inquisición en España y América*, II vols., Madrid, BAC, 1984 y 1993.

Pigafetta, A., *Primer viaje alrededor del mundo*, ed. L. Cabrero, Madrid, Historia 16, 1985.
Recopilación de leyes de los reynos de las Indias, 4 tomos, Madrid, 1681 [ed. facsímil, Madrid, 1973].
Reichert, R., "Muçulmanos no Brasil", *Almenara*, 1, 1971, pp. 27-46.
Roig de Leuchsenring, E., *Actas capitulares del Ayuntamiento de La Habana*, con un prefacio y un estudio preliminar por —, La Habana, Municipio de La Habana, 1937-1945, 3 tomos en 4 vols.
—, *Historia de La Habana. I. Desde sus primeros días hasta 1595*, La Habana, 1938.
Rojas, M. T. de, *Índice y extractos del Archivo de protocolos de La Habana*, 3 vols., La Habana, 1947, 1950 y 1957.
San Antonio, Fr. G. de, *Breve y verdadera relación de los sucesos del reino de Camboxa*, ed. R. Ferrando, Madrid, Historia 16, 1988.
Taboada, H., *La sombra del islam en la conquista de América*, México, FCE, 2004.
Toledo, F. de, *Disposiciones gubernativas para el virreinato del Perú*, 2 vols., Sevilla, Escuela de Estudios Hispanoamericanos-CSIC, 1986.
Toribio Medina, J., *Hª del tribunal del Sto. Oficio de la Inquisición en México*, Santiago de Chile, 1905 [ed. facsímil, México, Porrúa, 1987].
—, *La imprenta en Bogotá y la Inquisición en Cartagena de Indias*, Bogotá, Biblioteca Nacional de Colombia, 1952.
—, *Hª del tribunal de la Inquisición de Lima (1569-1820)*, II vols., Santiago de Chile, Fondo Histórico y Bibliográfico J. Toribio Medina, 1956.
Toro, A. (comp.), *Los judíos en la Nueva España*, México, FCE, 1982.
Wright, I., *Hª documentada de S. Cristóbal de La Habana en el siglo XVI*, 2 tomos, La Habana, 1927.
Xerez, F. de, *Verdadera relación de la conquista del Perú*, ed. C. Bravo Guerreira, Madrid, Historia 16, 1985.

CAPÍTULO 7

Ágreda Burillo, F. de, "Temática española en la obra de la escritora siria Ilfat [sic] al-Idilbi", en *Actas I Jornadas de literatura árabe moderna y contemporánea*, pp. 9-26, Madrid, UAM, 1991.
Ahmad 'Abd al- 'Aziz, *Al-Andalus fi-s-si 'r al-isbani ba 'd al-harb al-ahliyya*, segunda edición, El Cairo, Maktabat al-Anglo al-misriyya, 1989.
Alfonso X el Sabio, *Primera Crónica General de España*, ed. R. Menéndez Pidal, Madrid, Gredos, 1955.

Alvar, C., "El concepto de España en la literatura provenzal", en *La H.ª de España en la literatura francesa*, Madrid, Castalia, 2002.
Amicis, E. de, *España. Diario de viaje de un turista escritor*, Madrid, Cátedra, 2000.
Austria, Maximiliano de, *Por tierras de España. Bocetos literarios (1851-1852)*, Madrid, Cátedra, 1999.
Azara, N., *Memorias*, ed. G. Sánchez Espinosa, Frankfurt am Main, 1994.
Al-Bakri, *al-Masalik wa-l- mamalik*, ed. 'Abd ar-Rahman al-Hayyi, El Cairo, [s.d.].
Barrios Aguilera, M., *Granada morisca, la convivencia negada*, Granada, Comares, 2002.
Benaboud, M'hammad, "La conquista de Andalucía y de Sevilla en las fuentes árabes". *Sevilla, 1248*, Congreso Internacional Conmemorativo del 750 Aniversario de la Conquista de la Ciudad de Sevilla por Fernando III, Rey de Castilla y León, coord. M. González Jiménez, Madrid, Fundación Areces, 2000.
Bennassar, B., "Recepción de la Historia de España en Francia", en *La H.ª de España en la literatura francesa. Una fascinación*, Madrid, Castalia, 2002.
Al-Berry, Khaled, *Confesiones de un loco de Alá*, Madrid, 2002.
Boixareu, M. y R. Lefere (coords.), *La Historia de España en la literatura francesa*, Madrid, Castalia, 2002.
Branco Chaves, Castello, *Os livros de viagens em Portugal no século XVIII e a sua projecçâo europeia*, Amadora, 1977.
Caballero Zoreda, L., "Arquitectura visigótica y musulmana. ¿Continuidad, concurrencia o innovación?", en *Ruptura o continuidad. Pervivencias preislámicas en al-Andalus. Cuadernos Emeritenses*, 15, Mérida, 1998.
Cabrera de Córdoba, L., *Relaciones de las cosas sucedidas en la corte de España desde 1599 hasta 1614*, Salamanca, Junta de Castilla y León, 1997.
Cabrillana, N., *Almería morisca,* Granada, Universidad de Granada, 1982.
Cadalso, J., *Cartas Marruecas*, Madrid, 1990.
Cardaillac, L., *Moriscos y cristianos. Un enfrentamiento polémico (1492-1614)*, México, FCE, 1979.
Castro, A., *La realidad histórica de España*, México, Porrúa, 1954 [cuarta edición, México, 1971].
Chalmeta, P., "Al-Andalus: la implantación de una nueva superestructura", en *Ruptura o continuidad. Pervivencias preislámicas en al-Andalus. Cuadernos Emeritenses*, 15, Mérida, 1998.
Choppin, A., "La H.ª de España en los manuales escolares", en *La H.ª de España en la literatura francesa*, Madrid, Castalia, 2002.
Cortés García, M., "Córdoba y Granada en la poesía de 'Ali Ya 'far al-'Allaq", en *Actas I Jornadas de literatura árabe moderna y contemporánea de la UAM*, Madrid, 1991.

Crónicas de los reyes de Castilla, III vols., ed. C. Rosell, Madrid, BAE, 1953.

D'Aulnoy, Mdme., *Relación del viaje de España*, Madrid, Anaya, 2000.

Djbilou, A., *Miradas desde la otra orilla. Una visión de España*, selección, trad., prólogo y notas de —, Madrid, AECI, 1992.

Epalza, M. de, "España y su historia vista por los árabes actuales", *Almenara*, 2, Madrid, 1971.

Frenzel, E., *Diccionario de motivos de la literatura universal*, Madrid, Gredos, 1980.

Gala, A., "Prólogo a un Congreso de cultura andaluza", *Congreso de Cultura Andaluza*, Sevilla, 1978.

García-Arenal, M., "Historiens de l'Espagne, Historiens du Maghreb au 19e siècle", *Annales HSS*, 3, mayo-junio, 1999.

García Cárcel, R., *La leyenda negra. Historia y opinión*, Madrid, Alianza, 1992.

García Gómez, E., *El siglo XI en primera persona*, Madrid, Alianza, 1980.

—, *Anales palatinos del califa de Córdoba al-Hakam II, por 'Isa ibn Ahmad al-Razi*, Madrid, 1967.

Garulo, T., "La nostalgia de al-Andalus: génesis de un tema literario", *Qurtuba*, 3, 1998, pp. 47-63.

Gautier, Th., *Voyage en Espagne. Suivi de España*, París, Gallimard, 1981.

Gil Egea, M. E., *África en tiempos de los vándalos*, Alcalá de Henares, 1998.

González Jiménez, M., "Los mudéjares andaluces (siglos XIII-XV)", *Actas del V Coloquio Internacional de Hª Medieval de Andalucía*, (1986), Córdoba, Excma. Diputación Provincial de Córdoba, 1988.

Hernández Juberías, J., *La península imaginaria. Mitos y leyendas sobre al-Andalus*, Madrid, CSIC, 1996.

Herrero, I. y J. M. Goulemot, "Relatos de viajes en imágenes francesas de España", en *La Hª de España en la literatura francesa*, Madrid, Castalia, 2002.

Humboldt, W. von, *Diario de un viaje a España (1799-1800)*, Madrid, 1998.

Husayn Mu'nis, *Rihlat al-Andalus. Hadit al-firdaws al-maw 'ud*, El Cairo, 1963-1964.

Ibn Hawqal, *K. Surat al-ard*, ed. J. H. Kramers, tercera edición, Leiden, Brill, 1967.

Ibn Hayyan, *Crónica del califa 'Abd ar-Rahman III an-Nasir entre los años 912 y 942 (al-Muqtabis V)*, trad., notas e índices de M. J. Viguera y F. Corriente, Zaragoza, IHAC, 1981.

Ibn Hazm, *Ar-radd 'ala Ibn an-Nagrila al-yahudi wa-rasa'il ujra*, ed. Ihsan 'Abbas, El Cairo, 1960.

Ibn 'Idari al-Marrakusi, *Historia de al-Andalus*, trad. F. Fernández y González, reimp. Málaga, 1999.

Ibrahim Yadala et al., K. *At-ta'rij li-s-sana at-tamina min at-ta 'lim al-asasi*, Túnez, Wizarat at-tarbiya, 1998.
Al-Idrisi, *Opus Geographicum. V*, ed. E. Cerulli, F. Gabrieli, G. Levi della Vida, L. Petech y G. Tucci, Nápoles-Roma, 1975.
Infante, B., *Andalucía desconocida*, Sevilla, 1980.
Jiménez, D., "Viajes a España a la francesa", en *La H³ de España en la literatura francesa*, Madrid, Castalia, 2002.
Ladero Quesada, M. A., "El Islam, realidad e imaginación en la Baja Edad Media castellana", en *Las Utopías,* Casa de Velázquez-Universidad Complutense, Madrid, 1990.
—, *La España de los Reyes Católicos*, Madrid, Alianza, 1999.
—, *Andalucía a fines de la Edad Media*, Cádiz, Universidad de Cádiz, 1999.
—, *Los mudéjares de Castilla*, Granada, 1989.
Lewis, B., *Los judíos del islam*, Madrid, 2002.
—, *¿Qué ha fallado? El impacto de Occidente y la respuesta de Oriente próximo*, Madrid, Siglo XXI, 2002.
López, B., "Arabismo y orientalismo en España: radiografía y diagnóstico de un gremio escaso y apartadizo", *Awraq*, anejo al XI, 1990, pp. 35-69.
Marañón, G., *El Conde-Duque de Olivares*, Madrid, decimosegunda edición, 1965.
Maravall, J. A., *El concepto de España en la Edad Media*, segunda edición, Madrid, Instituto de Estudios Políticos, 1964.
Marín, M., *Individuo y sociedad en al-Andalus*, Madrid, Mapfre, 1992.
Mármol Carvajal, L. del, "Rebelión y castigo de los moriscos de Granada", en *Historiadores de sucesos particulares*, vol. I, ed. C. Rosell, Madrid, BAE, 1946.
Martínez, P., *Al-Andalus, España, en la literatura árabe contemporánea*, Madrid, Mapfre, 1992.
—, "Final y continuidad en al-Andalus", en *Pensando en la historia de los árabes*, Madrid, Cantarabia, 1995.
Mérimée, P., *Viajes a España*, Madrid, Aguilar, 1990.
Miguet, François, *Antonio Pérez y Felipe II*, trad. A. Froufe, Madrid, La Esfera de los libros, 2001.
Molina, L., *Una descripción anónima de al-Andalus*, II vols., Madrid, CSIC, 1983.
Paradela, N., *El otro laberinto español. Viajeros árabes a España entre el siglo XVII y 1936*, Madrid, UAM, 1993.
Peña, S., "Gramáticos en al-Andalus: de Ibn Sidah al-Mursi e Ibn al-Batalyawsi", *Sharq al-Andalus*, 8.
Porte, Joseph de la, *Le voyageur françois, ou la connoissance de l'ancien et du nouveau monde, mis au jour par M. l'abbé —*, 16 vols., cuarta edición, París, L. Cellot, 1772.

Peñarroja Torrejón, L., *Cristianos bajo el islam*, Madrid, Gredos, 1993.
Potocki, J., *Voyages*, 2 vols., París, Fayard, 1980.
Radi Dagfus et al., K. *At-ta'rij li-s-sana at-taniya min at-ta 'lim al-tanawi*, Túnez, Wizarat at-tarbiya, 2000.
Raley, H., *The Spirit of Spain*, Houston, Halcyon Press Ltd., 2001.
Ramos, A., "Coisement d'images: al-Andalus dans la littérature contemporaine", en *1942: L'Héritage culturel arabe en Europe,* Estrasburgo, 1994 *(Actes du Colloque International organisé par le G.E.O. et le C.R.E.L.,* 6-8 oct. 1992).
Requena, Fermín, *Madina Antakira*, Antequera, 1953.
Roldán, F., *El Occidente de al-Andalus en el Atar al-bilad de Qazwini*, Sevilla, Alfar, 1990.
—, *Niebla musulmana (s. VIII-XIII)*, Huelva, 1993.
Ropp, I. von der; A. von der Ropp; M. Casamar y Ch. Kugel, *La España árabe. Legado de un paraíso*, Madrid, Casariego, 1990.
Ruiz, C., *Un testigo árabe del siglo XX: Amin al-Rihani en Marruecos y en España (1939)*, Madrid, Cantarabia, 1993.
Ruzafa García, M., "Elites valencianas y minorías sociales: la elite mudéjar y sus actividades (1370-1500)", *Revista d'Història Medieval,* 11, 2000, pp. 163-187, Valencia, 2002.
Sánchez Albornoz, C., *Españoles ante la historia*, segunda edición, Buenos Aires, Losada, 1969.
Sobh, M., *Diván antes, en, después*, Madrid, Instituto Egipcio de Estudios Islámicos, 2001.
Soler del Campo, A., *La evolución del armamento medieval en el reino castellano-leonés y al-Andalus (siglos XII-XIV)*, Madrid, 1993.
Tendilla, conde de, *Epistolario (1504-1506)*, introd., ed. y notas de J. Szmolka, M. A. Moreno y M. J. Osorio, Granada, 1996.
Tiempo de poesía árabe (coord. P. Martínez), Murcia, 1994.
Twiss, R., *Viaje por España en 1773*, Madrid, Cátedra, 1999.
Valera, Mosén Diego de, *Crónica de los Reyes Católicos*, ed. J. M. Carriazo, Madrid, 1927.
Vallvé, J., *El califato de Córdoba*, Madrid, Mapfre, 1992.
—, "Fuentes latinas de los geógrafos árabes", *Al-Andalus,* XXXII, 1967, pp. 241-260.
Viguera, M. J., "Al-Andalus como interferencia", en *Comunidades islámicas en Europa*, Madrid, Trotta, 1995.
—, "Planteamientos sobre historia de al-Andalus", *El saber en al-Andalus*, II, Sevilla, 1999, pp. 121-132.
Al-Yahiz, "Fi -r-radd 'ala n-nasara", en *Talat Rasa'il*, segunda edición, J. Finkel, El Cairo, 1382 H.

Al-Ya'qubi, *Kitab al-buldan*, ed. M. J. de Goeje, Bibliotheca Geographorum Arabicorum, Pars Septima, segunda edición, Leiden, Brill, 1967.

Zozaya, J., "El mundo visigodo: su supervivencia en al-Andalus", en *Hispania, al-Andalus, Castilla. Jornadas Históricas del Alto Guadalquivir*, ed. V. Salvatierra, Jaén, Universidad de Jaén, 1998.

—, "771-856: Los primeros años del islam andalusí o una hipótesis de trabajo", en *Ruptura o continuidad. Pervivencias preislámicas en al-Andalus. Cuadernos Emeritenses,* 15, Mérida, 1998.

ÍNDICE DE ABREVIATURAS

AECI	=	Agencia Española de Cooperación Internacional.
ACLH	=	Archivo Catedralicio de La Habana.
AGI	=	Archivo General de Indias (Sevilla).
AGN	=	Archivo General de la Nación (México).
AHN	=	Archivo Histórico Nacional (Madrid).
ANC	=	Archivo Nacional de Cuba (La Habana).
BAC	=	Biblioteca de Autores Cristianos.
BAE	=	Biblioteca de Autores Españoles.
BOE	=	Boletín Oficial del Estado.
Cap.	=	capítulo.
Cf.	=	confróntese.
Cit.	=	citado.
Comp.	=	compilador.
Coord.	=	coordinador.
CSIC	=	Consejo Superior de Investigaciones Científicas.
DRAE	=	Diccionario de la Real Academia Española.
Ed.	=	editorial; edición.
FCE	=	Fondo de Cultura Económica.
H.	=	Hégira.
H.ª	=	Historia.
ICI	=	Instituto de Cooperación Iberoamericano.
IFAO	=	Institut Français d'Archéologie Orientale du Caire.
IHAC	=	Instituto Hispano-Árabe de Cultura.
Introd.	=	introducción.
K.	=	*Kitab*.
Ms.	=	manuscrito.
M.	=	muerto.
RAE	=	Real Academia Española.
RAH	=	Real Academia de la Historia.
Reed.	=	reedición.
Reimp.	=	reimpresión.
S.	=	siglo.

Ss	=	siguientes.
Supra	=	arriba.
T.	=	tomo.
Trad.	=	traducción.
V. g.	=	verbi gratia.
Vid.	=	véase.
Vol.(s)	=	volumen, volúmenes.